영상, 역사를 비추다

한국현대사 영상자료해제집 V

리버티뉴스 해제집 1

영상, 역사를 비추다
한국현대사 영상자료해제집 V
리버티뉴스 해제집 1

초판 1쇄 발행 2017년 5월 31일

엮은이 ㅣ 허 은
펴낸이 ㅣ 윤 관 백
펴낸곳 ㅣ 도서출판 선인

등 록 ㅣ 제5-77호(1998.11.4)
주 소 ㅣ 서울시 마포구 마포대로 4다길 4 곳마루 B/D 1층
전 화 ㅣ 02)718-6252/6257
팩 스 ㅣ 02)718-6253
E-mail ㅣ sunin72@chol.com

정가 44,000원

ISBN 979-11-6068-098-0   94910
ISBN 979-11-6068-093-5   (세트)

"이 저서는 2011년 정부(교육과학기술부)의 재원으로 한국학중앙연구원의
지원을 받아 수행된 연구임(AKS-2011-EAB-3101)"

영상, 역사를 비추다
한국현대사 영상자료해제집 V

리버티뉴스 해제집 1

허 은 편

도서출판 선인

▎해제집을 펴내면서

한국현대사 영상자료해제집은 고려대 한국사연구소 역사영상융합연구팀이 2011년부터 3년에 걸쳐 진행한 '한국 근현대 영상자료 수집 및 DB구축' 프로젝트의 결과물 중 하나이다. 6년 전 30여 명으로 구성된 역사영상융합연구팀은 세 가지 목표를 가지고 토대연구를 추진했다.

첫째, 한국 근현대사 관련 기록 영상자료를 최대한 망라하는 영상물 데이터베이스(DB) 구축을 목표로 삼았다. 사업을 시작할 때까지 이는 국내의 어떤 기관도 수행하지 못한 일이었다. 프로젝트가 완수되면 국내외 한국 근현대사 관련 기록 영상자료의 정보가 최초로 종합·정리되고, 특히 해외에 산재된 상당분량의 영상물이 새롭게 발굴·정리될 것이라 기대했다.

둘째, 역사학, 언론정보, 영화문화를 전공한 연구자들이 결합하여 체계적인 해제를 수행하고 주요 영상을 선별하여 해제집을 발간하는 것을 과제로 삼았다. 역사연구와 영상연구가 결합된 해제가 수행되어야 향후 역사학 분야뿐만 아니라 각 분과학문 연구에도 유용하게 활용될 수 있는 깊이 있는 DB를 구축할 수 있다고 보았기 때문이다.

셋째, 훼손이나 소멸될 가능성이 높은 자료를 우선 수집하고, 수집된 자료를 체계적으로 보존하며 동시에 그 활용을 극대화 하는 방안을 강구하고자 했다. 사적으로 수집된 영상자료는 논외로 하더라도 공공기관에서 수집한 해외소재 영상물조차 '공공재'로서 접근성이나 활용도가 크게 떨어지는 경우가 많았다. 당연한 언급이지만, 연구자와 대중이 영상자료를 수월하게 활용할 수 있을 때 영상을 활용한 새로운 역사쓰기의 가능성이 크게 확장될 수 있다.

이상의 세 가지 목표를 가지고 진행한 연구는 한국학중앙연구원, 한국영상자료원 등과 협조하에 부족하나마 가시적인 성과를 이룰 수 있었다. 해외수집영상물의 안정적인 보존은 한국영상자료원이 맡아주었고, 영상자료의 접근성과 활용도를 극대화하기 위해 누리집(고려대학교 한국사연구소 '한국근현대 영상아카이브' http://kfilm.khistory.org)을 구축하여 수집한 기록영상물을 쉽게 접근하고 활용할 수 있도록 했다. 학문 융합적인 접근을 통해 체계적인 해제를 수행한다는 목표는 단계별 카탈로깅 진행과 한국 현대사 영상자료 해제집의 발간을 통하여, 일단락을 맺은 셈이다.

9권의 해제집은 크게 뉴스영화와 문화영화 해제로 구성되어 있다. 이 영상물들을 해제하는데 집중한 이유는 사료적 가치가 높음에도 불구하고, 역사학을 포함한 인문학 분야는 말할 것도 없고 한국영화사 연구 분야에서도 큰 주목을 받지 못했기 때문이다. 해제 범위는 8 · 15해방 이후부터 박정희 정권시기까지 대한민국 현대사와 관련된 영상자료로 한정했고, 다양한 역사적 사실들을 다루기 위해 연구팀이 소장하지 않은 영상자료에서도 선별하여 해제를 진행했다. 해외수집영상에 일제 강점기 영상도 일부 있으나, 해제집의 주안점은 한국현대사에 대한 이해를 높이는데 두었다. 움직이는 영상을 활자로 옮기는 작업은 영상미디어史를 쓰기 위한 불가결한 과정이지만, 활자화된 영상 정보가 다양한 해석의 가능성을 차단하지 않을까 우려된다. 이러한 우려를 최소화하기 위해 '한국근현대 영상아카이브' 누리집에서 가능한 한 많은 영상물을 시청할 수 있도록 했으니 함께 활용해 주기를 바란다.

토대연구의 완료가 예상보다 3년을 더 경과한 셈이니 늦어도 많이 늦었다고 할 수 있다. 역사−영상 연구의 기반을 마련한다는 원대한 목표를 갖고 진행한 토대연구는 일사천리로 진행될 수 없었다. 역사학 분야에서 영상 연구가 일천하여 두 번의 국제학술회의와 연구서 발간을 통하여 문제의식을 공유하고, 영상 독해력도 갖추어 가야했다. 여기에 홈페이지 구축과 해제집 발간까지 병행한 6년은 프로젝트팀에게는 짧기만 한 기간이었다.

영상 자료의 수집과 해제 과정은 많은 인내와 높은 집중력을 지속적으로 요구하는 작업이다. 하나의 영상을 사료로 만드는 과정은 영상과 관련된 문헌정보, 영상 속 시각 · 청각 정보 등을 종합적으로 정리할 때 가능하다. 연구의 정량적 평가에 시달리는 요즘, 지리하고 힘들뿐만 아니라 생색내기도 어려운 토대구축 연구를 같이 해준 전임연구원 · 공동연구원 선생님들과 녹취, 번역, 해제 집필 등 다양한 방식으로 참여한 모든 분들께 진심으로 감사를 드린다. 특히 각각 문화영화, 미국지역 수집영상물, 유럽지역 수집영상물의 최종 책임 편집을 맡아 정리하고, 각 해제집의 소개글을 작성해 주신 박선영, 양정심, 박희태 세 분께 다시 한번 감사드린다.

기초해제에서부터 최종 교정까지 대학원생들이 많은 수고를 해 주었다. 대학원 박사, 석사 지도학생들의 헌신적인 참여가 없었다면 이러한 규모의 토대연구는 엄두도 내지 못했을 것이다. 충분한 장학금을 주며 연구에 전념할 수 있는 여건을 마련해 줄 수 없는 현실에서 연구 프로젝트는 계륵과도 같은 존재이다. 특히 영상자료는 문헌사료가 중심인 역사학에서 연구외적 작업이 되기 십상이라 우려가 컸는데, 참여 대학원생들은 인내와 성실로 여러 난관을 끝까지 함께 극복해 주었다. 이주호, 금보운, 서홍석 세 명의 박사과정 학생들은 마지막까지 마무리 작업을 하느라 수고가 더 컸다.

이외에도 다 열거할 수 없을 정도로 많은 분들의 도움이 있었다. 영상자료 수집에서 조준형 팀장님을 비롯한 한국영상자료원의 도움이 컸으며, 연구 진행과 자료수집 그리고 해제에 공동연구원분들이 많은 힘을 실어주셨다. 일본 및 중국 현지에서 자료조사와 수집을 맡아 주었던 도쿄대의 정지혜, 남의영 연구원, 푸단대 순커즈 교수에게 감사드린다. 또한 사업기간 지원을 아끼지 않았으며, 해제집 발간도 인내심을 갖고 기다려 준 한국학중앙연구원에 감사의 뜻을 전하지 않을 수 없다. 끝으로 한국근현대 영상자료 해제집 발간을 흔쾌히 맡아주신 선인출판 윤관백 사장님과 편집교열에 수고해 주신 편집부 여러분께 감사드린다.

많은 분들의 헌신적인 참여와 도움으로 해제집을 발간할 수 있었지만, 새로운 시도에 따른 내용적 오류나 분석방법의 미숙함이 많이 눈에 띄리라 본다. 여러분들로부터 질정을 받으며 향후 지속적으로 수정, 보완해 나가도록 하겠다.

한국인뿐만 아니라 수많은 외국인들이 격동적으로 전개된 한국현대사를 영상으로 담았고, 그 결과 방대한 분량의 영상자료들이 전 세계 각국에 흩어져 한국현대사를 우리 앞에 펼쳐 보이고 있다. 이 해제집은 그중 일부를 다루었을 뿐이다. 여기서 거의 다루지 못한 북한과 구 공산진영 국가들에 흩어져 있는 영상들은 여러 연구자와 관계기관에 의해 수집·정리되고 있다. 남북한 각각의 역사가 아닌 20세기 한반도사 또는 한민족사를 위한 영상DB 구축이 머지않아 이루어지기를 고대한다.

21세기 초입에 우리는 개항, 식민지배, 분단과 전쟁, 산업화와 민주화 등 좌절과 희망의 20세기를 차분히 재성찰하며 냉전분단시대가 남긴 질곡과 유제를 극복·청산할 방향을 모색해야 한다. 한국현대사 영상자료 해제집이 20세기 냉전분단시대를 넘어서는

역사, 그리고 활자 미디어를 넘어서는 새로운 역사쓰기를 모색하는 이들에게 디딤돌이
된다면 이는 연구팀원 모두에게 큰 기쁨일 것이다.

2017년 5월
연구팀원을 대표하여
허은 씀

차 례

리버티뉴스 해제 소개 / 3

리버티뉴스

리버티뉴스 해제 소개

　역사영상융합연구팀의 뉴스영화 수집 사업에서 미국 국립문서기록관리청(NARA)에 소장되어 있던 〈리버티뉴스(Liberty News)〉는 가장 중요한 수집 대상의 하나였다. 현재 NARA에 소장되어 있던 624편 전량을 수집하였으며, 에피소드별로 총 3,718건의 영상에 대한 1·2차 카탈로깅을 완료하였다. 이 중에서 역사적 가치가 높다고 판단된 뉴스를 선별한 뒤, 총 138편에 대하여 해제를 작성하였다.

　1952년부터 1967년까지 제작된 〈리버티뉴스〉는 한국전쟁 당시 미군 502부대 사진통신대로 파견된 영화담당자들이 촬영한 다큐멘터리 필름으로부터 시작되었다. 1952년 미군은 뉴스영화 제작을 주한미공보원(USIS-KOREA)로 이관했다. 미공보원은 막대한 자금과 전문 인력을 투입하여 자체적으로 창원에 상남스튜디오를 만들었는데, "리버티프로덕션"으로 불렸던 이곳에서 1967년까지 기록영화와 다양한 문화영화가 제작되었다.

　〈리버티뉴스〉는 극장 상영뿐 아니라 미문화원 상영과 이동영사 상영 등을 통해 1960년대 중반까지 가장 대중적이고 강력한 소식의 전달자로 기능했다. 특히 1950년대 라디오와 같은 방송매체가 부족하고 농촌 지역의 문맹률이 높은 상황에서 영화는 거의 모든 주제를 다양한 수준의 한국인들에게 전달할 수 있는 중요한 매체였다. 해방 이후 한국 정부와 한국 영화인들에 의해 제작되던 뉴스영화 제작이 한국전쟁의 발발로 잠정 중단되었던 시기에 시작된 〈리버티뉴스〉는 전투 현장이나 후방의 상황을 찍은 보도영화와 기록영화로 한국인에게 무상으로 제공되었다. 1953년 〈대한뉴스〉가 제작되기 시작한 후, 극장에서는 〈리버티뉴스〉와 〈대한뉴스〉를 선택적으로 상영하였다.

　해제 작업은 1호(1952년 5월 6일)의 〈임진왜란 360주년 기념식〉부터 마지막 호인 716호 (1967년 5월) 〈대통령 선거 유세〉까지 진행하였다. 〈리버티뉴스〉는 기본적으로 〈대한뉴스〉와 동일하게 한국 정부의 입장을 반영하였지만, 그와는 다른 성격을 드러낼 때도 있었다. 예를 들어, 제1호 영상에서 "임진왜란 360주년"이라는 문구와 거북선 행사 등에 비중을 두고 있는 반면에 이승만과 관련된 부분들이 전혀 보이지 않는 것 역시 특징적인 부분이라고 할 수 있다. 주한미공보부가 제작한 이 영상들은 한국 정부에서 주최한 대규모 행사를 촬영하더라도 한국만의 독특한 문화가 보이는 부분들을 부각시키는 경향이 있다. 즉, 제작 주체들은 당시 한국 정부가 대중들에게 선전하고자 했던 정치적인 메시지들에 대해서는 비중을 크게 두고 있지 않았음을 보여주는 것이라 할 수 있다.

〈대한뉴스〉가 한국 정부에 의해 제작된 것인 만큼 정책홍보의 역할이 주된 기능이었다면, 〈리버티뉴스〉는 전후 혼란한 사회정치적 환경 속에서 미공보부 주도의 선전도구로 활용되었다. 따라서 〈리버티뉴스〉는 제작 주체인 미국이 한국인에게 무엇을 어떻게 보여주고자 했는지 그 의도를 파악할 수 있는 자료로서 가치가 크다고 할 수 있다.

임진왜란 360주년 기념식 (1952년 5월)

제작정보

출　　　처 ： 리버티뉴스 1호

제 작 사 ： 주한미공보원

제 작 국 가 ： 미국

영상정보

제 공 언 어 ： 한국어

컬　　러 ： 흑백

사 운 드 ： 무

█ 영상요약

1952년 5월 6일 부산 충무광장에서 개최된 임진왜란 360주년 기념식 영상이다. 이 기념식에는 왕동원 주한중국대사, 신익희 국회의장, 조병옥 의원, 백낙준 문교부 장관 등의 고위 인사들이 참석하였고, 조병옥과 백낙준이 무대 위에 올라가 이순신의 영웅성에 대해 연설하였다. 연설 후에는 군악대와 학생들의 거리 행진이 이어졌다.

█ 내레이션

(내레이션 없음)

█ 화면묘사

00:00 부산 충무광장에 모여있는 수천 명의 학생들. 광장 앞쪽에는 간이무대가 설치되어 있음
00:08 간이무대 뒤쪽의 좌석에 앉아 있는 왕동원 주한중국대사, 신익희 국회의장, 조병옥 의원, 백낙준 문교부장관 등의 고위 인사들의 모습
00:12 군악대의 연주장면
00:16 현란한 팔 동작으로 북을 치고 있는 군악대원
00:20 '임진난 육주갑 기념 국난극복 시민대회(壬辰亂 六周甲 記念 國難克服 市民大會)' 플래카드가 부착되어 있는 간이무대
00:24 간이무대를 향해 병사들이 사열하여 경례하고 있음
00:26 시민대회에 참석한 여학생들의 모습
00:29 무대 위에서 연설하고 있는 조병옥
00:40 무대 아래에서 연설을 듣고 있는 학생들
00:44 조병옥이 무대에서 내려오는 장면
00:50 '충무정신 열공에 이바지하'라고 적힌 현수막을 들고 있는 사람의 모습
00:54 백낙준 문교부장관의 연설
01:06 손을 올리며 구호를 외치고 있는 학생들의 모습

01:10   군악대가 연주하며 행군하고 있음
01:19   고등학생들이 거북선 모형과 각종 플래카드를 들고 행진하는 장면
01:23   숙명여자대학교 학생들이 현수막을 들고 부산시내 도로를 행진하고 있음

▌ 연구해제

  본 영상은 1952년 5월 6일 부산에서 개최된 임진왜란 360주년 기념식을 보여준다. 1952년은 아직 6·25전쟁이 진행되고 있었던 시기였다. 한국정부는 '우리 민족'이 조선시대 왜군의 침략으로 위기를 겪었지만 7년여의 항전 끝에 승리를 거두었다는 점을 되새기며, 공산군의 침략으로부터 조국을 구해야 한다는 이야기로 대중들을 독려하고 동원하고자 했다. 특히 충무공 이순신의 영웅적인 면들을 상징적으로 선전하며, 이순신과 같은 피를 타고난 남한의 국민들이 왜적과 같은 공산세력에 용맹하게 대적하여 자유와 평화를 쟁취해야 한다는 논리를 내세웠다. 영상에서 보여주고 있는 행사 장면들에서도 이러한 부분들을 찾아 볼 수 있다. 특히 얇은 천에 '충무 정신으로 멸공하자'라고 급하게 흘려 쓴 현수막, 광장 바닥이 보이지 않을 정도로 빼곡하게 줄 맞춰 서 있는 학생과 군인들이 정부 인사의 연설에 맞추어 만세를 하는 모습, 거북선을 형상화한 거리 퍼레이드 등이 인상적이다. 아울러 조악한 행사 시설과, 군용차량이 이리저리 세워져 있는 거리의 모습 등은 피난 도시 부산의 일면을 보여주고 있다.

  하지만, 본 영상에서 보다 주목해야 하는 점은 대규모 관제 대중동원 행사가 빈번했던 1952년 부산의 상황을 의도치 않게 보여주고 있다는 것이다. 당시 이승만은 1952년 8월 5일의 정부통령 선거에서 재선되기 위해 여러 가지 정치공작을 펼치고 있었다. 이승만은 이미 1950년 5월 30일 국회의원 선거에서 야당의 압승으로 인해 정치적인 기반이 약화되어 있었고, 아울러 전쟁 중 '거창 민간인 학살 사건'과 국민방위군 사건 등 거듭된 실정으로 인해 사회의 비난을 받고 있던 상황이었다. 이에 따라 이승만 정부는 1951년 11월 30일 대통령 직선제 개헌안을 국회에 제출하였지만, 1952년 1월 18일 국회 표결에서 재적 175명 중 163명의 국회의원들이 참석한 가운데 단 19표만의 지지표를 확보한 채 부결된다. 결국 이승만은 5월 25일 부산에 공비가 침투했다는 명목으로 비상계엄령을 내리고, 5월 26일에는 대통령 직선제 개헌에 반대하는 국회의원 약 40여 명을 태운 통근버스를 임시 국회의사당으로 쓰이던 경남도청 앞에서 견인차로 강제 연행하였

으며, 이 중 10명의 국회위원을 구속했다. 결국 1952년 7월 7일 이승만이 제출했던 개헌안이 통과되었고, 이승만은 재선에 성공하게 된다.

소위 '부산 정치 파동'이라고 불리는 일련의 사건은 이승만을 중심으로 하는 정부세력과 이승만의 재선을 적극적으로 반대했던 국회의원들 사이의 정치적 대립이었지만, 그 안에는 많은 대중이 휩쓸려 동원되고 있었다. 이승만 정부는 개헌안이 부결되는 등 국회 내에서의 입지가 위태로울 때마다, '민의발동'을 시도했다. 대한노총, 대한청년단, 대한부인회 등의 여러 어용단체 조직을 활용한 대중동원에 나선 것이다. 이들 시위대는 경남도청 앞에 몰려들어 '민의를 무시하는 국회는 해산하라' 등의 구호를 외쳤다. 이러한 시기에 개최된 임진왜란 기념식은 이승만이 그 자신과 정부를 한국의 민족을 위해 스스로 짐을 짊어진 이순신으로 대비시키려는 의도에서 진행되었다고 볼 수 있다. 자신과 같은 민족의 영웅에게 대적하는 자들은 왜적과 같이 우리 민족을 침략한 공산세력임을 보여주려는 시도이기도 하였다. 영상 속에 등장하는 모든 문구들이 충무공의 정신을 본받아 국난을 극복하고, 멸공해야 한다는 내용을 포함하고 있다는 것도 이러한 점을 증명하고 있는 부분이다.

리버티뉴스는 미 공보부에서 제작한 뉴스영상으로 대규모 행사를 촬영하더라도 주로 한국만의 독특한 문화가 보이는 부분들을 부각시키는 경향이 있다. 제1호로 제작된 이 영상에도 임진왜란 360주년이라는 문구와 거북선 행사 등에 비중을 두고 있는 점이 발견된다. 또한 이승만과 관련된 부분들이 전혀 보이지 않고 있다는 것 역시 특징적인 부분이라고 할 수 있다. 제작 주체들은 당시 한국 정부가 대중에게 선전하고자 했던 정치적인 메시지들에 대해서는 비중을 두고 있지 않았다는 것을 알 수 있다. 이것은 리버티뉴스가 대한민국의 정부 공보물과는 다른 성격을 띠고 있다는 점을 보여주는 흥미로운 지점이라고 할 수 있을 것이다.

▍참고문헌

「기찬 민족의 힘 과시할 임진의 새아침은 밝다」, 『동아일보』, 1952년 1월 1일.
「역설의 공간 2. 현대사와 부산의 장소성 〈1〉 기억과 망각이 교차하는 한국 전쟁 임시 수도」, 『국제신문』, 2014년 11월 5일.
서중석, 『이승만과 제1공화국』, 역사비평사, 2007.

해당호 전체 정보

1-01 장택상 국무총리 임명장 수여식

상영시간 ㅣ 00분 31초

영상요약 ㅣ 1952년 5월 7일 장택상 국무총리 임명장 수여식 영상이다. 취임식장에는 이승만 대통령을 비롯한 정부 각료들이 참석하였고, 이승만이 임명장을 직접 낭독한 뒤 장택상에게 수여하였다.

1-02 리지웨이 장군과 클라크 장군의 이승만 대통령 예방

상영시간 ㅣ 01분 40초

영상요약 ㅣ 이승만 대통령의 집무실에 리지웨이, 클라크 장군과 무쵸 주한 미국대사, 밴 플리트 미 제8군 사령관이 예방하였다. 이승만 대통령이 퇴임을 앞둔 리지웨이 장군에게 훈장을 수여하였다.

1-03 부산 시의회개관

상영시간 ㅣ 01분 40초

영상요약 ㅣ 1952년 5월 5일 한국 최초 지방의회인 부산 시의회 개회 장면을 촬영한 영상이다. 4월 25일 선거에서 당선된 35인의 부산 시의회 의원들은 5일 오전 10시 15분부터 부민관에서 개최된 의회에 참석하여 의장, 부의장 선거를 하였다. 의장으로는 김낙제가, 부의장으로는 박교준이 당선되었다. 신익희를 비롯한 국내외 고위 인사들도 참석하여 선거 과정을 지켜보았다.

1-04 제20회 상이군인 명예 제대식

상영시간 ㅣ 01분 56초

영상요약 ㅣ 1952년 4월 30일 오전 10시 부산 문화극장에서 제20차 상이군인 명예제대식이 개최되었다. 이승만 대통령과 신태영 국방부장관 등 각계각층의 내빈들이 참석하였다.

1-05 임진왜란 360주년 기념식

상영시간 ㅣ 01분 29초

영상요약 ㅣ 1952년 5월 6일 부산 충무광장에서 개최된 임진왜란 360주년 기념식 영상이다. 이 기념식에는 왕동원 주한중국대사, 신익희 국회의장, 조병옥 의원, 백낙준 문교부 장관 등의 고위 인사들이 참석하였고, 조병옥과 백낙준이 무대 위에 올라가 이순신의 영웅성에 대해 연설하였다. 연설 후에는 군악대와 학생들의 거리 행진이 이어졌다.

한미경제협정 조인 (1952년 5월)

제작정보
출   처 : 리버티뉴스 3호
제 작 사 : 주한미공보원
제 작 국 가 : 미국

영상정보
제 공 언 어 : 한국어
컬   러 : 흑백
사 운 드 : 무

█ 영상요약

1952년 5월 24일 부산 중앙청 국무회의실에서 진행된 한미경제협정 조인식 영상이다. 한국 측 대표로는 백두진 재무장관이 서명하였고, 미국 측 대표로는 마이어 미대통령특사가 서명하였다. 정식 협정의 명칭은 '대한민국과 국제연합통일사령부와의 경제조정에 관한 협정'이며, 미국 측 특사의 이름을 따 '마이어협정'이라고도 불린다. 한국의 인플레이션을 저지하고 급속한 경제안정을 목적으로 하고 있다.

█ 내레이션

(내레이션 없음)

█ 화면묘사

00:02 중앙청 국무회의실에 입장하여 한미경제협정문에 사인하여 조인하는 백두진 재무부장관과 마이어 미국 대통령특사
00:40 악수를 한 후 이야기를 나누고 있는 양국 대표단 일행
01:07 "멸공통일(滅共統一)"이라는 커다란 간판이 걸린 부산 중앙청 입구에서 양국 대표단 일행이 기념촬영을 하고 있음
01:13 미국 대표단 일행이 의전차량을 이용해 이동한 다음 비행기에 탑승하는 장면. 군인들이 도열하여 서있으며, 한국 대표단 일행이 환송을 하고 있음

█ 연구해제

이 영상은 1952년 5월 24일 부산 중앙청 국무회의실에서 진행된 '대한민국과 국제연합통일사령부와의 경제조정에 관한 협정'이 체결될 당시의 장면을 담고 있다. 이와 함께 이 영상에서는 협정을 체결한 미국 측 대표인 클라렌스 E. 마이어(Clarence E. Mayer) 사절단이 한국을 떠나는 모습과 이를 환송하는 한국 대표단 일행의 모습을 확인할 수 있다. 이 협정은 정부 간의 협정이 아니라 유엔군 사령관 측과 한국정부 간의 협정이라

는 점에서 기존의 협정과 차이를 갖는다.

　미국 측 대표의 이름을 따 일명 '마이어 협정'이라고 불리는 이 협정은 한미 간 새로운 원조안을 만들기 위한 협상의 결과 체결된 것이었다. 협정이 체결될 당시의 상황은 다소 복잡했는데, 1950년 6·25전쟁으로 한국에 원조를 시작한 유엔과 기존에 활동하고 있는 미국의 원조 체계가 혼란스럽게 운영되고 있었다. 미국은 한국정부 수립 후인 1948년 12월, '한미경제원조협정'을 체결하여 원조 제공 및 운영방식을 합의하였고, 이에 따라 미국의 원조기구인 경제협조처(ECA: Economic Cooperation Administration)가 한국에서 활동을 시작했다. 그러던 중 6·25전쟁이 발발하자 유엔결의안에 의해 유엔한국재건단(UNKRA: United Nations Korean Reconstruction Agency)과 한국민사처(UNCACK: United Nations Civil Assistance Command in Korea)의 활동도 시작된 것이다. 이처럼 원조체계가 다양화 되자 혼선을 줄이기 위해 미국과 유엔하 원조기구의 활동과 기능의 분류 및 정비가 요구되었다. 결과적으로 1951년 주한 경제협조처는 해산하고, 원조기구는 유엔군 사령관하에서 운영되는 것으로 통일되었다.

　하지만 이 같은 결정은 오히려 유엔원조 운영을 복잡하게 하였다. 그 이유는 기존에 수립된 기관들과 전시상황의 변화에 따라 새롭게 수립된 기관들의 역할과 내용이 상이하면서도 중첩되는 부분이 있는데다 원조기구를 관할하는 유엔군 사령부가 일본 도쿄에 위치하고 있었다는 점에 있었다. 이 같은 상황은 유엔 원조의 대부분을 제공하고 있는 미국으로 하여금 원조의 효율적인 운영방안을 고려하게 하는 요인이 되어, 1951년 주한 경제협조처 해산 이후 새로운 원조안을 만들기 위한 논의가 진행되었다.

　미국이 준비하고 있는 새로운 원조안은 다음과 같은 세 가지를 내용으로 하고 있었다. 첫째, 한국의 경제적인 상황을 고려한 잠정적인 정책이라는 것이었다. 즉 한국정부가 경제안정을 이루지 않으면 원조를 제공하지 않을 수도 있다는 것이었다. 둘째, 대충자금계정은 유엔군 사령부의 계정이 아닌 한국의 계정이어야 하지만, 이는 유엔군 사령관에 의해 통제되어야 한다는 것이었다. 즉, 원조자금의 운영을 한국정부 자의로 할 수 없다는 것이었다. 셋째, 한국 외환의 할당에 있어서는 만족스런 협의가 있어야 한다는 것이었다. 이는 한국정부가 요구하는 만큼의 원조를 제공할 수 없다는 말이기도 했다.

　이 같은 내용을 안건으로 하는 한미 간의 회의가 1951년 11월부터 시작되었다. 하지만 회의는 순조롭게 진행되지 않았다. 한국정부가 미국의 원조안 중 두 번째 것이 한국의 주권을 제한하는 조항이라며 반발했기 때문이다. 이와 함께 가장 큰 대립을 이루었던 것은 '유엔군 대여금'과 관련된 내용이었다. '유엔군 대여금'은 유엔군이 6·25전쟁이 진행되는 동안 한국에서 소비하기 위해 한국정부에서 대출했던 자금이었다. 미국 측은 이를 원조물자로 상환하려고 하였고, 한국정부는 원화로 상환할 것을 주장했던 것이다. 한국정부는 '유엔군 대여금' 명목으로 원화를 상환 받아 경제부흥을 위한 산업시설 건설에 사용하고자 하였다.

이처럼 새로운 원조안을 앞두고 한미 간의 합의가 지연되는 가운데 한국의 경제상황이 악화되자, 한미 간의 합의를 종결하기 위해 미국에서 파견한 대표가 마이어였다. 마이어 사절단은 1952년 4월 13일 내한하여 15일부터 한국정부와의 토의에 들어갔다. 논의 과정에서 '유엔군 대여금'을 상환 받아 경제부흥에 활용하려는 한국정부의 입장과 한국정부와 '유엔군 대여금'의 상환금에 대한 사용을 통제하려는 미국정부의 의견이 대립되어 협상은 불가능해 보였다. 그러자 마이어는 협정 없이 철수한다고 협박하기도 하고 실제로 짐을 챙기기도 하는 등의 방법으로 한국정부를 설득하였고, 마침내 1952년 5월 24일 '대한민국과 국제연합통일사령부와의 경제조정에 관한 협정'이 체결되었다.

이 협정은 크게 '합동경제위원회(CEB: Combined Economic Board)'의 설치와 '유엔군 대여금' 상환을 내용으로 하고 있다. '합동경제위원회'는 유엔군 총사령관 대표 1인과 대한민국 정부 대표 1인으로 구성되었으며, 미국이 제공하는 원조물자가 경제안정을 이루는 데 사용되도록 한미 간 그 사용처를 합의하는 기구였다. '유엔군 대여금'은 유엔군 개인비용에 있어서만 상환방법을 합의하고, 유엔군 대여금의 70%를 차지하는 직접 군사비의 경우 환율수준을 결정하지 않은 채 차후 양자가 합의하여 결정한다고 애매하게 처리되었다. 즉 '유엔군 대여금'을 상환한다는 약속만 한 것이다. 이는 이후 3개월이 지난 8월 31일 3,500만 달러로 정식 상환되었다. 하지만 상환금은 한국정부 임의대로 사용할 수 없었고, '합동경제위원회'에서 결정한 용도로 사용되어야 했다. 또한 이 상환금은 유엔군 개인비용으로 지출된 비용에 한정된 것이었고, 군사비에 대해서는 원조물자 판매대금으로 상쇄한다는 주장을 유지했다. '마이어 협정'으로 설치된 '합동경제위원회'는 이후 1961년 해체될 때까지 원조운영뿐만 아니라 1950년대 한국 경제 정책 전반에 걸쳐 영향력을 행사하게 되었다. 즉, '마이어 협정'은 '유엔군 대여금' 및 미국의 대한원조의 활용에 대한 미국정부의 관여를 조직적으로 보장하게 된 계기였다고 할 수 있다.

참고문헌

이현진,『미국의 대한경제원조정책 1948~1960』, 혜안, 2009.

해당호 전체 정보

3-01 한미경제협정 조인

상영시간 ㅣ 01분 49초

영상요약 ㅣ 1952년 5월 24일 부산 중앙청 국무회의실에서 진행된 한미경제협정 조인식 영
상이다. 한국 측 대표로는 백두진 재무장관이 서명하였고, 미국 측 대표로는
마이어 미대통령특사가 서명하였다. 정식 협정의 명칭은 '대한민국과 국제연
합통일사령부와의 경제조정에 관한 협정'이며, 미국 측 특사의 이름을 따 '마
이어협정'이라고도 불린다. 한국의 인플레이션을 저지하고 급속한 경제안정을
목적으로 하고 있다.

3-02 방직공장 풍경

상영시간 ㅣ 01분 21초

영상요약 ㅣ 공장에서 여성노동자들이 방적기를 이용하여 실을 뽑아내고, 방직기를 이용
하여 천을 생산하고 있는 장면들을 담고 있는 영상이다.

3-03 상이군인 및 유가족 위안 체육대회

상영시간 ㅣ 02분 07초

영상요약 ㅣ 1952년 5월 18일 제5육군병원 제1병동에서 열린 상이군인 및 유가족 위안 운
동경기 대회 영상이다. 영상에서는 배구, 레슬링, 격파시범, 권투 등의 경기
장면들이 담겨 있다. 국방부에서 주최한 이 체육대회에는 올림픽 파견 후보
선수들이 참석하였으며, 대한체육회를 비롯한 각 원호단체에서 후원을 하였
다.

3-04 육군 의지창 낙성식

상영시간 ㅣ 02분 01초

영상요약 ㅣ 1952년 5월 29일 동래 삼일육군병원에서 진행된 한국 최초의 육군 의지창 낙
성식 영상이다. 이승만 대통령과 미 제8군 의무참모 등의 내외귀빈 및 다수의
장성이 참석하였다. 행사가 진행된 후 의족과 의수 등 의지를 착용한 상이군

인들의 이동 및 사용 시연이 있었으며, 이승만 대통령 부부의 의지창 내부 시
찰 등이 진행되었다.

3-05 럭비경기
상영시간 ㅣ 01분 00초
영상요약 ㅣ 군부대로 추정되는 곳에서 진행된 럭비경기 영상이다.

연료소비절약 강조주간 (1952년 6월)

제작정보

출　　　처　:　리버티뉴스 5호

제 작 사　:　주한미공보원

제 작 국 가　:　미국

영상정보

제 공 언 어　:　한국어

컬　　　러　:　흑백

사 운 드　:　무

▌영상요약

1952년 6월 15일부터 22일까지 진행된 연료소비절약강조주간 전시 관련 영상이다. 연료연소기구 전시회에 전시된 많은 기구들과 그 기구들의 사용방법 시연 모습 등이 담겨있다. 이어서 연료소비절약강조주간에 우수한 실적을 거둔 이들에게 상을 수여하는 것으로 추정되는 영상이 함께 담겨 있다.

▌내레이션

(내레이션 없음)

▌화면묘사

00:00 "燃料燃燒器具 展示會(연료연소기구 전시회)"라고 쓰인 현수막과 "自(자) 六月十五日(6월15일) 至(지) 六月二十二日(6월22일) 戰時下 燃料消費節約 強調週間(전시하 연료소비절약 강조주간) 燃料燃燒器具展示會(연료연소기구전시회) 入口(입구) 主催(주최) 釜山市(부산시) 後援(후원) 大韓熱管理協會(대한열관리협회)"라고 쓰인 입간판. 입간판 옆 길 건너로 "無煙炭(무연탄)은 自由販賣(자유판매)"라 쓰인 간판도 보임

00:11 "大韓綠化燃燒器 出現(대한녹화연소기 출현)"이라는 제목의 그림판. 그림 밑에는 "이 現象(현상)대로 가면 國民(국민)이 도탄에 빠질 수 있다"는 글이 쓰여 있음

00:17 여러 가지 기구들이 전시되어 있는 모습과 기구의 사용법을 시연 중인 관계자의 모습

01:24 사람들이 모인 곳에서 발언 중인 한 남성의 모습. 그 뒤에 붙은 종이에는 "戰時國民生活改善實踐違反者(전시국민생활개선실천위반자) 出入(출입)을 禁(금)함 戰時國民衣生活(전시국민의생활)"이라는 제목이 쓰여있음

01:31 수상자들에게 상장과 부상을 수여하는 장면. 수상자들이 상장을 들고 나란히 앉아있는 모습

연구해제

이 영상은 6·25전쟁 당시 부산에서 진행한 연료소비절약강조주간에 관한 내용을 담고 있다. 영상에는 연료 등 각종 물자가 부족한 상황에서 "이 現象대로 가면 國民이 도탄에 빠질 수 있다"는 글귀, 이 운동과 관련한 발언자가 등장하는 장면에서는 "戰時國民生活改善實踐違反者 出入을 禁"한다는 표를 볼 수 있어 당시 연료소비절약운동의 분위기를 생생하게 느끼게 해준다.

이 행사는 1952년 6월 15일에서 22일까지 부산에서 개최된 것으로 부산시가 주최하고 대한열관리협회의 후원 아래 진행되었다. 행사장 근처에는 무연탄을 판매하기도 했고 절약모범자에 대한 시상식을 개최하기도 했다. 23일 손영수(孫永壽) 시장은 동회마다 무연탄, 분탄 판매 이용, 가정의 부엌 개량, 전시회 무료관람 등에 대한 담화를 발표했다. 같은 해 9월 16일 장택상(張澤相) 국무총리는 신탄소비절약운동에 엄중을 기하고 관공서에서 모범을 보일 것을 강조했다.

흥미로운 것은 연료소비절약운동이 에너지문제만이 아니라 산림녹화를 도모하기 위한 차원이었다는 점이다. 연료가 부족한 상황에서 땔감이 과도하게 사용되자 경남도 산업국은 같은 해 7월 18일 비상연료대위를 구성하고 대용연료사용 장려책, 개량분구장려책, 장작 부정반입단속책 등을 논의, 결정했다.

참고문헌

「燃料節約期間延期」, 『경향신문』, 1952년 6월 25일.
「非常燃料對委構成」, 『경향신문』, 1952년 7월 21일.
「官公署부터 垂範」, 『경향신문』, 1952년 9월 23일.

해당호 전체 정보

5-01 해군연주회
상영시간 ㅣ 01분 28초
영상요약 ㅣ 1952년 6월 26일과 27일에 해군본부 정훈감실 주최로 동아극장에서 열린 해군
연주회 영상이다. 해군군악대, 해군정훈군악대, 해군어린이음악대가 참가하여
공연을 진행하였다.

5-02 연료소비절약 강조주간
상영시간 ㅣ 01분 23초
영상요약 ㅣ 1952년 6월 15일부터 22일까지 진행된 연료소비절약강조주간 전시 관련 영상
이다. 연료연소기구 전시회에 전시된 많은 기구들과 그 기구들의 사용방법 시
연 모습 등이 담겨 있다. 이어서 연료소비절약강조주간에 우수한 실적을 거둔
이들에게 상을 수여하는 것으로 추정되는 영상이 함께 담겨 있다.

5-03 어린이예술제
상영시간 ㅣ 01분 13초
영상요약 ㅣ 1952년 7월 1일부터 5일까지 부산극장과 문화극장에서 열린 어린이예술제 영상
이다. 경남사회사업연합회의 주최로 열렸으며, 시내 각 보육원 어린이들이 출연
하였다. 예술제에서 얻어진 수입은 전재고아원호사업기금으로 충당되었다.

5-04 신체검사
상영시간 ㅣ 01분 03초
영상요약 ㅣ 군 입대를 앞두고 성인남성들의 신체검사가 실시되고 있는 모습을 담은 영상이다.

5-05 비행훈련
상영시간 ㅣ 01분 20초
영상요약 ㅣ 공군 소속의 조종사들이 비행이론에 대해 교육을 받는 모습과, 직접 항공기에
탑승하여 비행하는 장면들이 담긴 영상이다.

이승만 대통령 유엔한국통일부흥위원단 방문 (1952년 8월)

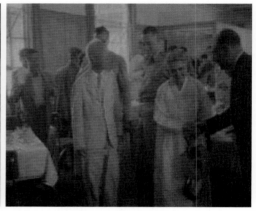

제작정보

출   처 : 리버티뉴스 6호

제 작 사 : 주한미공보원

제 작 국 가 : 미국

영상정보

제 공 언 어 : 한국어

컬   러 : 흑백

사 운 드 : 무

▌ 영상요약

이승만 대통령 부부와 정부 관계자들이 유엔한국통일부흥위원단 위원들과 환담을 나누고 함께 식사를 하는 모습이 담긴 영상.

▌ 내레이션

(내레이션 없음)

▌ 화면묘사

00:00   유엔한국통일부흥위원단 위원들과 인사를 나누는 이승만 대통령 부부
00:09   이승만 대통령 부부를 비롯한 관계자들이 유엔한국통일부흥위원단 위원들과 이야기를 나누고 있음
00:22   식당에서 음료를 마시며 대화하는 이승만 대통령 부부와 관계자들의 모습
00:51   이승만 대통령 부부와 유엔한국통일부흥위원단 위원들이 식당으로 안내받아 들어간 뒤 식사하는 장면

▌ 연구해제

〈리버티뉴스〉 제6호에는 유엔한국통일부흥위원단(UNCURK: United Nations Commission for the Unification and Rehabilitation of Korea)과 관련된 두 개의 영상이 들어 있다. 하나는 UNCURK 일행이 한국의 육·해·공군 교육시설을 시찰하는 모습이고, 다른 하나는 이승만 대통령 부부가 UNCURK 위원들과 환담하며 식사하는 장면이다.

UNCURK는 1950년 10월 7일 유엔총회결의안 제376(Ⅴ)호에 의해서 설치되었고, 오스트레일리아, 칠레, 네덜란드, 파키스탄, 필리핀, 태국, 터키 등 7개국으로 구성되었다. 결의안에 규정된 UNCURK의 임무는 ①유엔한국임시위원단(The United Nations Temporary Commission on Korea)이 행사한 기능을 담당하고, ②통일·독립된 전한(全韓)민주주의 정부의 수립을 실현시키기 위하여 국제연합을 대표하며, ③한국에서의 구호와 부흥에

관련하여 총회가 경제사회이사회의 제 권고를 접수하고 정하는 제 임무를 수행한다 등
이었다.

　　UNCURK는 1968년까지 매년 유엔 사무총장에게 한국의 정치·경제·사회·문화 등
제반 사정에 대한 연차보고서를 제출함으로써 '한반도 문제'를 유엔총회 의제로 채택하
게 하는 역할을 하였다. 그러나 유엔 회원국들은 점차 냉전 문제였던 한반도 문제에 대
한 표결에 참석하지 않으려 하였고, 유엔에서 미국의 영향력이 감소하면서 자동적으로
한국에 불리한 요구들이 표출되었다. 그러자 1968년도부터 한국 문제는 자동 상정이 아
니라 UNCURK 보고서를 사무총장에게 임의로 제출하도록 하는 '재량 상정 방식'으로 변
경되었다.

　　그러나 이후 유엔총회에서 UNCURK 해체 문제가 계속 거론되다가 결국 중국의 유엔
가입, 남북대화에 따른 한국의 유엔정책의 변화 등 여러 사정이 변화하면서 1973년 제
28차 유엔총회에서 만장일치로 해체가 결의되었다.

▌ 참고문헌

국회도서관 입법조사국, 『통일백서 - 국회국토통일연구특별위원회 보고서 - 〈입법참고
　　　자료 제146호〉』, 1971.
이주봉, 「국제사회의 한반도 문제 인식과 5·16군사정부의 유엔정책」, 『역사와 현실』
　　　82, 2011.

억류민간인 귀환 (1952년 8월)

제작정보

출   처 : 리버티뉴스 6호
제 작 사 : 주한미공보원
제작국가 : 미국

영상정보

제공언어 : 한국어
컬   러 : 흑백
사 운 드 : 무

영상요약

유엔군 포로수용소에 수용되어 있던 민간인들이 석방되어 귀환하고, 그들을 환영하는 행사가 열린 장면들을 담은 영상이다. 이 영상은 1952년 7월 30일 부산역 광장에서 열린 제4차 민간인 석방 환영식으로 추정된다. 이때 석방된 이들은 영천수용소에서 억류되어 있던 589명의 북한 출신 민간인이라고 하는데, 반공포로들일 것으로 추정된다.

내레이션

(내레이션 없음)

화면묘사

00:00 기차가 역으로 들어오는 장면. 기차에 탄 남성들이 태극기를 흔들고 있음
00:12 "歡迎(환영) 抑留民間人 歸鄉(억류민간인 귀향) 慶尚南道(경상남도)"라고 쓰인 현수막이 걸린 역에서 나오는 사람들
00:24 귀환한 억류 민간인들이 역 앞 광장에 서 있으며, 많은 시민들이 환영식을 지켜보고 있음
00:29 단상에서 발언 중인 관계자들의 모습
00:38 무언가를 낭독한 후 만세삼창을 하는 귀환한 억류 민간인들
00:52 신분확인을 하고, 배급품을 받아 이동하는 귀환한 억류 민간인들. 머리에는 "滅共(멸공)" 등의 글귀와 태극기가 그려진 천을 두르고 있음
01:10 귀환한 억류 민간인들이 마중 나온 사람들과 이야기를 나누거나 울음을 터트리는 장면

연구해제

이 영상은 1952년 7월 영천 소재 포로수용소에 억류되어 있던 반공포로의 귀환을 환영하는 경상남도의 한 지역에서 개최된 행사 장면을 담은 영상이다. 6월 21일 유엔군사

령부는 27,000명에 달하는 '민간억류민' 석방계획을 발표했다. 유엔군사령부에 의하면 '민간억류민'은 전선에서 북한인민군의 포로로 억류되었던 이들로, 석방하는 전원은 강제로 인민군에 편입되었거나 전투 중에 유엔군의 필요에 의해 보호감시를 목적으로 수용된, 당시 남한 주민으로 입증된 이들이라고 한다.

6월 29일 영천포로수용소는 제1차로 1,800명의 반공포로를 석방했고, 이들을 29일 오후 9시부터 30일 오전 4시까지 부산을 향하여 출발시켰다. 이들은 석방되기 전 이들에 대한 위문과 앞으로 이들이 '자유대한민국'의 일원으로 싸우도록 격려하기 위한 행사가 영천 제14포로수용소에서 진행되었다. 이 행사에는 최창순 사회부장관, 제8군 사령관 밴 플리트 장군, 유엔민사처(UNCAC)사령관 크리스트 준장, 영천지구 사령관 헬로템 소장 등 관계자들이 참석하였다. '결사멸공'이라고 쓴 머리띠를 맨 석방자들은 태극기를 어깨에 메고 행사 중 '대한민국 만세'를 불렀다. 유엔군 당국은 이들에게 30일분의 식량을 지급하고 의료 등에 문제가 없도록 지원하겠다고 하였고, 행정당국은 고향에 돌아가지 못하는 사람을 위해 직업알선 등에 노력할 것이라 전했다. 이 영상에서 등장하는 장소를 명확하게 파악하기는 어려우나, 행사 장면을 볼 때 이들이 다른 지역으로 이동하면서 출소 직후 진행했던 행사와 유사한 집회를 했던 것으로 볼 수 있다.

당시 반공포로를 석방하는 것 자체는 시기와 방법상의 문제가 있을 뿐 한미 간 이견이 없었던 사안이었다. 송환을 거부하는 포로를 석방하는 전략은 정전협상 초기부터 미국의 정책 고려사항 가운데 하나로 1952년 6월에서 10월까지 총 39,464명이 석방되었다. 그런데 유엔군과 공산 측 간 포로가 교환되고 포로송환협정이 체결되자 이승만은 1953년 6월 18일부터 이틀 동안 유엔군과 협의 없이 일방적으로 반공포로를 석방하였다. 이 시점에 약 35,500여 명의 반공포로들이 7개 수용소에 있었는데 경비병력의 다수는 한국군이었고, 헌병총사령부의 지휘와 경비병의 묵인과 협조하에 27,388명이 탈출했다.

이승만의 독단적인 '반공포로 석방'은 정전협정 체결이 임박하자 한미상호방위조약 체결을 통해 미국이 안보를 책임져주길 원하는 한국정부와 정전회담의 마무리를 지으면서 한국군에 대한 통제를 확보하고자 하는 미국(미군)의 충돌을 볼 수 있는 사건이었다.

▌ 참고문헌

「捕虜一部釋放 南韓出身二萬七千名」, 『경향신문』, 1952년 6월 24일.

「自由天地로돌아온民間人 決死滅共굳게盟誓」, 『경향신문』, 1952년 7월 2일.

김보영, 「한국전쟁 시기 이승만의 반공포로석방과 한미교섭」, 『梨花史學研究』 38, 2009.

해당호 전체 정보

6-01 유엔한국통일부흥위원단 군 교육시설 시찰

상영시간 ㅣ 02분 44초

영상요약 ㅣ 1952년 7월 24일과 25일 양일간 유엔한국통일부흥위원단 일행이 한국 육·
해·공군 교육시설을 시찰한 영상이다. 유엔 연락장교 이상명 소령의 안내로
24일 부산항을 출발한 위원단 일행은 해군사관학교, 해군공창, 육군사관학교,
공군사관학교 등을 시찰하였다.

6-02 이승만 대통령 유엔한국통일부흥위원단 방문

상영시간 ㅣ 01분 05초

영상요약 ㅣ 이승만 대통령 부부와 정부 관계자들이 유엔한국통일부흥위원단 위원들과 환
담을 나누고 함께 식사를 하는 모습이 담긴 영상.

6-03 한미 육사생도 친선모임

상영시간 ㅣ 01분 15초

영상요약 ㅣ 미국 웨스트포인트 육군사관학교 사관생도 일행이 1952년 7월 12일 진해에 위
치한 한국 육군사관학교를 방문하여 진행된 육사생도 친선모임 영상.

6-04 1인1기 제품 전시회

상영시간 ㅣ 02분 17초

영상요약 ㅣ 전국학도 1인1기 제품 전시회 영상. 제품 전시회는 문교부와 중앙학도호국단
의 주최로 열렸다. 영상에는 여러 가지 제품이 전시되어 있는 장면과 참가 학
생들이 기기를 작동하고, 제품을 만드는 장면들이 담겨 있다. 또한 수상 학생
들에게 상을 수여하는 장면도 볼 수 있다.

6-05 억류 민간인 귀향

상영시간 ㅣ 01분 27초

영상요약 ㅣ 유엔군 포로수용소에 수용되어 있던 민간인들이 석방되어 귀환하고, 그들을

환영하는 행사가 열린 장면들을 담은 영상. 이 영상은 1952년 7월 30일 부산역 광장에서 열린 제4차 민간인 석방 환영식으로 추정된다. 이때 석방된 이들은 영천수용소에서 억류되어 있던 589명의 북한출신 민간인이라고 하는데, 반공 포로들일 것으로 추정된다.

정부통령 선거 투표 (1952년 8월)

제작정보

출　　　처	:	리버티뉴스 7호
제 작 사	:	주한미공보원
제 작 국 가	:	미국

영상정보

제 공 언 어	:	한국어
컬　　　러	:	흑백
사 운 드	:	무

▌ 영상요약

1952년 8월 5일에 치러진 제2대 대통령 및 제3대 부통령 선거 당시 영상. 거리 곳곳에 붙어 있는 벽보의 모습과 투표소에 들러 선거에 참여한 유권자들의 모습 등을 담고 있다. 투표의 개표는 8일 오후에 완료되었으며, 대통령에는 이승만, 부통령에는 함태영이 각각 당선되었다. 선거 개표결과는 국회의장에게 보고되어 13일에 정식으로 공고하였다.

▌ 내레이션

(내레이션 없음)

▌ 화면묘사

00:05 거리에 붙어 있는 대통령과 부통령 후보 간판 및 벽보. 게시판에는 "自由黨(자유당) 全國愛國社會團體(전국애국사회단체) 公薦(공천) 大統領 候補(대통령 후보) 李承晩 博士(이승만 박사)"라고 쓰인 벽보와 "自由黨(자유당) 全國愛國社會團體(전국애국사회단체) 公薦(공천) 副統領 候補(부통령 후보) 李範奭 先生(이범석 선생)"이라고 쓰인 벽보가 붙어 있음

00:11 기둥에는 "大統領 候補者(대통령 후보자) 記號(기호) 1 조봉암 曺奉巖(조봉암) 선생"이라고 쓰인 벽보가 붙어 있음. 벽보에는 "우리는 이대로 더 四年(4년)을 살아갈 수 없다!", "대통령으로 革新政治家(혁신정치가) 『조봉암』 선생을 선출하자!!"라는 구호와 주장 내용이 적혀 있음

00:13 다리의 기둥에 붙어 있는 "任永信(임영신) 先生(선생)을 副統領(부통령)으로!"라고 쓰인 벽보

00:16 투표소 인근에서 대화를 나누고 있는 두 남성의 모습

00:22 "**미국공보처"라는 간판이 걸려있는 건물의 외관

00:29 사람들이 선거인 명부를 확인한 후 투표용지를 받아 투표를 하는 장면들. "密陽邑 第二投票所(밀양읍 제2투표소)"라는 현판이 누각 기둥에 걸려 있음

01:43 투표소 근처에서 쉬고 있는 사람들의 모습. 처마 밑에는 "투표에 참가하자 한 사람도 빠짐 없이 大統領 副統領 選擧實施(대통령 부통령 선거실시) 八月 五日 (8월 5일) 密陽郡 密陽邑(밀양군 밀양읍) 투표는 당신의 권리며 또한 의무다"라 고 쓰인 현수막이 걸려 있음

▍연구해제

이 영상은 1952년 8월 5일에 치러진 제2대 정부통령 선거에 관한 것이다. 영상에는 거리 곳곳에 붙어있는 벽보의 모습과 투표소에서 선거에 참여하는 유권자들의 모습이 담겨 있다.

이날 치러진 선거는 한국 최초의 정부통령 직접선거였다. 제헌헌법에 의하면 정부통령을 국회에서 선출하게 되어 있었다. 하지만 1950년 5·30선거 결과 이승만이 참패하고, 6·25전쟁 시기 '거창 민간인 학살사건'과 국민방위군사건 등이 벌어지자 정부와 국회는 첨예하게 대립하였다. 상황이 불리하게 되자 이승만은 이를 돌파하기 위해 1952년 1월 18일 직선제 개헌안을 국회에 제출하였지만, 가 19, 부 143의 압도적 표차로 부결되고 말았다. 그러자 이승만은 국회의 간접선거로는 자신이 재선될 가능성이 희박하다고 판단하고 '부산정치파동'을 일으켜 '발췌개헌안'을 통해 선거제도를 직선제로 변경했다.

'발췌개헌안'이 통과되고 한 달 후인 1952년 8월 5일 최초의 정부통령 직접선거가 실시되었다. 그런데 뜻밖에도 이승만이 대통령후보로 출마하지 않겠다고 선언했다. 그러자 기다렸다는 듯이 민중자결단, 지방의회 의원 등에 의해 이승만의 재출마를 탄원하는 '관제민의' 소동이 벌어졌다. 이는 사실상 계획된 사전 선거운동이나 다름없었다. 이승만은 기이한 방법으로 불출마 선언을 번복하고는 제일 먼저 대통령후보 등록을 하였다. 부통령후보의 선택 또한 파행적이었다. 이른바 '원내자유당'에서 이승만을 대통령후보로, 이범석을 부통령후보로 지명하였으나, 이승만은 당시 심의원장이었던 함태영을 부통령후보로 출마시켜 그를 지원하였다. 한편 민국당에서 국회부의장 조봉암을 대통령후보로 내세우자 이를 견제하기 위해 재빨리 이시영으로 하여금 후보를 등록하게 했다. 토지개혁 임무를 맡았던 초대 농림부장관이자 한때 유명한 공산주의자였던 조봉암이 지주와 부르주아를 대표하는 한민당 후신인 민국당과 사이가 좋을 리는 없었다. 결국 조봉암은 테러와 갖가지 방해로 선거운동을 제대로 할 수 없었다.

8·5선거는 전시 중인데다 선거 일정도 짧아서 선거운동을 거의 할 수 없었고 정책대결의 모습도 찾아보기 어려웠는데, 경찰이 노골적으로 개입한 첫 번째 선거로 기록되었다. 유권자들이 이름도 들어본 적 없는 함태영은 이범석을 112만여 표 차이로 누르고 부통령에 당선되었다. 대통령에는 예상대로 이승만이 당선되었다. 그러나 민국당의 방해공작에도 불구하고 조봉암이 근소한 차이로 초대 부통령 이시영을 누르고 2위를 한 것은 특기할 만한 일이었다.

8·5선거 결과 이승만이 대통령에 당선이 되면서 '부산정치파동'을 일으킨 소기의 목적은 달성될 수 있었다. 하지만 선거가 진행되는 과정에서 이승만이 '부산정치파동'의 주역이었던 이범석을 대신해 함태영을 부통령으로 선택하면서 자연스럽게 이승만 독주체제를 완성할 수 있었다.

▌ 참고문헌

서중석, 『대한민국 선거이야기』, 역사비평사, 2008.
유상수, 「1952년 8·5 정부통령 선거」, 『한성사학』 25, 2010.

해당호 전체 정보

7-01 정부통령 선거 투표

상영시간 | 02분 04초

영상요약 | 1952년 8월 5일에 치러진 제2대 대통령 및 제3대 부통령 선거 당시 영상. 거리
곳곳에 붙어 있는 벽보의 모습과 투표소에 들러 선거에 참여한 유권자들의 모
습 등을 담고 있다. 투표의 개표는 8일 오후에 완료되었으며, 대통령에는 이승
만, 부통령에는 함태영이 각각 당선되었다. 선거 개표결과는 국회의장에게 보
고되어 13일에 정식으로 공고하였다.

7-02 63호 군함 함포사격

상영시간 | 01분 28초

영상요약 | 63호 군함이 항구를 출항하여 항해한 후 육지 표적을 향해 함포사격을 실시하
는 장면을 담은 영상.

무쵸 주한미대사 이한 (1952년 9월)

제작정보

출   처 : 리버티뉴스 10호
제 작 사 : 주한미공보원
제 작 국 가 : 미국

영상정보

제 공 언 어 : 한국어
컬   러 : 흑백
사 운 드 : 무

영상요약

무쵸 주한미국대사에 대한 서울대학교 명예법학박사 학위수여식과 무쵸 주한미국대사가 한국을 떠나는 장면이 담긴 영상. 학위수여식은 1952년 9월 6일 국회의사당에서 내외귀빈 다수가 참석한 가운데 진행되었으며, 무쵸 대사는 8일 정부 요인들과 주한 각국 외교사절들의 환송을 받으며 한국을 떠났다.

내레이션

(내레이션 없음)

화면묘사

00:00 무쵸 주한미국대사가 서울대학 명예법학박사 학위를 수여받고 있는 중인 장면. 참석자들이 박수를 치고 있음
00:17 축사를 읽고 있는 신익희 국회의장
00:22 단상에 앉아 있는 무쵸 주한미국대사
00:28 단상에서 발언을 한 후 참석한 내빈들과 인사를 하고 있는 무쵸 주한미국대사
00:48 밖으로 나와 기념촬영을 하고 있는 무쵸 주한미국대사와 참석한 내빈들의 모습
00:56 공항 활주로로 들어오고 있는 의전차량
01:15 마중 나온 사람들과 인사를 나눈 후 커다란 꽃다발을 전달받고 있는 무쵸 주한미국대사의 모습
01:35 음악이 연주되며 가슴에 손을 얹고 경례를 하는 사람들
01:46 비행기에 오르며 사람들에게 손을 들어 인사하는 무쵸 주한미국대사와 카메라를 향해 손을 흔드는 여자 어린이

연구해제

이 영상은 1948년 7월 28일 주한미특별대표로 파견되어 초대 주한미대사로 활동하였

던 무쵸(John J. Muccio)가 한국을 떠나는 내용을 담고 있다. 무쵸는 1949년 4월 주한미대사로 재임하여 1952년 9월 8일 한국을 떠날 때까지 한국정부 수립 초기 미국의 대한정책이 전개되는 데 큰 영향을 미쳤다. 무쵸가 떠난 후 1952년 11월부터 2대 대사인 엘리스 브릭스(Ellis O. Brigs)가 부임했다.

무쵸가 처음 한국에 도착했던 때는 1948년 8월 23일이었다. 미국은 한국에 파견할 주한미특별대표 무쵸를 외교관 서열상 최고인 특명전권대사로 임명하였다. 당시 미국이 최고급 외교관을 파견했다는 것은 미국의 외교관계에서 한국이 상당히 중요한 위치에 있었다는 것을 의미한다. 실제로 대한민국 정부수립 이후 한국에 설치된 미대사관의 인적규모는 전 세계에서 가장 거대했다. 미대사관 내 주요 직원들 대부분은 정치와 경제 관련 영역에서 활동했는데, 특히 정부활동 관련 직원이 가장 많았고, 미군정 혹은 군부에서 활동했던 인물들이 상당수 포함되어 있었다.

주한미대사관은 미국이 대한정책을 시행하는 데에 매우 중요한 매개역할을 하였다. 특히 무쵸가 활동했던 한국정부 수립 초기, 미대사관은 한국 현지에 파견된 주한미사절단 내에서 가장 중요한 위상을 차지하였다. 한국정부도 미대사관을 미국으로 통하는 가장 중요한 연결고리로 인식했다. 미대사관은 다양한 정보와 분석을 미국무부에 제공했으며, 미국무부는 미대사관에서 올라오는 정보와 분석을 대한정책 수립 시 주요한 참고자료로 활용하였다. 예를 들어 미국무부는 1949년 한국정부의 대일강화회담 참여 여부와 주한미군 철수시기를 둘러싼 정책을 결정할 때 무쵸 대사의 견해를 미국무부의 정책으로 거의 그대로 반영하였다.

특히 미대사관은 주한미군사령부의 공보원(OCI)을 접수하여 1949년 7월 주한미공보원(USIS Korea)을 수립하였다. 주한미공보원은 한국 내 주요 도시에 설치된 지부를 통해 대민 선전활동을 펼쳤다. 주한미대사관은 한국정부의 정치활동에도 개입하였다. 1950년 초 이승만이 5월로 예정된 국회의원 선거를 연기하려고 하자 미국무부가 이를 철회하게 하기 위해 한국정부에 직접 개입한 바 있었다. 이때 개입전략은 미국무부가 구상했지만, 구체적인 실행방법들은 주한미대사관에 일임하였다. 주한미대사관이 한국정세를 더 잘 알고 있기 때문에 효과적인 대한정책을 수립할 수 있다고 판단했기 때문이다. 이처럼 미국 당국은 대한정책을 수립하고 실행할 때 미대사관을 전적으로 신뢰하며 활용하였다.

한국정부 역시 한미관계에서 미대사관을 가장 중요시하였다. 한국정부는 정치·문화방면의 미국 원조뿐만 아니라 군사·경제적 원조까지 미대사관을 통해 미국에 요청하였다. 나아가 이승만 대통령과 한국정부 관리들은 한국 내부 문제까지 미대사관의 자문과 협조를 구하였다. 한국정부 수립 초기 미대사관은 한국정부에 한국문제 전반을 자문하고 협의하는 실질적인 정치고문 역할을 했던 것이다. 무쵸는 한국정부의 독자적인 책임을 강조하며 불개입을 천명하였지만, 실제로는 모든 방면에서 한국정부에 실질적인 고문 기구 역할을 하였다. 무쵸는 한국정부 내 다양한 미국인 고문관의 필요성을 강조했으며, 이들이 효율적인 행정운영기술을 전수해 줄 수 있다고 주장하였다. 하지만 미국인 고문관의 역할은 단순히 한국 행정부 관료들에게 행정지식과 기술을 전수하는 것에 그치지 않았다. 미국인 고문관은 한국정부에 미국의 영향력을 미치게 하는 가장 중요한 통로였던 것이다. 이때 이승만은 미국인 고문관을 자신의 견해를 미국에 전달할 수 있는 통로로 활용하기도 하였다.

이러한 상황에서 무쵸대사는 한미 간 중요한 협정을 체결할 때마다 미국정부 대표로 역할 하였는데, 미군정의 재정 이양 협정인 '대한민국 정부 및 미합중국 정부 간의 재정 및 재산에 관한 최초협정(1948년 9월 11일)'과 한미 간 교육교환계획을 시행하기 위한 '풀브라이트 협정(1950년 4월 28일)'을 체결한 것도 무쵸였다. 또한 극동사령관 맥아더(Douglas MacArthur)의 결정 아래 주한미대사관이 관할하는 미군사고문단도 무쵸의 통제하에 있었다. 이처럼 무쵸는 주한미대사로 재직하면서 미군사고문단을 비롯해 주한경제협조처 등 주한미사절단을 총괄적으로 관리하며 한국정부에 많은 영향을 미친 인물이었다.

참고문헌

김도민, 「1948~50년 주한미대사관의 설치와 정무활동」, 서울대학교 석사학위논문, 2012.

해당호 전체 정보

10-01 미 하원의원단 방한

상영시간 ㅣ 00분 55초

영상요약 ㅣ 1952년 9월 7일에 방한한 미국 하원의원들을 공항에 마중 나온 사람들이 환영을 하고 있는 모습을 담은 영상. 내한한 의원들은 극동군사관계 시찰을 목적으로 방문하였다.

10-02 무쵸 주한미대사 이한

상영시간 ㅣ 02분 07초

영상요약 ㅣ 무쵸 주한미국대사에 대한 서울대학교 명예법학박사 학위수여식과 무쵸 주한미국대사가 한국을 떠나는 장면이 담긴 영상. 학위수여식은 1952년 9월 6일 국회의사당에서 내외귀빈 다수가 참석한 가운데 진행되었으며, 무쵸 대사는 8일 정부 요인들과 주한 각국 외교사절들의 환송을 받으며 한국을 떠났다.

10-03 신교사 낙성

상영시간 ㅣ 00분 51초

영상요약 ㅣ 새로 지은 학교 교사의 낙성식 영상. 완공된 학교 건물의 외관과 낙성식 모습이 담겨 있다.

육군 PX 개점 (1952년 12월)

제작정보

출   처 : 리버티뉴스 15호
제 작 사 : 주한미공보원
제 작 국 가 : 미국

영상정보

제 공 언 어 : 한국어
컬   러 : 흑백
사 운 드 : 무

▌ 영상요약

1952년 11월 16일 대구에서 개점한 육군 PX에서 창립기념으로 국산품 전람회를 개최한 모습을 담은 영상. 300여 종목의 물품들이 진열되어 있는 장면을 보여주며, 육군 가족 군인들에 한해 물품들을 구입할 수 있다는 내용을 소개하고 있다.

▌ 내레이션

(내레이션 없음)

▌ 화면묘사

00:00 "KA.PX. 創立記念(창립기념) 國産品 展覽會(국산품 전람회) EXHIBITION HOME PRODUCTS KAPX 16 NOV → 25 NOV"라고 쓰인 조형물이 입구에 설치되어 있음

00:09 PX 건물 앞에 세워진 조형물을 보여줌.

00:12 PX 건물 앞에 군악대가 음악을 연주하고 있으며 영전차량에서 신태영 국방부 장관이 내려 다른 참석자들과 인사를 나눔

00:17 "육군 피엑스 KAPX 육군본부 휼병감실 SPECIAL SERVICE ROKA"라고 쓰인 간판이 걸린 건물

00:19 전람회장과 전시된 물품들을 둘러보고 있는 신태영 국방부장관을 비롯한 관계자들

00:23 PX 안에 진열된 상품들을 보여줌

00:29 진열된 상품을 살펴보고 있는 한복을 입은 여성의 모습

00:33 건물 밖으로 나와 상품을 살펴보는 신태영 국방부 장관

00:40 옷감을 살피고, 고무신을 손에 들고 이야기를 나누고 있는 사람들의 모습

연구해제

피엑스(PX)는 대한민국에서 군 생활을 했던 사람들이 적은 사병월급으로 주린 배를 채웠던 공간이다. 또한 휴가, 외출, 외박을 제외하고는 영내 생활에서 유일하게 희로애락을 나눌 수 있는 공간이다. 피엑스는 포스트 익스체인지(Post Exchange)의 줄임말로서 육군의 주둔지를 의미한다. 공군에서는 BX(Base Exchange)라고 부른다. 용어에서 알 수 있듯 피엑스는 남한에 주둔한 미군의 영향을 받아 만들어졌다.

1949년 7월 육군에 병사들의 후생복지를 담당하는 부서로 휼병감실(후생감실: The military relief department)이 설치되었다. 휼병감실은 1952년 '미군의 피엑스 제도'를 본떠 병사용 피엑스를 신설했다. 미군의 피엑스는 식료품뿐 아니라 전자제품과 기타 생활잡화까지 면세로 판매했는데, 군장점과 주유소까지 갖춘 거대 쇼핑몰의 형태였다. 특히 식료품은 '코미서리'(Commissary)라는 식품취급소가 따로 있어서 미국 본토의 슈퍼마켓처럼 취급하는 품목의 종류가 많고 물량도 풍부하였다. 따라서 한국군 최초의 피엑스는 오늘날 영내 매점의 모습과 다소 다른 모습을 띠고 있었다.

한국군 최초의 피엑스는, 전선은 휴전선 부근에서 교착상태에 빠져있었으나 여전히 많은 병사들이 징집되어 전방에서 전투를 치르고 있던 1952년 11월 16일, 대구에서 개점하였다. 신태영 국방부장관은 대구 피엑스의 개장을 앞두고 담화를 통해 "최전선에서 혈투하고 있는 장병의 근심 중 가장 큰 것이 후방가족의 생활보장"이라며, "육군 휼병감실로 하여금 KA·PX를 개척시켜 국산품을 염가로 군인가족들에 나누어 준다는 것으로 현물가고에 비하여 다소나마 생계의 부담을 덜어준다면 다행"이라고 하였다. 이곳에서는 식료품 300여 종목 외에도 의류 및 생활용품을 판매하였다. 전쟁으로 대부분 산업시설이 파괴되어 일상생활에서 필요한 물품들이 절대적으로 부족하던 시절, 후방 안정의 필요성에 의해 피엑스가 개장되었음을 알 수 있게 해준다.

리버티뉴스 영상에서 확인할 수 있듯 11월 16일 피엑스 개점행사는 '국산품 전시회'와 함께 진행되었다. 행사에 참석한 신태영 국방부장관은 전시회장과 피엑스를 직접 둘러보았고, 동행한 미군 장교에게 국산품에 대해 직접 설명해주기도 하였다. 또한 영상의 말미에는 피엑스를 이용하는 군인과 군인 가족으로 추정되는 여성들의 모습이 담겨 있다. 이처럼 주한미군의 영향을 받아 1952년 대구에서 개장된 최초의 피엑스는 다양한 품목을 판매하였고, 국방부장관이 이에 대해 담화도 하고 개장식에 참석할 만큼 후방안정과 군사 원호사업의 차원에서 중요하였다.

1980년대까지만 하더라도 피엑스 건물은 대부분 미군들이 쓰다 남겨놓은, 이른바 '콘센트(퀀셋) 막사'로 불리던 간이막사였다. 조금 상황이 나은 부대의 경우 조립식 가건물이었다. 하지만 전방 관측부대(GOP)나 경계초소(GP), 해안 격오지 병사들은 이러한 피엑스마저 없는 군생활을 하였다. 따라서 육군은 '황금마차'를 운영하여 격오지 부대에 방문 판매 서비스를 제공하였다. 1990년대 후반부터 피엑스의 판매방식은 '통제식'에서 '개방식'으로 바뀌었고, 명칭도 2000년 9월부터 '충성클럽'으로 바뀌었다. 피엑스를 담당하던 각 군의 복지근무단도 2010년부터 국군복지단으로 변경되면서 공식 명칭이 부대애칭이 붙는 '독수리 마트', '오뚜기 마트' 등으로 변모하였다.

▍ 참고문헌

「육군PX 16일에 개점」, 『동아일보』, 1952년 11월 14일.
「군대 피엑스의 어제와 오늘.. 와, 이렇게 비쌀 수가」, 『한겨레』, 2013년 11월 16일.

화천발전소 복구 준공식 (1952년 12월)

제작정보

출   처 : 리버티뉴스 15호
제 작 사 : 주한미공보원
제작국가 : 미국

영상정보

제공언어 : 한국어
컬   러 : 흑백
사 운 드 : 무

영상요약

1952년 11월 25일에 열린 화천발전소 복구 준공식 영상. 북한군에 의해 파괴되었던 화천발전소는 조선전업 전 종업원의 노력과 UN 당국의 협조로 복구되었으며, 3만KW를 출력할 수 있게 됨으로써 남한에서의 발전 능력은 10만KW의 출력을 확보하게 되었다. 준공식에는 이승만 대통령, 이재형 상공부장관, 진헌식 내무부장관 등이 참석하였다.

내레이션

(내레이션 없음)

화면묘사

00:00 준공된 화천발전소의 원거리 전경
00:05 "祝(축) WHACHON POWER PLANT COMMEMORATION COMPLETION OF REHABILITATION WORK"라고 쓰인 조형물. 조형물의 기둥에는 "發電(발전)된 三万(삼만)키로 南(남)으로 흐른다", "華川發電所 復舊工事 竣工(화천발전소 복구공사 준공)"이라고 쓰여 있으며, 조형물 아래로 차량들이 들어오고 있음
00:13 발전소 내 여러 설비들의 모습들
00:29 준공식 식장으로 입장하는 이승만 대통령
00:46 단상에서 발언 중인 이승만 대통령과 준공식에 참석한 사람들의 모습
01:14 유공자의 목에 화환을 걸어주고 "表彰狀(표창장)"을 수여하는 장면
01:32 화천발전소 내부를 시찰하는 이승만 대통령
01:38 물이 빠지고 있는 화천댐의 모습

연구해제

강원도 화천에 위치한 화천수력발전소는 1944년 건설되었으나 6·25전쟁을 거치면서 상당 부분이 파괴되었다. 38선 이북에 위치한 화천수력발전소는 경제적으로나 군사적

으로나 남북 양쪽에 중요한 시설이었다. 이승만 대통령은 1951년 "식량은 사올 수도, 빌려올 수도 있지만 전기는 그렇게 할 수 없는 귀중한 자원"이라면서 화천수력발전소의 탈환을 명령하였다. 같은 해 6월 중공군과 한국군 6사단은 서로 고지를 뺏고 빼앗기는 격렬한 전투를 펼쳤다. 훗날 '파로호 전투'라고 불린 이 전투는 6·25전쟁의 매우 참혹한 전투 중 하나이며, 중공군 3만여 명이 화천저수지에 수장되었고, 총 6만 2,000여 명이 사살되거나 포로로 잡혔다.

한국정부는 화천수력발전소를 확보하자 곧장 복구작업을 시작하였다. 1952년 3월부터 1호기 복구작업이 시작되어 7월에 완료되었다. 2호기는 1953년 6월부터 복구에 착수하여 54년 7월에 완료되었다. 1호기만 하더라도 3만 킬로와트(KW)의 전기를 생산했으며, 2호기 복구까지 마무리되자 발전용량이 5만 4,000 킬로와트(KW)로 증가하였다. 이는 남한 전체 전기 시설용량의 30%를 차지하는 막대한 규모였다. 이후 3호기가 57년 11월에, 4호기가 68년 6월에 순차적으로 건설되었다.

이승만 대통령에게 '파로호'와 화천수력발전소는 경제와 안보 두 축에서 중요한 상징성을 띠고 있었다. 이승만 대통령은 1955년 대붕호(화천저수지)를 방문하여 '오랑캐를 무찌른 곳'이라는 의미의 '파로호'로 이름을 바꾸었다. 화천군은 1996년부터 매년 비목문화제를 개최하여 이곳에서 전사한 20개국(한국, 유엔 16개국, 공산 3개국) 병사들의 넋을 기리고 있다. 반면 한국수력원자력은 2013년 전기의 소중함을 강조한다면서 '파로호 전승 기념행사'를 개최하고, 파로호와 화천수력발전소를 경제와 안보의 두 축을 상징하는 공간으로 강조하였다.

이처럼 파로호와 화천수력발전소는 한국현대사에서 불가분의 관계로 존재해왔다. 전쟁 중임에도 이승만 대통령이 38선 이북의 발전소 복구 준공식에 참석한 것은 그가 화천수력발전소를 얼마나 중요하게 인식했는지 알 수 있게 해준다. 또한 분단 당시 대부분의 전기발전시설이 38선 이북에 있어 남한의 전력사정이 좋지 않은 상황에서, 영상에서 확인할 수 있는 슬로건 "발전된 3만키로 남으로 흐른다"는 화천수력발전소가 남한의 산업발전과 전후복구에 차지하는 위상을 단적으로 보여준다.

전기발전시설이 눈부시게 발전한 오늘날, 화천수력발전소는 과거와 같이 한국의 전체 발전용량에서 큰 비중을 차지하지 않는다. 그럼에도 여전히 화천수력발전소는 경제와 안보 두 축의 상징적 공간으로, 또 전쟁의 참혹상을 알리고 평화를 기원하는 공간으로 그려진다. 이처럼 같은 장소에 대한 서로 다른 기억 방식은 파로호와 화천수력발전소가 한국현대사에서 그려온 굴곡을 그대로 우리 앞에 보여주고 있다.

▌ 참고문헌

「삼만KW를 증전」, 『경향신문』, 1952년 11월 27일.
「오랑캐 무찌른 역사자랑 '파로호' 명명기념비 제막식 성대」, 『경향신문』, 1955년 11월 20일.
「파로호에 이런 아픔이, 원래 이름은 이겁니다」, 『오마이뉴스』, 2012년 6월 6일.
양현석, 「화천수력발전소를 탈환하라」, 『Electronic Power』 7-7, 2013.

해당호 전체 정보

15-01 대통령 상경

상영시간 | 01분 07초

영상요약 | 1952년 12월 16일 그동안 부산에 체재 중이던 이승만 대통령 부부가 비행기를 이용하여 서울로 상경할 당시의 장면을 담은 것으로 추정되는 영상.

15-02 스펠만 대주교 방한

상영시간 | 01분 43초

영상요약 | 1952년 12월 23일 뉴욕지구의 스펠만 대주교가 서울에 도착한 모습을 담은 영상. 스펠만 대주교는 서울 근방의 후방병원에서 부상병 및 병중에 있는 군인들을 위문하였고, 미8군사령부와 미 제5공군사령부에서 미사를 본 뒤, 여러 시설들을 방문하였다.

15-03 육군 PX 개점

상영시간 | 00분 52초

영상요약 | 1952년 11월 16일 대구에서 개점한 육군 PX에서 창립기념으로 국산품 전람회를 개최한 모습을 담은 영상. 300여 종목의 물품들이 진열되어 있는 장면을 보여주며, 육군 가족 군인들에 한해 물품들을 구입할 수 있다는 내용을 소개하고 있다.

15-04 출국

상영시간 | 00분 28초

영상요약 | 한 무리의 사람들이 공항에서 비행기를 타고 떠나는 모습을 담은 영상.

15-05 화천발전소 복구 준공식

상영시간 | 02분 14초

영상요약 | 1952년 11월 25일에 열린 화천발전소 복구 준공식 영상. 북한군에 의해 파괴되었던 화천발전소는 조선전업 전 종업원의 노력과 UN 당국의 협조로 복구되

었으며, 3만KW를 출력할 수 있게 됨으로써 남한에서의 발전 능력은 10만KW의 출력을 확보하게 되었다. 준공식에는 이승만 대통령, 이재형 상공부장관, 진헌식 내무부장관 등이 참석하였다.

15-06 크리스마스 풍경

상영시간 ㅣ 02분 03초

영상요약 ㅣ 크리스마스를 맞이하여 미군부대, 고아원 등의 여러 곳에서 행사를 펼치고 있는 모습들을 담은 영상.

한미공동방위조약 체결 (1953년 8월)

제작정보

출　　　처	:	리버티뉴스 36호
제 작 사	:	주한미공보원
제 작 국 가	:	미국

영상정보

제 공 언 어	:	한국어
컬　　　러	:	흑백
사 운 드	:	무

▌영상요약

1953년 8월 8일 한미상호방위조약 체결하는 장면을 담은 영상이다. 변영태 외무부장관과 덜레스(John Foster Dules) 국무장관이 한미상호방위조약(정식명칭 : '대한민국과 미합중국 간의 상호방위조약')에 서명을 했다.

▌내레이션

(내레이션 없음)

▌영상묘사

00:02	사람들의 안내를 받으며 회의장에 들어와 앉는 덜레스 국무장관. 옆에는 변영태 외무부장이 협약서에 서명을 하고 있음. 덜레스 국무장관이 서명을 하고 이승만 대통령의 관계자들이 뒤에서 이를 지켜보고 있음
00:11	조약 체결 현장을 찾아온 정부관계자들의 모습
00:13	협정서에 서명을 하고 서로 조약서를 교환한 후 다시 서명을 함
00:37	조약체결식을 취재하고 있는 기자들의 모습
00:40	조약이 체결되고 양측 대표가 서로 악수를 함
00:45	기자회견을 하고 있는 덜레스 국무장관
00:56	이승만 대통령과 덜레스 국무장관이 대화를 하고 있음. 이승만 대통령이 낚시 도구들을 살펴봄
01:11	미국 정부 관계자들이 차량을 타고 이동함. 거리에 이들을 환영하기 위해 사람들이 모여 서있음
01:38	비행장에 군인들이 사열해 있고 덜레스 국무장관이 안내를 받으며 도착함
01:45	비행장에 나온 정부관계자들과 인사를 나누는 덜레스 국무장관
02:00	이승만 대통령을 비롯한 정부 관계자들의 환송을 받으며 비행기에 탑승하는 덜레스 국무장관의 모습

연구해제

이승만 정부는 정부 수립 직후부터 미국을 중심으로 하는 안전보장체제의 구축을 희망하였는데, 정전회담의 진행과 연관되면서 본격적으로 미국에 상호방위조약 체결을 요구하게 되었다.

1952년 3월초, 이승만은 6·25전쟁의 정전을 추진하는 미국에 대해 한국이 정전협정에 협력할 유일한 조건으로 한미 간에 상호방위조약을 체결할 것을 요구하였다. 그러나 미국은 당장 상호방위조약을 체결할 경우 ① 유엔군으로 참전하고 있는 국가들의 군사적 참여가 축소되고, ② 한반도의 일정지역에 대한 공산주의자들의 지배를 법적으로 인정하게 되며, ③ 휴전반대와 한국군의 작전지휘권 회수 위협이라는 한국의 태도는 미국민과 의회의 지지를 받기 어렵게 만든다는 등의 현실적인 어려움이 있다고 밝히며 상호방위조약 체결을 반대하였다.

그러자 이승만은 단독 북진을 주장하며 1953년 6월 18일 반공포로를 석방하는 등 미국의 독자적인 정전회담 추진에 강하게 반발하였다. 이에 미국은 로버트슨(Walter S. Robertson) 국무부 극동담당차관보와 이승만 간의 회담을 통해 휴전에 관한 한국의 양보와 방위조약 체결 및 그 내용에 대한 협상이 필요하다는 결정을 내리게 된다. 이 결정에 따라 1953년 6월 26일부터 약 2주간에 걸쳐 이승만과 로버트슨 미 국무차관보 간의 회담이 이루어졌는데, 이 회담에서는 한미상호방위조약의 조문내용과 체결시기, 대한(對韓)경제, 군사원조, 제네바정치회담, 한국의 휴전승인, 한국군의 작전통제권 등의 문제가 논의되었다.

이 회담에서 양국은 각기 상호방위조약에 대한 초안을 교환하였다. 그러나 양측의 초안에는 다음과 같이 많은 차이가 있었다. 첫째, 대한민국의 영토 범위이다. 미국 초안은 "현재의 영토 또는 평화적 방법으로 장래에 추가될" 영토라고 막연한 표현을 사용한 것과 대조적으로 한국 초안에서는 "북방에서는 압록강과 두만강을 경계로 함을 확인한다"고 명시되어 있다. 둘째, 자동적 개입 조항이다. 미국 초안에서는 "각기 헌법절차에 따라서 공동의 위험에 대처한다"고 되어 있으나 한국 초안은 "상대방 체약국에 대한 무력공격을 다른 체약국에 대한 공격으로 간주하는 데 합의하며, 체약국 각기는 유엔헌장 제51조로 승인된 개별적 또는 집단적 자위권 행사로서 그 공격을 저지하기 위해 군사력을 포함한 필요하다고 판단되는 방법으로써 당장에 즉시 공격받은 체약국을 돕는 데 합의한다"라고 되어 있다. 셋째, 미국의 자동 개입뿐만 아니라 유엔군의 개입까지도 의무화하려 한 측면이 있다. 넷째 외부로부터의 공격대상을 구체화하였다.

이 영상은 1953년 8월 8일 미국무장관 덜레스와 변영태 외무부장관의 한미상호방위조약의 가조인식 모습을 담고 있는데, 이날 가조인된 조약은 이 같은 미국 초안에 한국 영역에서의 주한미군 주둔을 허용하는 한국 요구가 추가된 것이었다.

하지만 정식으로 비준서가 교환되기까지는 1년이 넘는 시간이 필요하였다. 한미 간에 이승만의 북진통일과 관련한 강경 반응, 제네바 회담을 둘러싼 입장 차이, 주한미군 조기 철수 계획 발표, 한미합의사록 채택 등에서 갈등이 발생하였다. 한미상호방위조약은 1954년 11월 17일 워싱턴에서 교환되며 공식 발효되었다.

▌참고문헌

김일영, 「이승만 정부에서의 외교정책과 국내정치」, 『국제정치논총』 제39집 3호, 1999.
이호재, 『한국 외교정책의 이상과 현실』, 법문사, 2000.
김일수, 「한·미 군사동맹의 초기 형성 과정에 관한 연구」, 『미국학논집』 35-2, 2003.
차상철, 「이승만과 1950년대 한미동맹」, 『1950년대 한국사의 재조명』, 선인, 2004.
박태균, 『갈등하는 동맹-한미관계 60년』, 역사비평사, 2010.
이성훈, 「한미상호방위조약 체결을 위한 이승만 정부의 협상전략」, 『군사』 77, 2010.
이주봉, 「한미군사동맹의 제도화」, 『냉전분단시대 한반도의 역사읽기-분단국가의 수립과 국제관계(1)』, 선인, 2015.

해당호 전체 정보

36-01 한미공동방위조약 체결

상영시간 ㅣ 02분 13초

영상요약 ㅣ 1953년 8월 8일 한미상호방위조약 체결하는 장면을 담은 영상이다. 변영태 외무부장관과 덜레스 국무장관이 한미상호방위조약에 서명을 했다.

36-02 맥스웰 D. 테일러 주한유엔군사령관 미군시설 시찰

상영시간 ㅣ 01분 25초

영상요약 ㅣ 미정부 관계자를 맥스웰 D. 테일러 주한유엔군사령관이 안내하면서 미군시설을 돌아보는 장면을 담은 영상이다.

36-03 고아원 방문

상영시간 ㅣ 01분 13초

영상요약 ㅣ 미국인 여성이 한국 고아원을 방문한 장면을 담은 영상이다.

개천절 기념식 (1953년 10월)

제작정보

출   처 : 리버티뉴스 43호
제 작 사 : 주한미공보원
제 작 국 가 : 미국

영상정보

제 공 언 어 : 한국어
컬   러 : 흑백
사 운 드 : 무

영상요약

1953년 10월 3일 개천절 기념행사가 중앙청 정문 앞에서 진행되는 장면을 담은 영상이다. 이날 행사에는 신익희 민의원의장이 참석했고 김병로 대법원장이 신형법 시행이 갖는 의의에 대해 연설을 했다.

내레이션

(내레이션 없음)

화면묘사

00:03 중앙청 건물에 "경축", "慶祝 開天節 刑法施行"(경축 개천절 형법시행)이라고 쓰인 판이 붙어있는 모습
00:11 여학생들이 지휘자의 지휘에 맞춰 노래를 부르는 모습
00:18 태극기가 게양되는 장면
00:24 중앙청 개천절 행사장에 모인 시민들과 군인들의 모습
00:28 연단 앞에서 연설하는 신익희 민의원의장과 자리에 착석한 내외빈들의 모습
00:45 김병로 대법원장이 한지에 쓴 연설문을 펼쳐 보이며 발언하고 있음
01:00 만세삼창을 하는 개천절 행사 참석자들의 모습

연구해제

이 영상은 1953년 10월 3일에 개최된 개천절 기념식 행사 장면을 보여준다. 개천절은 대한민국의 5대 국경일 중 하나로서, 민족사가 개창되고 최초의 국가가 건설된 것을 기념하는 날이다. 흔히는 민족의 탄생을 축하하는 날로 알려져 있다. 또한 매년 정부 주관의 경축식이 열리고, 민간차원의 축하행사들이 다양하게 개최되어 왔으며, 민족적 차원에서 공동으로 추구해야 할 과제를 더듬고 그에 대한 결의를 다지는 다짐들이 이어진다. 그렇지만 여러 연구들은 이러한 기념식의 형태와 내용이 '만들어진 전통'이라는 비

판을 보내고 있다.

10월 3일이라는 날짜는 조선시대 이래 단군관련 제례나 민간신앙 속에서 연관된 문화가 전승되어 왔던 것에서 유래한다. 또한 개천절은 20세기 초반, 이와 관련된 행사를 민간에서 진행해면서 건국기원절, 건국절, 기원절, 단국절 등으로 불렸다. 이처럼 개천절은 한말(韓末)부터 민간에서 기념되기 시작하였고, 1919년부터 상해 대한민국 임시정부가 정부 주최의 경축 행사를 개최한 기록이 있다. 개천절은 1930년대 중반 이후에는 행사를 개최하지 못하다가, 해방 이후 단군의 자손으로서 민족의식에 토대한 통일과 결속을 기원하는 경축일로 부활하였다. 이러한 분위기는 정부수립 이후에도 계속 이어졌다. 1949년 국회는 개천절을 정식 국경일로 규정하였고, 정부는 매년 양력 10월 3일 강화도 마니산에서 성대한 개천절 기념행사를 개최하였다. 단군으로 형상화 할 수 있는 민족주의를 국가적 통합기제로 적극 활용하고자 하는 의도였다.

이러한 개천절 행사는 6·25전쟁을 계기로 변화한다. 1953년 전쟁이 끝난 후 처음으로 개천절 행사가 대한민국의 수도 한복판 중앙청 앞 광장에서 진행된 것이다. 여기에는 전쟁으로 인해 강화도 마니산에서 기념식을 개최하기 어려웠던 시대적 상황도 있었지만, 남북 대결이 격화되어 있는 과정에서 대한민국 정부를 중심으로 하는 국가 재건이라는 명분을 세워야 했던 배경도 분명히 작용했을 것이다.

본 영상에서 보여주는 개천절 기념식에서도 이러한 점들을 발견할 수 있다. 행사는 중앙청 앞쪽 광장에서 열렸으며, 많은 학생과 군인들이 몰려 있다. 정부 고위 인사들의 축사가 끝나자 광장에 모인 사람들이 일제히 만세 삼창을 하는 모습이 이어진다. 그렇지만, 단군이라는 민족적 상징과 관련된 형상물은 전혀 보이지 않는다. 군중들의 시선은 중앙청 건물 앞에 임시로 마련된 무대 위의 정부 관료들에게 일괄적으로 모아지고 있다. 기념식은 경건하다 못해 딱딱하고 엄숙한 분위기 속에서 진행되었다.

그렇다면 제1회 개천절의 공식 행사장이었던 참성단에서의 행사는 어떻게 되었을까? 참성단의 개천절 행사는 1953년 강화도 자체의 행사로 격하되었다가 1955년부터는 전국체전의 채화장소로 부각되었는데, 상징적인 민족성을 보여주고자 하는 사례로서 이전과는 다른 방식으로 활용되기 시작한 것이다. 이처럼 1953년의 제5회 개천절 기념식의 영상은 전후 한국 사회에서 국가 의례가 형성되는 단초를 보여주고 있다는 점에서 의의를 찾을 수 있다.

참고문헌

서영대, 「개천절과 강화도 참성단」, 『동아시아 고대학』 23, 2010.

윤해동 외, 『근대를 다시 읽는다』 1, 역사비평사, 2007.

정영훈, 「개천절, 그 '만들어진 전통'의 유래와 추이 그리고 배경」, 『단군학연구』 23, 2010.

해당호 전체 정보

43-01 개천절 기념식

상영시간 | 01분 09초

영상요약 | 1953년 10월 3일 개천절 기념행사가 중앙청 정문 앞에서 진행되는 장면을 담은 영상이다. 이날 행사에는 신익희 민의원의장이 참석했고 김병로 대법원장이 신형법 시행이 갖는 의의에 대해 연설을 했다.

43-02 테일러 장군 대통령 예방

상영시간 | 01분 37초

영상요약 | 1955년 6월 4일 주한유엔군사령관에서 미군 육군참모총장으로 영전하는 테일러 장군이 이승만 대통령을 예방하는 장면을 담은 영상이다.

43-03 전통궁중음악 재연

상영시간 | 01분 13초

영상요약 | 1955년 10월 12일 성균관 대성전에서 진행된 557주년 석전에서 전통궁중음악을 재연하는 장면을 담은 영상이다.

43-04 야구경기

상영시간 | 00분 54초

영상요약 | 1955년 7월 25일 한국을 방문한 대만(자유중국)야구단과 한국 야구단의 야구 경기 장면을 담은 영상이다.

전국체육대회 (1953년 10월)

제작정보

출　　처 : 리버티뉴스 45호

제 작 사 : 주한미공보원

제작국가 : 미국

영상정보

제 공 언 어 : 한국어

컬　　러 : 흑백

사 운 드 : 무

영상요약

1953년 10월 17일 제34회 전국체육대회가 서울운동장에서 이승만 대통령이 참석한 가운데 개최되었다.

내레이션

(내레이션 없음)

화면묘사

00:00 "第34回 全國體育大會場"(제34회 전국체육대회장)이라고 쓰인 서울운동장 단상의 모습. 이승만 대통령 내외가 선수대표의 경례를 받고 이어서 한복을 입은 여성들의 꽃다발을 받는 장면
00:17 경기장 스탠드에서 군악대가 연주를 하고 여학생들이 입장을 하는 장면
00:27 100미터 달리기를 하는 여자선수들의 모습
00:38 투포환을 날리는 남자선수의 모습
00:46 기계체조를 하는 선수의 모습
01:05 역도 경기를 하는 선수와 깃발을 들고 있는 심판의 모습
01:14 치열하게 권투시합을 하는 선수들의 모습
01:34 마라톤을 하는 선수들과 이들을 지켜보는 관중들의 모습

연구해제

본 영상은 1953년 개최되었던 전국체육대회의 이모저모를 보여준다.

전국 체육대회는 1920년 7월 13일 창설된 '조선체육회'가 같은 해 11월 배재고보(배재고등학교의 전신) 운동장에서 개최한 '제1회 조선 야구대회'를 기원으로 삼고 있다. 초기에는 야구 이외에도 축구, 육상 등 개별 종목들의 경기를 차례차례 진행했지만, 1929년 조선체육대회 창립 10주년을 기념으로 제10회 전조선경기대회를 개최한 것이 기원이

되어, 1934년부터 현재와 같은 종합경기대회 형태를 갖추게 되었다. 1938년 조선체육회가 일본인 체육단체인 조선체육협회에 강제 통합되면서 잠시 폐지되었다가 해방 이후 1945년 12월 '자유해방 경축 전국종합경기대회'를 계기로 다시 전국 단위의 종합 체육경기대회가 열리기 시작했다.

대한민국 정부 수립 이후 1948년 제29회 대회부터는 조선종합경기대회와 조선올림픽대회 등의 명칭을 전국체육대회로 고치고, 처음으로 시·도 대항 경기 형식을 채택하게 된다. 1950년 6·25전쟁으로 제31회 대회는 열리지 못했지만, 1951년 피난지 광주에서 제32회 대회를 열었으며, 휴전 이후 1955년 제36회 대회부터는 강화도 마니산에서 성화 릴레이를 하는 새로운 관례가 생겼다. 1957년에 개최된 제38회 전국체육대회부터는 지방 체육의 균형적인 발전을 도모한다는 취지 아래 지방 순회 개최 원칙을 정하고, 각 시·도에서 번갈아가며 개최함으로써 지역체육의 발전뿐 아니라 스포츠 인구의 저변확대를 도모하였다.

국가 주도의 경제개발계획이 본격화되기 시작한 1960년대에는 전국체육대회 당시 '체력은 국력'이라는 슬로건으로 '조국 근대화'를 위한 스포츠 정신을 강조하기 시작했다. 1966년의 제47회 대회 때에는 "새희망, 알차게 보다 힘차게"라는 표어가 제정되었고, 이후 매년 새로운 표어가 제정되다가, 제51회부터는 "굳센 체력, 알찬 단결, 빛나는 전진"이라는 표어가 계속 사용되고 있다. 1972년 10월유신 이후 박정희는 체육진흥을 통해 국력을 증강하여 남북대화를 성공적으로 이끌어 나갈 수 있다고 강조하였고, 국위선양을 위한 엘리트 스포츠 육성에 주력했다. 이에 따라 국민체육진흥법의 제정과 국민체육진흥재단의 설립 등 법적·제도적 장치가 마련되었고, 강력한 공권력에 기반을 둔 체육정책이 전국적으로 실시되었다. 동시에 1972년 대회부터는 청소년 부문을 '전국소년체육대회'라 명명하며 분리 개최하고, 해외 동포들도 대회에 참여하게 되었다.

전국체육대회는 2014년 현재까지도 해마다 개최되고 있으며, 개폐회식, 시·도 선수단 입장, 공개행사, 성화점화, 선수대표 선서, 카드섹션 연출, 경기 진행 등으로 구성되어 있다. 대한체육회에 가맹한 각 종목의 경기단체의 경기를 개최하는 형식이며, 육상, 수영, 축구, 야구, 테니스, 농구, 배구, 탁구, 핸드볼, 럭비, 사이클, 복싱, 레슬링, 역도, 씨름, 유도, 검도, 체조, 배드민턴, 태권도 등의 총 44개 종목이 등록되어 있다. 대체로 10월 초순에 개최되며, 2월에는 동계 스포츠를 중심으로 한 전국동계체육대회가 열린다.

이와 같이 오랜 역사를 지닌 전국체전은 한국인의 스포츠에 대한 순수한 열정과 건강한 체력을 가진 국민을 양성했다는 점에서 긍정적인 평가를 받아왔다. 그렇지만, 일각에서 제기되고 있는 전국체전의 부정적인 측면에 대해서도 주목해야 할 필요가 있다. 한국 정부가 지배이데올로기 구축과 유지에 스포츠를 중요한 도구로 사용했다는 것이다. 실제로 이와 관련된 사례들은 전국체전의 각 국면에서 종종 드러난다. 예를 들면, 1955년 전국체전에서 시작된 강화도 마니산 성화 봉송 의식은 전국체전을 남한을 중심으로 한 민족의 성스러운 스포츠 행사로서 강조한다는 의도가 담겨 있는 것이라 하겠다. 또한 1960년대 이후 권위주의적 정권의 지향이 담긴 슬로건을 매스게임 카드섹션 등의 형태로 표현하게 되는데, 이것 역시 대규모 관제동원이 있어야 가능한 형태의 이벤트였다.

█ 참고문헌

「체육한국의 체력은 국력의 기본」, 『매일경제』, 1972년 10월 6일.
송형석, 『체육 스포츠 이야기』, 계명대학교출판부, 2006.
원도연, 「전국체전의 사회사적 성격과 도시의 근대적 발전」, 『한국사회학회 사회학대회 논문집』, 2007.
한철언, 『21C 스포츠 관광』, 백산출판사, 2001.

해당호 전체 정보

45-01 전몰장병 합동추도식
상영시간 ㅣ 01분 48초
영상요약 ㅣ 1953년 10월 16일 제3차 육해공군전몰장병합동추도식이 서울운동장에서 이승만 대통령이 참석한 가운데 진행되었다.

45-02 서울대 졸업식
상영시간 ㅣ 01분 03초
영상요약 ㅣ 서울대학교 졸업식 행사장면을 담은 영상이다.

45-03 전국체육대회
상영시간 ㅣ 01분 50초
영상요약 ㅣ 1954년 10월 17일 제34회 전국체육대회가 서울운동장에서 이승만 대통령이 참석한 가운데 개최되었다.

남대문시장 화재사건 (1954년 6월)

제작정보

출   처 : 리버티뉴스 49호

제 작 사 : 주한미공보원

제 작 국 가 : 미국

영상정보

제 공 언 어 : 한국어

컬   러 : 흑백

사 운 드 : 무

영상요약

1954년 6월 23일 서울 남대문시장에서 대형화재가 발생하였다. 화재를 수습하고 이재민을 구호하는 등의 내용을 담은 영상이다.

내레이션

(내레이션 없음)

화면묘사

00:03 상공에서 대형화재가 난 서울 남대문 주변을 촬영한 장면. 불탄 건물들과 잿더미가 된 가옥들의 모습
00:26 서울역 앞에 서있는 사람들의 모습
00:32 "CHAPEL"이라는 간판이 걸린 건물이 불에 타서 무너진 모습
00:40 재를 치우는 사람들과 잿더미 속에서 물건을 찾는 사람들의 모습
01:04 "二層會議室"(이층회의실), "火災罹災民救護本部"(화재이재민구호본부)라고 명패가 걸려있는 건물 입구의 모습
01:06 "大東工業株式會社 救護隊"(대동공업주식회사 구호대)라고 쓴 천이 걸려있는 트럭에 사람들이 탑승해 있는 모습
01:10 트럭 뒤에서 방송을 하면서 사람들에게 물자를 나눠주는 장면
01:13 자리에 앉아서 주먹밥을 먹는 사람들의 모습
01:17 "罹災患者救護所"(이재환자구호소)라고 쓴 글씨가 붙어있는 건물의 모습
01:20 다친 아이들을 돌보는 의사, 간호사의 모습
01:29 큰 창고에 사람들이 모여있고 미군들이 DDT를 뿌리는 장면
01:44 강에 나와서 씻는 사람들의 모습

▌ 연구해제

이 영상은 1954년 6월 23일 서울 남대문시장에서 발생한 대형화재 이후 이재민 구호 관련 내용을 담고 있다. 영상에서는 화재 이후 남대문 주변을 촬영한 장면, 이재민들의 모습과 그에 대한 구호사업을 하는 장면을 볼 수 있다.

사건 당일 오후 7시 40분경 발생한 화재는 시장 일대 건물 39호 1만 평을 전소시키고 10시 30분경 진화되었다. 24일 오전 10시에 알려진 피해총액은 6,870만 환이었다. 화재의 원인은 남창동 양복점 주인 함기익이 휘발유난로를 사용하다가 발화되었다고 한다. 이후 각계에서 이재민 구호를 위한 물자 기증과 활동이 이뤄졌는데, 눈에 띄는 것은 당국의 대처방식이다. 서울시는 사후 대책을 강구하기 위해 24일 오전 주한민사처(KCAC: Korean Civil Assistance Corporation)본부 미군 서울기지사령부와 연석회의를 개최하였다. 이 회의에서 현대식 시장건물이 건축될 때까지 상행위를 금지시켰으며, 상인을 시장에 분산 배치시켰다. 이후 잔해를 27일까지 화재지에서 반출하고 28일부터 미군기지 사령부 공병대에서 불도저를 동원하여 정리를 했다.

당시 서울시는 남대문 공설시장 약 3,000평을 정지하여 '근대식' 국제시장 건물을 1년 내 완공할 계획을 가지고 있었다. 새 건물은 철재시멘트로 지을 것이며, 2층 이상 7층까지 극장, 주차장 시설도 포함될 예정이었다. 남대문시장 화재는 하필 시장건축허가원을 제출한 23일 발생하여 세간의 의심을 사기도 하였다. 특히 위문방문을 했던 정준모 사회보건위원장의 "상인들이 귀가 직후 화재가 발생하여 상품의 손해가 적었다"는 발언과 김태선 서울시장의 "시장 개축을 착수하려는 상황에서 화재가 발생하여 불행 중 다행이었다"라는 발언은 빈축을 샀다. 하지만 시장 재건축은 시장 운영권과 관리권 쟁탈로 빠른 진전을 보지 못했다.

남대문시장 화재를 계기로 서울시경에서는 시장 내 방화반 조직과 야간순찰을 계획하고 같은 해 7월 3일부터 실시했다.

▌ 참고문헌

「南大門市場大火」, 『동아일보』, 1954년 6월 25일.
「罹災民은百名內外」, 『동아일보』, 1954년 6월 25일.

「營業行爲一切禁止」, 『동아일보』, 1954년 6월 25일.

「휴지통」, 『동아일보』, 1954년 6월 25일.

「總被害六千萬.突破 23日밤南大門市場에稀有의大火」, 『경향신문』, 1954년 6월 25일.

「糧穀과毛布急配」, 『경향신문』, 1954년 6월 25일.

「保險金支拂準備 總額一二七萬圜」, 『경향신문』, 1954년 6월 25일.

「天幕까지도撤去 商街는北倉洞에移動」, 『경향신문』, 1954년 6월 26일.

「記者席」, 『경향신문』, 1954년 6월 29일.

「各市場에防火班을組織」, 『경향신문』, 1954년 7월 4일.

「南大門市場失火 三十一日에첫公判」, 『경향신문』, 1954년 7월 30일.

「管理權에爭奪戰 南大門市場再建은遼遠 私設店.만亂立」, 『경향신문』, 1954년 10월 2일.

해당호 전체 정보

49-01 남대문시장 화재사건

상영시간 ㅣ 01분 54초

영상요약 ㅣ 1954년 6월 23일 서울 남대문시장에서 대형화재가 발생하였다. 화재를 수습하고 이재민을 구호하는 등의 내용을 담은 영상이다.

49-02 남대문시장 화재 진압

상영시간 ㅣ 00분 56초

영상요약 ㅣ 1954년 6월 23일 서울 남대문 화재의 남은 불길을 잡는 장면을 담은 영상이다.

49-03 교통사고

상영시간 ㅣ 00분 47초

영상요약 ㅣ 산길에서 트럭이 추락한 사고 장소의 잔해들과 환자의 모습을 담은 영상이다.

제네바회의 참석차 변영태 장관 이한 (1954년 4월)

제작정보

출   처 : 리버티뉴스 67호
제 작 사 : 주한미공보원
제 작 국 가 : 미국

영상정보

제 공 언 어 : 한국어
컬   러 : 흑백
사 운 드 : 무

1954년 4월 17일 제네바회의에 참석하기 위해 출국하는 변영태 외무부장관의 모습을 담은 영상이다.

█ 내레이션

(내레이션 없음)

█ 화면묘사

00:04 변영태 외무부장관이 비행장에 환송을 나온 미국 대사 브릭스와 대화하는 장면
00:22 꽃다발을 전달받는 변영태 외무부장관의 모습
00:27 비행기 앞에서 기념촬영하는 변영태 외무부장관 일행
00:31 배웅을 나온 정부 관계자들과 악수를 하며 인사를 나누고 있는 변영태 외무부장관의 모습
00:40 비행기 트랩에서 손을 흔드는 변영태 외무부장관
00:47 이륙하는 비행기. 비행기 옆에 "KOREAN NATIONAL AIRLINES"라고 써 있음

█ 연구해제

이 영상은 1954년 당시 외무부장관이던 변영태 장관 일행이 6·25전쟁 이후 한반도 문제와 인도차이나 문제를 해결하기 위해 미국·영국·프랑스·소련·중국 등 강대국들이 모이는 '제네바 정치 회담(이하 제네바회담)'에 참석하고자 출국하는 모습을 담고 있다. 〈대한뉴스〉제39-02호 '제네바로 출발하는 변 장관 일행'과 일부 겹치는 장면이 있다.

제네바회담은 1953년 7월에 맺어진 정전협정조항 4조 6항을 근거로 개최되었다. 이 조항은 "한반도로부터 외국군의 철수와 한국 문제의 평화적 해결을 위한 고위 정치회담을 휴전조약이 효력을 발생한 뒤 3개월 내에 개최할 것을 권고 한다"고 규정하고 있었다. 그런데 회담이 실제로 개최되기까지는 우여곡절이 적지 않았다. 1953년 10월 16일부

터 판문점에서 열린 예비회담은 참여국 선정 문제를 둘러싼 공산군 측과 유엔군 측의 갈등으로 성과없이 끝났다. 이에 1954년 1월 25일부터 2월 19일까지 베를린에서 열린 미국·영국·프랑스·소련 4개국 외상회담에서 회담 개최가 결정되었다.

사실 제네바회담은 전후 강대국 정치의 산물이었기 때문에 당사자였던 한국은 참여할 생각조차 없었다. 또한 북진통일을 주장하고 있던 이승만 정부에게 협상은 전혀 고려대상이 아니었다. 회담 개최 8일 전까지도 회담을 거부하던 한국은 미국과의 협의과정에서 한국군 증강에 대한 미국의 원조약속과 회담 운영에 관한 몇 가지 언질을 받고 참여하기로 하였고, 이에 따라 영상에서 보듯이 변영태 외무부장관이 참석하게 된 것이었다.

1954년 4월 26일부터 6월 15일까지 장시간 개최된 제네바회담의 주요 의제는 한반도 통일을 위한 선거의 범위 및 국제 감독, 외국군 철수, 유엔의 권위 문제 등이었다. 이 기간 동안 한반도의 통일과 관련, 나올 수 있는 모든 방안이 거론되었다. 평화체제의 실마리도 담겨 있고, 경제협력의 필요성도 거론되었으며, 중립화 방안을 포함한 상상할 수 있는 모든 종류의 통일방안이 논의되었다.

회담 초기, 한국은 유엔 감시 아래 북한만의 자유선거를 실시하자고 주장했다. 게다가 선거전에 중공군의 철수가 완료되어야 한다는 조건까지 달았다. 그러나 북한은 '외국군 동시 철수 및 남북한 동시선거'를 주장하여 차이가 컸다. 뿐만 아니라 6·25전쟁 참전국들 간의 입장차이도 점차 커져갔다. 그러자 미국은 회담 종결을 서둘렀다. 결국 50여 일간의 논쟁에도 불구하고 회담은 미국과 변영태 외무부장관과의 협의로 "유엔 감시 아래 남북한이 토착인구 비례에 따라 자유 총선거를 실시한다"는 내용이 포함된 14개 항목의 통일방안을 발표한 것 외에 아무런 합의도 이루지 못하고 막을 내렸다.

이처럼 아쉽게 끝난 제네바회담은 다음과 같은 몇 가지 측면에서 의미를 가지고 있다. 우선, 정전협정 이후 한반도의 통일문제를 논의한 처음이자 마지막 다자회담이었으며, 한국이 주권국가로 참여한 첫 번째 국제회의였다. 또한 국제정치사에서도 의미 있는 회담이었는데, 세계적 강대국이었던 영국이 이 회담을 끝으로 국제무대에서 밀려났고, 이후 세계는 미소 양극체제로 넘어갔다. 동시에 신생국가이면서 국가로 인정받지 못하고 있던 중국이 국제 외교무대에 처음으로 데뷔했던 회담이기도 하다.

▌ 참고문헌

김연철, 「1954년 제네바 회담과 동북아 냉전질서」, 『아시아연구』 54-1, 2011.
라종일, 「제네바 정치회담 : 회담의 정치 1954.4.25/6.15」, 『시민정치학보』 1, 1996.
황인수, 「한국전 이후 쟁점과 제네바 협정」, 『시민정치학회보』 3, 2000.
홍용표, 「1954년 제네바회의와 6 · 25전쟁의 정치적 종결 모색」, 『한국정치외교사논총』 28-1, 2003.

해당호 전체 정보

67-01 제네바회의 참석차 변영태 장관 이한

상영시간 | 01분 02초

영상요약 | 1954년 4월 17일 제네바회의에 참석하기 위해 출국하는 변영태 외무부장관의
모습을 담은 영상.

67-02 이승만 대통령 군 행사 참석

상영시간 | 01분 31초

영상요약 | 군 행사에 이승만 대통령과 주한미국대사 브릭스 등이 참석한 장면을 담은 영
상.

67-03 미군 고위장성에게 감사패 수여

상영시간 | 00분 50초

영상요약 | 미군 고위장성이 감사장을 전달받고 한국 정부관계자와 대화하는 장면을 담
은 영상.

67-04 경비행기 비행훈련

상영시간 | 01분 36초

영상요약 | 경비행기 비행훈련을 하는 장면을 담은 영상.

아시아민족반공대회 (1954년 6월)

제작정보

출   처 : 리버티뉴스 73호
제 작 사 : 주한미공보원
제 작 국 가 : 미국

영상정보

제 공 언 어 : 한국어
컬   러 : 흑백
사 운 드 : 무

1954년 6월 15일 아시아민족반공대회가 진해에서 개최되었다. 한국, 자유중국, 태국, 마카오, 필리핀, 오키나와, 월남 등 7개국이 참가한 이 대회에서 이승만 대통령은 공산주의 위협에 대항해서 자유 아시아를 구축하자는 연설을 했다.

■ 내레이션

(내레이션 없음)

■ 화면묘사

00:04 　진해 아시아민족반공대회장에 입장하는 이승만 대통령의 모습
00:23 　아시아민족반공대회에 참석한 각국 대표들의 모습
00:26 　이승만 대통령이 7개국 대표들 앞에서 연설하는 장면
00:59 　필리핀 대표가 담배를 피우면서 연설을 듣는 장면
01:02 　다른 국가의 대표가 연설을 하고 있음
01:07 　오키나와 대표의 모습
01:11 　또 다른 국가의 대표가 연설을 하고, 이를 듣고 있는 각국 대표들의 모습. 여러 아시아 국가 대표들이 차례로 연설을 함
01:55 　이승만 대통령이 대회장을 빠져나가는 장면
01:51 　연설을 듣고 있는 홍콩과 마카오 대표의 모습을 확대하여 보여줌.

■ 연구해제

　이 영상은 1954년 6월 15일 진해에서 열린 '아시아민족반공대회'에 관한 것이다. 영상에는 이승만 대통령이 환영사를 하는 모습과 각국 대표들의 연설 장면이 담겨 있다. 이날 대회에서 참석자들은 "한국 내에 '반공전선중앙본부'를 설치하여 각국 내에 반공조직체를 구성하는 한편 이들과 연결할 것"을 만장일치로 가결하였다. 대회 참석자들은 6월

17일 폐막을 하면서 "아시아반공민족회의에서는 앞으로 '아시아민족반공연맹'을 창설하고 이에 따른 강령, 헌장을 기초하고 공산군과 대결하기 위한 결의문"을 만장일치로 채택하였다.

'아시아민족반공대회'는 아시아 국가의 대표들이 참석하여 반공의지를 천명하는 자리로, 한국, 대만, 필리핀, 베트남 등 5개국과 홍콩, 마카오, 오키나와의 3개 지역 대표 30여 명이 참석하였다. 이 대회는 공산권을 겨냥한 반공적인 성격과 함께 반일적인 성격도 아울러 내포하고 있었다. 참가국 대부분은 제2차 세계대전 시기 일본의 점령을 경험한 국가로 미국의 관대한 대일강화에 불만을 가지고 있었다. 당시 한국대표 이범녕은 개회사를 통해 공산주의뿐만 아니라 이기적인 목적을 위해 침략을 일삼은 국가나 민족에게도 대항을 해야 한다고 주장했다. 이것은 주지하듯 일본을 지칭한 것이었다. 필리핀대표 또한 일본의 이 조직에 대한 참가는 신중한 검토를 거쳐야 하며 미국이 이에 대해 적극적인 태도를 취할 것을 요구하였다.

이 대회에 참가한 대표들은 결의문에서 아시아를 원조하는 미국과 대회 개최를 주도한 이승만에 대한 감사를 표하면서, 반공기구에 대한 한국정부의 주도적 역할을 인정하고 미국의 협조를 기대하였다. 또한 유럽의 NATO와 같이 미국이 이 조직에 적극적으로 참여하면 좋겠다는 희망을 적극적으로 피력하였다. 각국 대표들은 대회의 명칭을 '아시아민족반공연맹(APACL: the Asian People's Anti-Communist League)'으로 정하고 총 4장 25조의 헌장을 채택하였다. 이 헌장을 통해 APACL은 태평양동맹을 지향하며 반공십자군운동을 통해 세계적인 반공기구를 창설할 것을 주창하였다. 아울러 반공사상의 고취와 함께 식민주의와 침략주의 사상을 배격 근절할 것을 명시하였다. 이들 국가는 한편으로는 식민주의에 대한 반대를 적극 표방하면서도 미국과의 우호적 관계를 강조하여, 반일적 입장이 결코 미국의 정책에 위배되지 않는다는 점도 아울러 표명하였다.

한편 미국은 1954년 9월 6일 필리핀 마닐라에서 동남아시아집단방위조약(SEATO: Southeast Asia Treaty Organization)을 체결하고 태평양헌장을 채택하였다. SEATO의 참가국은 미국, 영국, 프랑스, 호주, 뉴질랜드, 필리핀, 태국, 파키스탄의 8개국이었다. 이승만 정권은 SEATO 결성에 관심을 보이면서 반공국가인 한국과 대만이 이 조직에 가입할 것과 한국−대만 상호간 군사동맹의 필요성을 주장했다. 그런데 당시 공산중국의 금문도 침공 등으로 인해 위기감이 고조되어 있던 대만은 군사동맹의 필요성에는 동의하면서도 이 조직에 일본을 끌어들이고 싶어 했다. 반면 한국은 일본을 포함한 방위기구 결성에 부정적이었다.

한국과 대만의 의견 차이는 일본의 APACL 가입문제를 둘러싸고 구체적으로 표면화되었다. APACL 대만대표는 이 문제를 협의하기 위해 한국을 방문하여 한국정부와 논의했지만, 이승만 정권은 일본에 대한 심각한 불신을 피력하며 대만의 요청을 거절하였다. 결국 1954년 10월 20일에 예정되어 있었던 APACL 제2차 대회는 두 국가의 의견 대립으로 연기되었다. 두 나라의 의견차로 연기되었던 APACL 제2차 회의는 1955년 5월 23일 다시 열리기로 예정되어 있었으나, 결국 의견차를 좁히지 못해 열리지 못했다. 우여곡절 끝에 제2차 대회는 1956년 3월 필리핀 마닐라에서 개최될 수 있었다.

▌ 참고문헌

「아시아반공민족회의」, 『경향신문』, 1954년 6월 15일.
「한국 내에 반공전선본부」, 『경향신문』, 1954년 6월 18일.
「아주반공 민족연맹창설」, 『경향신문』, 1954년 6월 19일.
노기영, 「이승만정권의 태평양동맹 추진과 지역안보 구상」, 『지역과 역사』 11, 2002.
최영호, 「이승만 정부의 태평양동맹 구상과 아시아민족반공연맹 결성」, 『국제정치논총』
　　　39-2, 1999.

해당호 전체 정보

73-01 아시아민족반공대회
상영시간 ㅣ 02분 06초

영상요약 ㅣ 1954년 6월 15일 아시아민족반공대회가 진해에서 개최되었다. 한국, 자유중국, 태국, 마카오, 필리핀, 유구, 월남 등 7개국이 참가한 이 대회에서 이승만 대통령은 공산주의 위협에 대항해서 자유아시아를 구축하자는 연설을 했다.

73-02 주한유엔군사령관 한국재건 시찰
상영시간 ㅣ 02분 02초

영상요약 ㅣ 한국재건에 관한 문제를 논의하기 위해 미국 정부 인사들이 이승만 대통령을 예방하고 재건상황을 시찰했다.

73-03 이승만 대통령 군 행사 참석
상영시간 ㅣ 01분 18초

영상요약 ㅣ 군 행사에 이승만 대통령, 맥스웰 D. 테일러 주한유엔군사령관 등이 참석한 장면을 담은 영상이다.

73-04 다과회
상영시간 ㅣ 00분 35초

영상요약 ㅣ 정원에서 열린 다과회 장면을 담은 영상이다.

미군의 부산대화재 지원 (1954년 6월)

제작정보

출　　처 : 리버티뉴스 74호

제 작 사 : 주한미공보원

제 작 국 가 : 미국

영상정보

제 공 언 어 : 한국어

컬　　러 : 흑백

사 운 드 : 무

▌ 영상요약

대화재로 인해 피해를 입은 부산의 이재민들에게 미군이 구호물품을 전달하는 내용의 영상.

▌ 내레이션

(내레이션 없음)

▌ 화면묘사

00:00 트럭 짐칸을 덮은 천이 펄럭이는 모습, 움직이는 천 사이로 상자들이 보임
00:03 무대를 중심으로 사열해있는 병사들의 모습, 무대 위에는 미군 고위급 인사들이 앉아 있으며, 그 앞에서 주요 인사들이 연설을 하고 있음
00:07 연설하고 있는 사람들
00:10 구호물자가 담긴 상자
00:13 미군 관계자의 연설
00:18 야외 행사장 전경, 관객석을 메운 관중들 중 여성들의 비율이 높음
00:21 트럭 위에서 연설을 듣고 있는 관중들
00:23 물자를 배급하는 트럭 주변으로 몰려들고 있는 사람들
00:26 'AMERICA TO VICTIMS PUSAN FIRE', '부산대화재(釜山大火災)' 문구가 적혀있는 현수막의 모습, 이 현수막에는 군인들이 나누어주는 물자상자를 받는 여성의 모습이 그려져 있음
00:28 흰색 천으로 싼 계단 위에 그릇 등의 집기를 올려놓는 미군과 그 주변에 군중들이 몰려있는 모습
00:31 각종 집기들의 모습
00:34 보급 물자를 트럭으로 나르는 미군들의 모습

연구해제

이 영상은 1954년 5월 29일 대화재로 인해 피해를 입은 부산의 이재민들에게 미군이 구호물품을 전달하는 내용을 담고 있다. 부산시내 두암동에서 아궁이불 부주의로 인해 39동 213세대가 전소되고 3동 3세대가 반소되었다. 피해를 입은 건물들은 지난 4월 19일 화재로 소실된 대지 위에 새로이 천막 등으로 재건한 가건축물이었다. 미 제8군 부사령관 클라크 장군과 정일권 육군참모총장은 6월 11일 부산화재지구를 시찰하고 육군공병대 건축공사현장을 시찰했다. 영상에서는 미군 고위급 장교가 발언하는 장면, 미군들이 구호물자를 나르는 장면을 볼 수 있고, '부산대화재(釜山大火災)'라는 문구가 적혀 있는 현수막 아래 설치된 희생자 추모장소의 모습도 볼 수 있다. 사건 다음달 6월 15일 기획처장 원용석은 1954년도 운크라사업으로 예정하였던 8,000만 달러 중 2,130만 달러를 확보하여, 부산화재 복구사업에 필요한 물자 구입에 110만 달러를 지출할 예정이라고 발표하였다.

이 외에도 부산에서는 크고 작은 화재가 잦았는데, 1953년 1월 국제시장 화재와 11월 역전대화재로 7,000동 이상의 판자집, 목조건물이 불타고 이재민이 약 100,000명 발생했었다. 이처럼 부산에서 화재가 잦았던 이유는 6·25전쟁 중 피난민이 대거 이주하여 1949년 47만 명이었던 도시인구가 1952년 약 90만 명에 이르렀는데, 이들이 도심과 항만에 무질서하게 주거촌을 형성했기 때문이었다.

1953년 11월 27일 발생한 부산대화재는 난로불 부주의로 발화된 화염이 시속 30리의 돌풍과 함께 확대되었고, 불길은 14시간에 걸쳐 부산역전을 중심으로 하는 번화가의 주요건물, 민가 등 약 250호를 전소시켰다. 진화작업은 한미합동소방대원을 비롯해 경남 경찰국, 부산시 각 서원, 진해, 마산, 김해 소방대까지 파견되어 건물을 파괴하여 화로를 차단하는 방식으로 진행되었으나, 다음날 28일 10시 20분이 되어서야 가까스로 진화되었다. 이 화재로 이재민 약 3만여 명이 발생하였고, 가옥 손실은 1,250호 5,200세대, 손해액은 지난 1월 부산국제시장 화재의 약 100배인 총 2,000억 환으로 추산되었다.

이 화재에 대해 정부는 긴급구호본부를 설치하고 응급대책을 강구하였으며, 화재지정비에 미군이 적극적으로 역할하였다. 12월 1일에는 합동경제위원회에서 임시구호위원회를 개최하고 미8군사령관이 구호대책과 재건계획에 방향과 현재 진행사업에 대해 제안 및 보고를 하였으며, 재건 계획에 소요자재와 비용은 가능한 한 미8군에서 부담할 것이라고 말했다. 여러 차례 반복된 부산화재 대책활동에 이러한 미군의 대민지원도 계속되었던 것이었다.

참고문헌

「釜山에史上初有의大火」, 『동아일보』, 1953년 11월 29일.

「罹災民數 二八,二〇〇名 交通機關은痲痺狀態」, 『동아일보』, 1953년 11월 30일.

「通信線完全復舊」, 『동아일보』, 1953년 12월 3일.

「釜山大火再建事業 八軍서擔當」, 『경향신문』, 1953년 12월 3일.

「釜山災民救護」, 『동아일보』, 1953년 12월 13일.

「釜山市에또大火」, 『경향신문』. 1954년 6월 1일.

「卽時着手키로合意」, 『동아일보』, 1954년 6월 11일.

이종기, 「부산지역 근대건축물의 시기별 특성에 관한 연구」, 동의대학교 산업기술대학원 석사학위논문, 2004.

해당호 전체 정보

74-01 한미 군 고위급 인사 회동

상영시간 ㅣ 00분 53초

영상요약 ㅣ 미 제8군 사령부 소속 고위급 인사들이, 한국군 고위 인사들과 함께 병사 훈련소를 방문한 내용의 영상. 국내외 군 고위급 인사들은 간단한 회의를 마친 뒤, 행군하는 병사들에게 거수경례를 하였다.

74-02 미군의 부산대화재 지원

상영시간 ㅣ 00분 44초

영상요약 ㅣ 대화재로 인해 피해를 입은 부산의 이재민들에게 미군이 구호물품을 전달하는 내용의 영상.

74-03 비행 시범 행사

상영시간 ㅣ 01분 02초

영상요약 ㅣ 경비행기 시범비행 장면을 촬영한 영상이다. 이승만 대통령을 비롯한 국내외 고위 인사들이 물가에 모여서 시범비행하고 있는 비행기를 바라보고 있다.

74-04 선박 시범 운행

상영시간 ㅣ 00분 36초

영상요약 ㅣ 선박을 제조하는 과정과 시범 운행하는 행사 장면을 보여주는 영상. 새로 제작된 배는 W-1호이며, 관계 인사들이 부두에 서서 시범 운행하는 배를 바라보고 있다.

74-05 군수 물자 증정 기념식

상영시간 ㅣ 00분 52초

영상요약 ㅣ 부산의 한 운동장에서 열린 한국군사원조계획 제1165호와 관련된 행사를 촬영한 영상.

74-06 미군 관련 행사

상영시간 ㅣ 00분 38초

영상요약 ㅣ 사회사업을 마친 미군 부대에 대한 감사를 표하는 행사 영상.

방직공장 (1954년 7월)

제작정보

출 처	:	리버티뉴스 79호
제 작 사	:	주한미공보원
제작국가	:	미국

영상정보

제 공 언 어	:	한국어
컬 러	:	흑백
사 운 드	:	무

▌ 영상요약

방직공장에서 직물을 생산하는 공정 과정을 촬영한 영상.

▌ 내레이션

(내레이션 없음)

▌ 화면묘사

00:00 공장 정문 전경
00:04 공장 내 구조물, '힘을 합쳐서 우리공장을 나라의 모범공장으로 만드세' 라는
      문구가 적혀 있음
00:08 공장 건물
00:12 공장 건설의 외관과정 이모저모를 보여줌
00:22 면화를 가공하여 실로 만들고, 직물로 가공하는 과정까지 보여주고 있음

▌ 연구해제

　본 영상은 광주에 위치한 전남방직의 6·25전쟁 이후의 재건과정과 공장가동의 모습
을 담고 있다.

　일제시기 공업화의 유산인 면방직 산업은 해방 직후 남한에 대규모 시설을 갖추고 있
었다. 경성방직을 제외한 대다수 업체는 일본인 자본가 소유였기에, 해방 이후에는 귀
속기업체로 전환되었다. 1950년에 발발한 6·25전쟁은 남한의 방직산업 시설의 70% 이
상을 파괴시켰지만, 동시에 방직 산업에 부흥의 계기를 제공했다. 이는 한국과 미국 정
부가 긴급한 기초의류 충족의 목적 아래 1952년 1월 면방직공업을 전후재건의 우선 복
구대상으로 공식화했기 때문이다. 경제안정을 우선시하며 소비재 수입대체 공업부문을
중점 성장시킨다는 한·미 간 성장전략이 구체화되어 갈수록 방직업에 대한 지원은 더
욱 적극화되었다. 또한 면방직업은 풍부한 노동력과 원료만 있으면 쉽게 가동될 수 있

다는 점, 미국산 원조 원면 공급에 의해 미국의 이득까지 꾀할 수 있다는 점 등이 면방직 복구를 서두르게 만들었다.

이에 따라 면방직 시설 및 원면에 대한 거액의 미국 원조와 함께 정부보유불과 산업은행의 집중융자 등 정부의 지원이 면방직 산업에 잇달았다. 원조원면은 시중환율보다 훨씬 낮은 환율로 외상구매까지도 가능했고, 면방직관련 각종 면세·감세조치가 행해졌다. 1955년 1월까지는 일정량의 면제품에 대한 가격통제가 시행되었음에도 통제가격은 이미 생산비에 이윤을 붙인 값이었고, 자유 판매는 공정가격보다 몇 배를 더 받아도 될 만큼 초과이윤 창출이 가능하였다.

이러한 호조건 속에서 1951년 이후부터 귀속재산 불하와 정부보유불 불하가 본격화되면서 면방직업은 여타 자본의 집중투자대상으로 부상했다. 해방 직후 무역업 등을 통해 부를 축적한 이들은 물론, 정부와 유착하고 있던 자산가들의 신규 진출이 이어졌다. 본 영상에 등장하는 전남방직 역시 일제시기 가네보 방직회사였다가 해방 후 귀속기업체였던 것을 1953년 김용주가 불하 받아 전남방직으로 전환시킨 것이다. 이후 전남방직은 방직산업의 호조에 힘입어 1968년 인천 공장까지 준공하고 그 세를 확장시키면서 지금에 이르고 있다.

▌ 참고문헌

이정은, 「1950년대 대한방직협회의 활동과 성격 – 원조경제하 조직을 통한 대자본가의 이윤추구 방식과 한계」, 고려대학교 석사학위논문, 2006.

해당호 전체 정보

79-01 제6회 제헌절 기념식

상영시간 ㅣ 00분 28초

영상요약 ㅣ 1954년 7월 17일 제6회 제헌절 기념식을 촬영한 내용의 영상. 행사는 중앙청
앞에서 개최되었으며, 정부 주요 인사들이 다수 참석하였다.

79-02 외국 인사 이한

상영시간 ㅣ 00분 23초

영상요약 ㅣ 한국을 방문은 외국의 고위 인사가 군부대의 비행장에서 출국을 하려는 장면
을 촬영한 영상.

79-03 미인 대회

상영시간 ㅣ 00분 51초

영상요약 ㅣ 미인대회를 촬영한 영상. 수상자로 추정되는 여성이 출국하는 장면이 이어진
다.

79-04 부산 화재지역 주택 건설 준공식

상영시간 ㅣ 00분 41초

영상요약 ㅣ 1953년 부산대화재로 인해 피해를 입은 지역의 재화민들을 위해 지은 주택 준
공식 영상.

79-05 방직공장

상영시간 ㅣ 00분 55초

영상요약 ㅣ 방직공장에서 직물을 생산하는 공정 과정을 촬영한 영상.

79-06 발전소 정비

상영시간 ㅣ 00분 52초

영상요약 ㅣ 발전소를 정비하는 기술자들의 모습을 촬영한 영상.

당인리화력발전소 기공식 (1954년 9월)

제작정보

출   처 : 리버티뉴스 87호

제 작 사 : 주한미공보원

제 작 국 가 : 미국

영상정보

제 공 언 어 : 한국어

컬   러 : 흑백

사 운 드 : 무

영상요약

1954년 9월 23일 화력발전소 신설계획 중 하나인 당인리화력발전소 기공식이 강성태 상공부장관, 김태선 서울특별시장, 클린턴 타일러 우드 주한경제조정관, 맥스웰 D. 테일러 주한미제8군사령관, 엘리스 O. 브릭스 주한미국대사 등이 참석한 가운데 열렸다. 1954년 5월 27일 미국의 벡텔사와 건설계약이 체결된 후 착공을 시작하게 된 당인리발전소 기공식은 국민의례와 강성태 상공부장관의 개회사에 이어 우드 경제조정관과 김태선 서울특별시장의 축사, 만세삼창 등의 순서로 진행됐다.

내레이션

(내레이션 없음)

화면묘사

00:01 중장비를 이용해 흙을 밀어내는 공사현장의 다양한 모습
00:06 외국인 남성 기술자가 측량기기를 이용해 측량을 하는 모습
00:10 건설 중인 당인리화력발전소의 외관
00:17 클린턴 타일러 우드 주한경제조정관, 엘리스 O. 브릭스 주한미국대사, 맥스웰 D. 테일러 주한미제8군사령관, 김태선 서울특별시장 등 내외빈이 기공식장으로 걸어가는 모습. 걸어가는 내외빈들 사이로 멀리 떨어진 "唐人里火力發電所(당인리화력발전소)" 표지판이 보임
00:25 준공식장에 모인 직원들이 애국가를 부르고 있음
00:28 강성태 상공부장관이 개회사를 하는 모습
00:32 우드 주한경제조정관이 축사를 하는 다양한 모습
00:38 김태선 서울특별시장이 축사를 하는 모습
00:42 만세삼창을 하는 연단 위의 내외빈과 연단 아래의 직원들
00:46 "唐人里火力發電所(당인리화력발전소) 容量(용량) 25,000KW 이 發電所(발전소)는 大韓民國(대한민국)을 爲(위)하여 美國海外活動本部(미국해외활동본부)로부터

提供(제공)된 資金(자금)으로 太平洋(태평양) 벡텔會社(회사)에 새技術(기술)과 建設(건설)을 擔當(담당)하여 建設(건설)됩니다"라고 쓰인 표지판의 모습

00:48 "BECHTEL"회사의 엠블럼과 함께 "TANGIN-RI STEAM POWER PLANT 25,000KW Capacity This Plant Being Constructed For THE REPUBLIC OF KOREA With AMERICAN AID Provided Through The Foreign Operations Administration U.S.A. Engineering and Construction By PACIFIC BECHTEL CORPORATION"이라고 쓰인 표지판의 모습

00:50 당인리화력발전소에 관한 설명을 듣는 브릭스 대사 일행과 공사자재들의 모습

00:58 우드 경제조정관, 강성태 상공부장관, 김태선 서울특별시장이 공동으로 기공삽을 뜨고 악수를 나누는 다양한 모습

01:07 중장비가 움직이는 모습

01:14 우드 경제조정관, 브릭스 대사, 테일러 주한미제8군사령관이 나란히 서있음

01:16 흙을 떠서 옮기는 중장비의 모습

연구해제

흔히 당인리발전소로 일컬어지는 서울화력발전소(이하 당인리발전소)는 1929년 경성전기주식회사가 석탄연료방식으로 건립한 국내 최초의 화력발전소이다. 마포구 당인동에 위치하고 있으며, 총 5기의 발전기가 운용되었다. 경성전기주식회사에서 건설한 1호기(10MW급 석탄화력)가 1930년 11월부터 전력생산을 개시하였고, 1936년 10월 2호기(12.5MW급 석탄화력)가 증설되었으며, 6·25전쟁 후 미국 원조자금에 의하여 전후 복구작업의 일환으로 건설된 3호기(25MW급 석탄화력)가 1956년 3월 준공되어 총 시설용량이 47.5MW가 되었다. 1957년 9월 조선전업주식회사가 운영권을 인수하였다가 1961년 7월 전력3사가 통합하면서 한국전력공사가 발족하자 다시 인수하여 운영하였으며, 1969년 11월 현재의 서울화력발전소로 개칭하였다. 가장 먼저 시동을 한 1, 2호기는 1970년 8월 수명을 다하여 폐지되었고, 1980년 1월에는 3호기가 폐지되어 현재는 중유전소 발전설비 2기가 가동 중이며, 연간 약 34억kWh의 전력생산을 담당하고 있다. 이처럼 당인리발전소는 국내에서 가장 오래된 화력발전소로서 지난 80여 년간 서울에 전기를 공급해왔으며, 현재는 중화학공업화를 위하여 각각 1969년과 1971년 준공된 4, 5호기가 마포구

일대에 난방열을 공급하고 있다.

해당 영상은 미국의 전후 복구사업의 일환으로 건설되었던 1954년 3호기 건설 기공식의 모습이다. 9월 24일 강성태 상공부장관, 김태선 서울시장, 타일러 우드(C. Tyler Wood) 주한경제조정관, 맥스웰 테일러(Maxwell D. Tayler) 주한미8군사령관, 엘리스 브리스(Ellis O. Briggs) 주한미국대사 등 주요인사들이 참석한 가운데 당인리화력발전소 기공식이 개최되었다. 발전소는 대외활동본부(FOA: Foreign Operation Administration) 1954년도 자금 3천만 달러와 7억 2천만 환을 투입한 '10만 킬로와트 화력발전소 건설공사'의 일환으로 준공되었으며, 미국의 벡텔사가 준공책임을 맡았다. 이승만 정부는 당인리발전소 외에도 마산(5만KW), 삼척(2만 5,000KW)에 새로운 화력발전소 준공을 계획하여, 1956년에는 10만 킬로와트 전력생산을 목표로 하고 있었다. 하지만 1960년대부터 마포구 일대 주민들은 당인리발전소에서 발생하는 분진, 소음, 진동 등에 의한 피해를 해결해달라는 민원을 지속적으로 제기하였다. 이에 2000년대 후반부터 서울시와 일부 중앙정부 부처에서 서울의 대기오염 문제를 해소하고자 발전소의 이전을 검토하였다. 그러나 발전소 이전지로 거론되었던 경기도 고양시가 수용불가 입장을 밝히는 등 대체부지 마련이 어렵고, 발전소 이전에 부수되는 재정적 부담과 공사기간 연장, 안정적인 전력공급의 필요성 등으로 논의 자체를 백지화시켰다. 그러나 2007년 대통령선거에서 특정 후보가 대선공약으로 발전소 이전을 거론하였고, 이후 마포구와 관련된 정치인들과 지자체장들은 선거 때마다 발전소의 이전을 약속하였다. 이에 발전소의 운영을 맡고 있는 한국중부발전은 발전소 이전이 여의치 않음을 재확인하며 지하화를 공표하였다.

최근 당인리발전소는 발전소 이전, 발전소 지하화에 따른 문화공원 설치 등 다양한 입장이 충돌하는 공간이 되었다. 마포구와 지역 주민들은 발전소가 이미 물리적 수명을 다했으며, 지하 발전소에서 폭발사고가 발생할 위험이 있다는 문제점을 지적하며 이전을 주장하고 있다. 반면 정부와 서울시는 이를 반대하고 있다.

▍ 참고문헌

「화력발전에 기대! 당인리발전소 기공식」, 『경향신문』, 1954년 9월 25일.
정희선, 「근대 산업시설에 투영된 무장소성 : 당인리 발전소를 둘러싼 갈등의 이해」, 『문화역사지리』 24-2, 2012.

해당호 전체 정보

87-01 당인리화력발전소 기공식

상영시간 ㅣ 01분 25초

영상요약 ㅣ 1954년 9월 23일 화력발전소 신설계획 중 하나인 당인리화력발전소 기공식이 강성태 상공부장관, 김태선 서울특별시장, 클린턴 타일러 우드 주한경제조정관, 맥스웰 D. 테일러 주한미제8군사령관, 엘리스 O. 브릭스 주한미국대사 등이 참석한 가운데 열렸다. 1954년 5월 27일 미국의 벡텔사와 건설계약이 체결된 후 착공을 시작하게 된 당인리발전소 기공식은 국민의례와 강성태 상공부장관의 개회사에 이어 우드 경제조정관과 김태선 서울특별시장의 축사, 만세삼창 등의 순서로 진행됐다.

87-02 우드 조정관 귀국

상영시간 ㅣ 00분 34초

영상요약 ㅣ 1954년 9월 23일 귀국한 클린턴 타일러 우드 유엔군사령부 주한경제조정관이 여의도 비행장에 도착해 사열하는 모습을 담은 영상.

87-03 석전대제

상영시간 ㅣ 00분 42초

영상요약 ㅣ 1954년 9월 23일 공자 탄생 2505년을 맞아 서울 명륜동 대성전에서 열린 석전의 모습을 스케치한 영상.

대한적십자사 창립기념식 (1954년 10월)

제작정보		영상정보	
출 처 : 리버티뉴스 91호		제공언어 : 한국어	
제 작 사 : 주한미공보원		컬 러 : 흑백	
제작국가 : 미국		사운드 : 무	

영상요약

1954년 10월 27일(추정) 이승만 대통령 부처와 손창환 대한적십자사 총재, 변영태 국무총리, 조용순 법무부장관, 이기붕 민의원의장을 비롯해 다양한 내외국인 관계자가 참석한 가운데 대한적십자사 창립5주년기념식이 열렸다.

내레이션

(내레이션 없음)

화면묘사

00:02   태극기와 적십자기, UN기가 걸린 연단에 이승만 대통령과 프란체스카 여사를 비롯한 내외귀빈들이 서있는 모습
00:07   손창환 대한적십자사총재가 기념사를 하고 있음
00:11   창립기념식에 참석한 내외국인들의 모습
00:14   "대한적십자사 五(오)주년기념식장" 현수막이 걸린 연단에서 이승만 대통령이 연설하고 있음
00:17   축사를 하는 이승만 대통령
00:21   참석한 내외귀빈들의 모습
00:23   발언하는 외국인 남성과 옆에 선 변영태 국무총리로 추정되는 남성의 모습
00:27   참석한 내외귀빈들의 모습
00:30   헬렌 맥아더 주한적십자연맹대표로 추정되는 여성이 발언하고 있음. 옆에 선 변영태 국무총리의 모습
00:34   조용순 법무부장관을 비롯한 내외국인 참석자들이 앉아있음
00:37   이승만 대통령이 여러 내외국인들에게 표창을 하는 모습
00:52   표창장을 수여받은 사람들이 인사를 하는 모습
00:54   이승만 대통령과 헬렌 맥아더 주한적십자연맹대표와 손을 잡고 대화하고 있음
00:56   연단에 앉아있던 외국인 귀빈들과 악수를 하는 이승만 대통령

▌ 연구해제

1954년 10월 28일 이승만 대통령 부처와 손창환 대한적십자사 총재, 변영태 국무총리, 조용순 법무부장관, 이기붕 민의원의장, 헬렌 맥아더 주한적십자연맹 대표를 비롯해 다양한 내외국인 관계자가 참석한 가운데 대한적십자사 창립5주년기념식이 열렸다. 이날 이승만 대통령은 기념 연설에서 "전 국민은 박애·봉사로써 민족의 역군이 되라"고 말하고, "국민 된 자는 모두 적십자사 회원이 되어 우리 적십자사를 키우자"고 격려했다. 이후 적십자회원 공로자와 함께 주한민사처(KCAC), 유엔 한국재건단(UNKRA), 미8군사령부의 공로에 대해서 표창식이 진행되었다.

한국에서는 1905년 10월 27일 적십자사가 처음 설립되었는데, 대한제국 칙령 제47호로 대한적십자사 규칙이 제정·반포되었다. 그러나 그 해 11월 17일 을사조약이 체결되었고, 한일병합 1년 전인 1909년 7월 23일, 일본은 대한적십자사를 강제로 폐사했다. 이후 상해에 있던 대한민국임시정부는 1919년 8월 29일 임정 내무부 총장 안창호 명의로 대한적십자회 설립을 공포하고, 이를 모태로 하여 해방 후 1947년 3월에 조선적십자사를 설립했다. 이후 대한민국 정부가 수립되자 1949년 10월, 대한적십자사로 재조직하고, 1955년 9월 28일에 74번째 회원국으로 국제적십자사연맹에 가입했다.

대한적십자사는 대한민국의 비영리 특수법인이자 국제조약상의 기구이다. 적십자에 관한 제 협약과 국제적십자운동 기본원칙에 의거, 전시와 무력충돌 시에는 제네바협약에 따른 전시포로·희생자·전상자 치료 및 구호사업을, 평시에는 수재·화재·기아 등 중대한 재난을 당한 자에 대한 구호사업 등의 인도주의 사업을 수행하는 단체이다. 적십자사의 주요 업무는 군의료보조기관으로서의 전상자 치료사업, 이재민에 대한 구호사업, 국민헌혈운동, 각종 안전 및 보건사업을 비롯해 남북적십자교류사업과 남북적십자회담운영 및 이산가족 재회알선 등을 포괄하는 보건의료 전반에 기여하는 것이다.

현재 대한적십자사는 보건복지부 산하 기타공공기관으로 지정되어 있고, 산하 혈액관리본부, 교육원, 혈액수혈연구원, 사업추진국(재난구호팀), 병원보건안전국(보건안전교육팀)이 있다.

참고문헌

「李大統領夫妻臨席」, 『동아일보』, 1954년 10월 29일.
대한적십자사 100년사 편찬위원회, 『한국적십자운동 100년, 1905~2005』, 대한적십자사, 2006.
위키피디아, 「대한적십자사」

제5회 영남예술제 (1954년 11월)

제작정보

출　　처 : 리버티뉴스 91호

제 작 사 : 주한미공보원

제 작 국 가 : 미국

영상정보

제 공 언 어 : 한국어

컬　　러 : 흑백

사 운 드 : 무

영상요약

1954년 10월 29일 진주에서는 이선근 문교부장관과 신현돈 경북도지사 등 내외귀빈과 지역민들이 참석한 가운데 제5회 영남예술제가 열렸다. 예술제를 마친 후 논개사당 앞에서는 의기창렬회가 주최하는 논개창렬비 제막식이 열렸다.

내레이션

(내레이션 없음)

화면묘사

00:00 진주 남강에서 빨래를 하는 여성들의 모습

00:07 운집한 참석자들 사이로 성화를 들고 개막식장에 들어오는 남학생들

00:12 이선근 문교부장관과 신현돈 경북도지사로 추정되는 남성 등 내외귀빈의 모습

00:16 네 개의 성화를 점화하는 모습

00:19 한복을 입은 노인이 성화 점화를 바라보고 있음

00:23 사당에 제를 올리는 모습

00:34 예술제 관계자로 추정되는 남성이 연설을 하고 있음

00:39 연설을 듣는 내외귀빈들

00:42 축사를 하는 남성 뒤로 " · 序祭式順(서제식순), 一.烽火獻呈(봉화헌정), 一.平和飛鳩(평화비구) 一.國旗禮拜(국기예배) 一.開式宣言(개식선언) 一.愛國歌奉唱(애국가봉창) 一.先烈(선열)에 ? (대)한 鎭魂歌(진혼가), 一.?立(?립)의노래合唱(합창) (...) 一.??者代表宣誓(??자대표선서) 一. 祝辭(축사) 一.祝樂 演奏(축악연주) 一.祝砲(축포) 一.萬歲三唱(만세삼창) 一.閉式宣言(폐식선언)"이라고 식순이 적혀있음

00:47 개막식에 참석한 관계자와 도민들

00:50 한국인과 외국인 남성이 축사를 하고 있음

00:57 행사에 참석한 노인들의 모습

01:00	예술제 관계자로 추정되는 남성이 기념사를 낭독하고 있음. 행사장 기둥에 "祝 第五回 嶺南藝術(…)(축 제5회 영남예술(…))"이라고 쓰인 종이가 붙어있음
01:04	행사에 참석한 남성 노인의 얼굴 근접촬영
01:08	한복을 입은 여성이 표창장을 수여받고 있음
01:12	만세삼창을 하는 행사 참석자 일동
01:18	촉석루 앞에 모인 논개창렬비 제막식 참석자들의 모습
01:23	노년의 여성이 식사를 하고 있음
01:28	"의창논개의비"가 제막되는 모습
01:32	행사를 지켜보는 여학생의 얼굴 근접촬영
01:34	한복을 입은 두 명의 여자어린이가 무용을 하는 모습
01:53	"독립기념제五(5)회영남예술제장" 행사장에 모인 사람들과 무대 위에서 지휘자의 지휘에 맞춰 노래하는 여학생들의 모습
01:58	행사를 구경하는 여학생들
02:02	전통악기를 연주하는 남성들
02:08	여자 어린이들이 무대 위에서 진주검무를 추고 있음
02:16	남강에 띄운 등이 움직이는 모습

연구해제

이 영상은 1954년 10월 29일 개최된 제5회 영남예술제를 보여주고 있다. 영남예술제는 1949년 전국문화단체총연합회(이하 문총) 진주 특별지부의 주최로 출발하였다. 1949년 10월 3일부터 8일까지 6일간 열린 제1회 대회의 취지는 정부수립의 실질적인 자주독립 1주년을 기리고 예술문화의 발전을 기원하기 위함이었다. 영남예술제는 이후 매년 개최되었고, 1959년 제10회 대회부터는 '개천예술제'로 명칭을 변경하였다. 1974년에는 25주년을 기념하며 '순수예술의 대중화'라는 주제로 새로운 변화를 시도하였고, 1983년 33회부터는 경상남도 종합예술제로 지정되어 오늘에 이르고 있다. 현재는 진주시, 한국예총 진주지부의 공동주최 및 개천예술제 제전위원회 및 한국예총진주지부의 공동 주관으로 진행되고 있다.

개천예술제의 공식행사로는 서제, 개제식, 가장행렬이 있다. 10월 3일 진주성 일원에서 개최되는 전야서제는 예술제의 시작을 알리는 행사이다. 서제는 개천예술제의 정신을 살려 개천의 제단에 진주성 순의단(殉義壇)에서 직접 채화한 성화를 안치하는 행사가 중심이 된다. 이후 호국영령들을 위한 제등행렬이 이어지고, 호국종각에서 국태민안을 비는 타종의식이 거행된다. 서제 제향을 마치고 나면 진주 남강에서 불꽃놀이가 화려하게 펼쳐진다.

개천예술제와 관련된 또 다른 행사로는 남강 유등축제가 있다. 유등행사는 원래 1949년 개천예술제가 시작되었을 때부터 예술제의 부속 행사 형태로 개최되었다. 유등축제의 기원은 역사 문헌이나 자료는 아직 발견되지 않은 상태이며, 오로지 구전에 의해 전해져 오고 있다. 구전되는 이야기는 크게 두 가지 인데, 첫째는 임진왜란 당시 진주성 전투에서 유래되었다는 것이다. 진주성 전투 당시 군사의 수적 열세를 극복하기 위해서 풍등을 하늘에 올리고, 횃불을 남강에 띄워서 성을 침공하려는 왜군을 유인하는 전술을 펼쳤고, 또한 진주성 내에 있는 군사들이 멀리 있는 가족들에게 안부를 전하는 통신수단으로 유등을 사용했던 것에서 비롯했다고 알려져 있다. 또 다른 구전으로는 임진왜란 당시 논개가 죽은 후, 당시의 기생과 백성들이 논개를 추모하기 위해 유등을 띄웠다고 전해지기도 한다. 이러한 이야기를 담은 유등축제는 개천예술제의 부대행사로 진행되다가 2000년대 들어 관광 활성화를 목적으로 독립적인 축제로 분리되었다.

이 영상은 1950년대 초기 형태의 영남예술제의 모습을 담고 있다. 특징적인 것은 공식행사와 특별행사의 분위기가 사뭇 다르다는 점이다. 성화봉송 및 표창장 수여식과 같은 공식행사가 진행되었던 '서제'는 이선근 문교부장관과 신현돈 경북도지사, 지역유지 등 고위 인사들이 참석한 가운데 엄숙한 분위기에서 진행되었다. 특히 두루마기를 입은 남성이 진지한 표정으로 연설한 뒤 만세삼창 하는 모습은 축제라기보다 정부행사의 느낌을 줄 정도이다. 그렇지만 논개사당 앞에서 개최된 논개 창렬비 제막식의 경우에는 진주 지역에 전해져 내려오는 전통무용 공연을 자유롭게 즐기는 지역주민들의 모습이 생생하게 담겨 있다. 이러한 엄숙함과 자유로움의 공존은 영남예술제가 진주 지역에서 전해져 내려오는 호국의 역사를 재현하는 장이자, 동시에 지역의 축제로 인식되어 왔음을 고스란히 보여주는 부분이다.

▌ 참고문헌

양재철, 「천년고도 진주 전통문화 예술축제 「진주논개제」와 「개천예술제」」, 『도시문제』
　　　49, 2014.

이전·최진희·이종호, 「진주남강유등축제의 발전과정과 지역화 특성」, 『한국사진지리
　　　학회지』 20, 2010.

해당호 전체 정보

91-01 대한적십자사 창립기념식

상영시간 ㅣ 01분 02초

영상요약 ㅣ 1954년 10월 27일(추정) 이승만 대통령 부처와 손창환 대한적십자사 총재, 변영태 국무총리, 조용순 법무부장관, 이기붕 민의원의장을 비롯해 다양한 내외국인 관계자가 참석한 가운데 대한적십자사 창립5주년기념식이 열렸다.

91-02 공군사관학교 졸업식

상영시간 ㅣ 01분 07초

영상요약 ㅣ 1954년 11월 1일 공군사관학교 3기 졸업식이 진해에 있는 공군사관학교 연병장에서 열렸다. 이승만 대통령, 최용덕 공군참모총장, 맥스웰 D. 테일러 주한 미제8군사령관 등이 참석했으며 부대표창과 졸업생에 대한 시상, 축하비행 등이 거행됐다.

91-03 제5회 영남예술제

상영시간 ㅣ 02분 21초

영상요약 ㅣ 1954년 10월 29일 진주에서는 이선근 문교부장관과 신현돈 경북도지사 등 내외귀빈과 지역민들이 참석한 가운데 제5회 영남예술제가 열렸다. 예술제를 마친 후 논개사당 앞에서는 의기창렬회가 주최하는 논개창렬비 제막식이 열렸다.

북한산 고아원 준공식 (1954년 1월)

제작정보		영상정보	
출　　　처 :	리버티뉴스 94호	제 공 언 어 :	한국어
제 작 사 :	주한미공보원	컬　　　러 :	흑백
제 작 국 가 :	미국	사 운 드 :	무

1954년 미8군사령부의 지원으로 지어진 북한산 고아원의 준공식 영상.

내레이션

(내레이션 없음)

화면묘사

00:00 고아원 앞 마당에 사열해 있는 군인들의 모습
00:08 '재단법인 기독교 아동복리회 가입시설 북한산교양원' 문구가 적힌 현판
00:13 미8군사령관의 연설 장면
00:20 표창장 수여식 장면, 미8군사령관과 흰 한복을 입은 여성이 악수를 나눔
00:25 고아들의 모습
00:27 한국 고위 인사의 연설 장면
00:33 한국 고위 인사와 악수를 나누고 있는 미8군사령관 소속 군인
00:41 김태선 서울시장의 연설
00:45 표창장 수여식과 꽃다발 증정식
00:55 구령대를 내려와 고아원 내부 시설을 둘러보는 미8군사령부 관계자들 및 한국 관계자들

연구해제

　이 영상은 1954년 1월 21일 미8군사령부 심리처 소속 장교들의 지원으로 지어진 북한산 고아원의 준공식을 담고 있다. 전쟁고아를 위한 미군들의 다양한 후원과 지원은 당시 신문기사를 통해 자주 접할 수 있는데, 이 또한 그중 하나이다.
　미8군의 북한산 고아원 지원은 1952년 8월 17일 전(前) 중대장 로드맨 대위가 재직 당시 이 고아원의 원아들을 위해 위문음악회를 연 후 고아원 원장 김선옥에게 원조 약속

을 한 것이 계기가 되었다. 로드맨이 귀국한 후에도 이들은 지속적인 지원을 함으로써 원아의 의식주 해결에 큰 도움을 주었다. 그러던 차에 숙사가 적산가옥이었던 것이 문제가 되자 현 중대장 폴베스 대위를 중심으로 하는 3명의 장교가 1953년 10월부터 고아원 신축과 부지조성을 위해 45,000달러를 목표로 모금운동을 전개했다.

모금운동에는 장교 3인의 가족, 재한미군부대, 특히 314병기단장 웰 대령 등이 자재와 자금기부, 원조운동에 적극적으로 동참했다. 헐 대령은 자신의 고향 인디아나주 재향군인회와 교회클럽 등에 호소하여 10,000벌 이상의 의류를 수집하여 한국에 보내도록 하기도 했다.

북한산 고아원 착공식에는 반공청년, 중국반공청년 귀한을 시찰하기 위해 내한한 스티븐슨 미 육군장관, 유엔군사령관 헐(John E. Hull)대장, 미8군사령관 테일러 장군 그리고 주한미국대사 브릭스 등이 김태선 서울시장 안내로 참석하고 축사를 했다.

참고문헌

「孤兒에衣類萬餘着」, 『경향신문』, 1954년 1월 12일.
「貞陵里에巨大한孤兒院」, 『경향신문』, 1954년 1월 19일.
「北漢山孤兒院着工式」, 『경향신문』, 1954년 1월 23일.
「ELI美人 教授들 俸給털어孤兒 救護」, 『경향신문』, 1954년 6월 17일.

해당호 전체 정보

94-01 미국 고위 인사 방한
상영시간 ㅣ 00분 36초
영상요약 ㅣ 한국을 방문한 미국 고위 인사의 모습을 촬영한 영상.

94-02 북한산 고아원 준공식
상영시간 ㅣ 01분 05초
영상요약 ㅣ 1954년 미8군사령부의 지원으로 지어진 북한산 고아원의 준공식 영상.

94-03 오페라
상영시간 ㅣ 01분 18초
영상요약 ㅣ 왕자 호동으로 추정되는 오페라를 촬영한 영상.

94-04 경찰 훈련소 수료식
상영시간 ㅣ 01분 01초
영상요약 ㅣ 1954년 4월 2일 남원 서남지구 전투 경찰대 훈련소(경찰학교)에서 열린 경찰
　　　　　 훈련 수료식 영상. 남자 100여 명과 여자 40여 명의 경찰관들이 졸업하였다.

월남 귀순비행사 환영식 (1955년 7월)

제작정보

출   처 : 리버티뉴스 119호

제 작 사 : 주한미공보원

제 작 국 가 : 미국

영상정보

제 공 언 어 : 한국어

컬   러 : 흑백

사 운 드 : 무

영상요약

1955년 6월 22일에 전투기를 타고 귀순한 북한의 조종사 이운용 상위와 이인선 소위에 대한 환영식이 7월 8일에 서울시청 앞 광장에서 열렸다. 김태선 서울특별시장과 김정렬 공군참모총장, 김장흥 치안국장 등이 참석한 가운데 열린 이날 환영식에서 두 조종사에게 서울특별시민증이 수여되고 화환이 증정됐다.

내레이션

(내레이션 없음)

화면묘사

00:01 "월남귀순비행사 이운용 이인선 양군환영시민대회" 현수막과 태극기가 걸린 서울시청사 입구의 모습

00:06 시청사 앞에 마련된 연단으로 입장하는 이운용 상위와 이인선 소위. 연단에서 박수치는 김태선 서울특별시장과 광장에 모인 시민들을 향해 경례하는 두 조종사

00:16 박수치는 시민들

00:19 이인선 소위의 가족들이 연단에 올라와있음

00:22 김장흥 치안국장이 두 조종사의 약력 및 귀순 경과를 발표하고 있음

00:26 "실지회복은 공군력강화로!"라는 현수막 아래 줄맞춰 선 여학생들

00:28 김태선 서울특별시장으로부터 "서울특별시민증"을 수여받는 두 조종사의 모습

00:38 카메라를 향해 "서울특별시민증"을 내보이며 기념촬영을 하는 김태선 서울특별시장과 두 조종사

00:41 "구출하자 (...) 동포 강화하자 대한공군"이라는 현수막과 학생들의 모습

00:44 목에 화환을 걸고 꽃다발을 전달받는 이인선 소위

00:49 한복을 입은 소녀로부터 꽃다발을 건네 받는 이운용 상위

00:52 꽃다발 증정식이 이어지는 연단의 모습

00:55 거리에 모여있는 시민들

▌연구해제

이 영상은 1955년 7월 8일 서울시청 앞 광장에서 열린 월남귀순비행사 환영대회에 관한 것이다. 영상에는 "월남귀순비행사 이운용, 이인선 양군 환영 시민대회"라고 쓴 현수막과 태극기가 걸린 서울시청의 모습이 담겨 있다. "실지회복은 공군력 강화로!", "구출하자 북한동포 강화하자 대한공군" 등의 현수막을 든 시민들의 모습도 확인할 수 있다.

이운용 상위와 이인선 소위, 이들 두 명의 북한 조종사는 1955년 6월 21일 소련제 '야크 18호'기를 타고 여의도공항으로 귀순했다. 이들은 북한의 조선항공사령부 직속 독립연대 제858부대 소속으로서, 이날 평양 문수리 중앙비행장에서 출발하여 진남포 앞바다 초도 상공을 거쳐 해안선을 따라 남하하다가 여의도 공항에 착륙했다. 귀순 경위는 이운용이 초도 상공에서 기수를 남쪽으로 돌리자 이인선도 이에 동조해 월남을 하게 되었다고 한다. 이운용은 소련 지다노프 항공학교에서 훈련을 받았고, 이인선은 만주 연길 중공사관학교를 졸업했다.

이들이 월남하자 남한 정부는 이 사건을 반공선전에 활용했다. 갈홍기 공보실장은 "이 두 사람이 폭로한 바에 의하면 북한은 완전히 공산도당의 노예제도하에 지배되고 있으며 동포들은 아사지경에 놓여있다. 그리고 공산도당은 모든 노력을 다하여 재차 남침할 것을 꾀하고 있다. 이 두 사람의 괴뢰군 장교들의 이야기는 공산주의와의 공존이 가능하다든가, 유화정책으로 평화를 얻을 수 있으리라는 망상을 여지없이 분쇄하는 것이다"라고 말하였다.

이들은 7월 6일 여의도 공군기지 극장에서 기자회견을 갖고 "남한의 품이 그리웠다"

고 말하며, "북한에는 언론, 집회, 신앙의 자유는 완전히 박탈되어 특히 동란 중 파괴된 대다수의 성당, 교회는 단 하나도 재건되지 않고 시골에 간혹 남아있는 성당, 교회는 괴뢰집단의 소위 교양실 또는 괴뢰노동기관의 공공기관으로 되어버렸다", "종교탄압은 1948년 이래 본격화하기 시작했다"고 말했다.

영상에서 보듯이 7월 8일 오전 10시, 서울시청 앞 광장에서 군 수뇌부와 내외귀빈 다수가 참석한 가운데 이들을 환영하는 시민대회가 개최되었다. 시민들이 운집한 가운데 신용우 서울시 내무국장의 귀순경로 및 약력보고가 있은 다음 김태선 서울시장이 이들에게 서울특별시민증을 수여하였다. 각계의 격려사와 꽃다발 증정이 있은 후 이들 두 북한군 장교는 이에 대한 감사의 답사를 하였다. 서울에서의 환영대회가 개최된 이후 7월 14일에는 인천공설운동장에서 경기도민 환영대회가 개최되었다.

▌ 참고문헌

「흥분과 감격의 눈물」, 『경향신문』, 1955년 6월 23일.

「공중서 극적 결의」, 『경향신문』, 1955년 6월 24일.

「다시 남침을 준비하는 괴뢰 귀순병이 북한의 실정을 이렇게 말했다」, 『경향신문』, 1955년 6월 29일.

「폭로된 북한의 실정 귀순비행사의 진술내용」, 『동아일보』, 1955년 6월 29일.

「북한동포 구출할 터 귀순한 두 장교 첫 기자회견」, 『경향신문』, 1955년 7월 8일.

「각계 격려에 감격」, 『경향신문』, 1955년 7월 9일.

「경기도민환영대회 귀순한 두 용사 맞아」, 『경향신문』, 1955년 7월 16일.

119-01 미스코리아 시상식

상영시간 ㅣ 01분 00초

영상요약 ㅣ 김미정을 비롯한 1955년도 미스코리아 선발대회 당선자들이 트로피를 수여받는 모습을 담은 영상.

119-02 월남귀순비행사 환영식

상영시간 ㅣ 01분 34초

영상요약 ㅣ 1955년 6월 22일에 전투기를 타고 귀순한 북한의 조종사 이운용 상위와 이인선 소위에 대한 환영식이 7월 8일에 서울시청 앞 광장에서 열렸다. 김태선 서울특별시장과 김정렬 공군참모총장, 김장흥 치안국장 등이 참석한 가운데 열린 이날 환영식에서 두 조종사에게 서울특별시민증이 수여되고 화환이 증정됐다.

119-03 천안문화원 개원 1주년

상영시간 ㅣ 00분 57초

영상요약 ㅣ 천안문화원 개원 1주년 기념식에서 학생들이 상장을 수여받는 모습과 악단이 연주하는 모습, 비행기를 타는 미스코리아 당선자 김미정의 모습을 담은 영상.

교총본부 창설 1주년 기념식 (1955년 9월)

제작정보

출　　　처	:	리버티뉴스 128호
제 작 사	:	주한미공보원
제작국가	:	미국

영상정보

제공언어	:	한국어
컬　　러	:	흑백
사 운 드	:	무

1955년 9월 19일 교총본부 창설 1주년 기념식 영상. 이승만 대통령, 이기붕 민의원의장, 손원일 국방부장관 등이 참석한 가운데 의장대와 탱크, 군용차량의 행렬이 이어졌다.

■ 내레이션

(내레이션 없음)

■ 화면묘사

00:02 '경축 교총본부 창설일주년기념', '리대통령 각하의 자주정신 이어받아 민족만대의 터전을 닦자', '배워서 기르자 우리의 힘 뭉쳐서 북진의 선봉되자!'이라고 쓰인 기념물의 모습. 기둥의 옆에 세워져 있는 '삼무대'라고 쓰인 부대 엠블럼들이 그려져 있는 경비소의 모습

00:06 교총본부 안에 세워져 있는 이순신 장군의 동상

00:12 '경축 교총창설일주년'이라고 기재된 원판을 들고 서 있는 의장대의 모습. 운동장에 열을 맞추어 서 있는 의장대들의 모습

00:15 운동장 앞에 마련된 단상 위에서 이승만 대통령이 교총 깃발을 달아주는 모습

00:18 운동장에 도열해 있는 의장대의 모습

00:21 제복을 입은 군 장성이 단상 위에서 연설을 하는 장면

00:25 탱크와 지프차가 서 있는 모습과 그 앞에 열을 맞추어 서 있는 장병들의 모습. 비행군 복장을 하고 있음

00:29 '경축 교육총본부 창설 일주년 기념'이라고 쓰인 단상과 단상 위에 서 있는 관계자들의 모습. 지프차에 올라타고 운동장을 도는 이승만 대통령과 관계자들. 사열하는 이승만 대통령

00:36 의장대의 행렬 모습

00:43 별이 그려져 있는 탱크를 타고 행렬을 하는 장병들의 모습. 탱크에 올라타서 사열하는 장병들의 모습

▌연구해제

육군은 전쟁 중 체계화되지 못한 군사교육기관을 통합하고 병력 보충을 신속하게 충당할 수 있도록 「교육총본부 수립 계획」에 의거하여 1954년 7월 6일 교육총감부를 교육총본부로 개칭하여 제1군, 제2군과 함께 명실상부한 육군의 체제로 개편하였다. 육군교육총본부의 설립은 육군의 필요에 의한 것이기도 하였지만, 다른 한편으로는 이승만 대통령의 대외정세 인식과도 관련이 깊었다. 이승만 대통령은 9월 18일 광주 상무대에서 열린 육군총본부 군기(軍旗) 수여식에서 "그 누구에게 의지할 필요 없이 우리들의 실력을 양성하여 우리들의 목적하는 바 북진통일을 달성하고 우리나라의 영원한 안녕을 확보하여야 할 것이다. (중략) 우방이든지 그 누구든지 모두 소용없는 일로 생각하고 우리 할 일은 우리가 묵묵히 잘해나가 남이 무어라하든지 우리만으로 우리가 해나갈 길을 개척하고 나갈 결심을 하라"고 연설하였다.

미국은 1953년 정전협정이 체결된 이후 주한미군과 한국군 동시 감군정책을 추진하였다. 주한미군사령관이 겸직했던 유엔군사령관이 한국군의 작전통제권을 관할하도록 한 1954년 '한-미 합의의사록'은 미국이 한국군의 유지비를 지원하도록 하였다. 이승만 정부의 북진통일론을 막기 위한 미국의 정책이었다. 이로 인해 막대한 한국군 유지비를 지원했던 미국은 재정 부담을 줄이려 한국에 있는 한·미 양군의 감축 정책을 추진하였다.

이승만 정부는 이에 반발했고 그 대응으로 한국군의 해외파병을 추진하였다. 공산주의의 확산을 막는 역할을 한국군이 자임한다면 한국군 감축이 불가능할 것이라 판단한 이승만은 1954년 미국에 베트남과 인도네시아 파병을 건의하고 그 대가로서 한국군의 증강을 요구하였다. 이 같은 맥락에서 1954년 교육총본부의 설립은 우방의 지원이 없더라도 단독으로 작전을 수행할 수 있는 한국군을 육성하기 위한 이승만 대통령의 의지가 반영된 것이었다.

이 영상에 담겨있는 1955년 교육총본부 창설 1주년 기념식은 이 같은 분위기가 지속되고 있다는 것을 보여주고 있다. 9월 19일 상무대 연병장에서 거행된 이날 기념식에는 이승만 대통령, 이기붕 민의원의장, 손원일 국방부장관 등 핵심요직이 모두 참석하였고,

이승만 대통령은 교육총본부장인 유재흥 중장에게 표창을 수여하였다. 또한 이날 기념식 후에는 이승만 대통령 등이 참석한 가운데 보전포(步戰砲)협동시범훈련을 대규모로 실시하여 한국군의 병력을 과시하였다.

교육총본부는 군교육의 지휘감독, 조정, 검열 그리고 군교육에 필요한 전술과 기자재의 확보 및 교육 전반에 관한 업무를 모두 관장하였다. 또한 육군의 교육훈련계획을 비롯한 전술, 편성원리, 장비의 발전연구, 특기교육까지 담당하면서 조직이 확대되어 15개 병과학교, 2개 훈련소, 의무기타사령부·육군병원 및 교재창까지 지휘·감독하였다. 1959년 10월에는 교육훈련의 효과적 운영을 위하여 행정 및 기술병과학교를 육군본부 직할로 예속시키고, 보병학교·포병학교·기갑학교 등 전투병과학교와 제2훈련소 및 교재창만을 교육총본부가 지휘·감독하게 되었다. 이후 1960년 5월 교육총본부는 해체되었지만 곧이어 6월 1일 전투병과사령부가 창설되었다. 전투병과학교를 제외한 4개 행정병과학교, 7개 기술병과학교, 항공학교, 여군훈련소 및 의무교육기지사령부, 육군병원 등은 육군본부 직할로 예속전환되었다.

▌ 참고문헌

「우리가 해나갈 길 우리만으로 개척, 이 대통령 상무대서 연설」, 『동아일보』, 1954년 9월 20일.
「상무대서 기념식 성황! 육군교육총본부 돌맞이」, 『동아일보』, 1955년 9월 21일.
국가기록원 홈페이지(www.archives.go.kr), 국정분야별 검색, 「교육총본부」.

부대 면회장 풍경 (1955년 9월)

제작정보

출   처 : 리버티뉴스 128호
제 작 사 : 주한미공보원
제 작 국 가 : 미국

영상정보

제 공 언 어 : 한국어
컬   러 : 흑백
사 운 드 : 무

▌ 영상요약

부대 면회장의 풍경을 담은 영상. 장병들의 명단을 확인하는 담당자와 면회 신청자들의 모습, 친지들을 만나기 위해 면회장으로 들어서는 장병들의 모습, 장병들을 위해 직접 음식을 하는 친지들과 도시락을 싸와 장병들과 나눠먹는 모습, 따로 마련된 방안에 들어가 면회를 하는 모습 등 다양한 면회풍경이 이어진다.

▌ 내레이션

(내레이션 없음)

▌ 화면묘사

00:00 넓은 공터에 일반 시민들과 군인들이 섞여 거닐고 있는 모습

00:04 건물들이 규칙적으로 늘어선 가운데 등짐을 메고 걸어가는 중년 여인의 모습. 저고리에 치마를 입은 모습

00:11 서류를 들춰보는 군 관계자 주위에 모여있는 시민들

00:19 열을 맞추어 걸어가는 군인들 옆을 따라가는 주민들의 모습

00:26 군인들이 걸음을 멈추고 서서 모여있는 주민들을 향해 몸을 돌리고 서 있는 모습

00:31 가족 및 친지들을 만나 하나 둘씩 짝을 지어 이동하는 군인들. 가족들을 만난 장병들이 이야기를 나누고 있음.

00:42 어린아이를 안고 손에 담배를 끼고 있는 장병의 모습. 모자에 23/15라고 적혀 있음

00:44 불을 피우고 솥을 올려 음식을 하는 가족들. 아이를 안은 장병이 음식을 하는 여성들을 지켜보는 모습

00:49 도시락을 싸온 친지와 함께 밥을 먹는 장병의 모습

00:52 친지들을 만나 이동하는 장병들. "면회장"이라고 쓰여 있는 간판의 모습

00:58 천막이 쳐져 있는 가운데 자리를 잡고 앉아있는 장병들과 친지들. 자리를 찾아

이동하는 장병들과 친지들의 모습

01:01 "면회장 요도"라고 쓰여 있는 안내판의 모습. 주차장, 구호소, PX등이 표시되어 있는 지도의 모습

01:03 별도로 마련되어 있는 방의 외관. 방문 앞에 군화와 고무신이 한 켤레씩 놓여 있음

▌ 연구해제

이 영상은 군부대 면회장의 풍경을 담고 있다. 논산훈련소의 면회장을 찍은 것으로 보이는 이 영상에서는 가족들을 만나러 열을 지어 면회장으로 들어서는 군인들, 가족을 만나 함께 식사를 하는 군인들의 모습 등을 확인할 수 있다. 면회장 건물 안에는 30개의 독방이 있어 가족들이 하룻밤을 자고 갈 수도 있고, 건물 밖에는 취사장이 마련되어 있어 직접 요리를 해 먹을 수 있는 시설도 있었다.

종래에는 없던 이 같은 대규모의 훈련소 면회장은 징집제도에 따른 군인들의 사기증강 및 징집회피 방지를 위한 목적으로 설치된 것인데, 그 이면에는 다음과 같은 이유가 있었다. 우선 1955년에 징집이나 소집될 자가 입영함으로써 그 가족의 생계를 유지할 수 없을 경우에는 징소집을 연기하도록 한 규정이 폐지되면서 군인가족들에 대한 원호사업이 보장되어야 한다는 주장과, 농촌 청년들에 대한 징집은 농한기에 전개되어야 한다는 주장이 강력하게 제기되었다. 또한 대학생들에 대한 징집연기도 폐지되면서 학생들과 그 가족의 불만거리가 되었다. 이에 이들의 사기를 증강시킬 수 있는 방안들이 강구되었는데, 그 일환으로 훈련소에 면회장을 설치하여 가족들을 만날 수 있게 함으로써 군인들의 사기를 진작시키고자 한 것이다.

6·25전쟁이 끝난 지 그리 오래 되지 않아 징집으로 군대에 가는 당사자나 가족들의 심적 부담이 큰 상황에서 이러한 소식은 이처럼 뉴스 영상으로, 또 신문 등의 언론을 통해서도 홍보될 만한 내용이었다. 1957년 『경향신문』에서는 논산훈련소를 취재하며 "지상천국"이 되었다고 하며, 면회장에 대해서도 이렇게 설명하였다.

"기둥 4개에다 지붕만 씌운 시골 장터의 가겟집 같은 것이려니 했더니 천만에 말씀, 그것도 정유 이전의 옛 이야기였다. 산업박람회 때 구경했던 반도호텔의 로비 같이 꾸며놓은 방이 그보다도 몇 백 배나 넓은 것이었다. 허리를 묻도록 포근한 쏘파만 해도

천개는 훨씬 넘으리라. 사면에는 으리으리한 유리창이 그대로 벽인 채 넓은 방안이 온실처럼 훈훈하다"

이 같은 서술은 영상에서 보여주는 모습과는 다르지만 군인들과 가족들이 만남으로써 육체적 심적 휴식을 취하고 사기를 진작하는 역할을 하였다는 것을 알 수 있다. 면회장의 설치는 환영을 받아 점차 면회가족이 늘어나면서 면회장 주변 상권 및 경제규모도 확대되었다고 한다. 하지만 이후 면회제도는 전방부대의 기밀보지와 면회자의 경비절약, 그리고 신병들의 사기를 이유로 폐지가 고려되었는데, 이 문제를 논의하는 공청회에서 한 훈련병은 "면회를 하면 훈병이 정신적 육체적으로 고통을 많이 받고, 가족들이 돌아간 후 허전함과 우울함을 느낀다"고 피력하기도 하였다.

최종적으로 면회제도가 철폐된 것은 1961년 7월이었다. 이는 1961년 5·16군사쿠데타 이후 경직된 군 분위기를 반영한 것으로 보인다. 군 당국자는 면회제도를 철폐함으로써 결과적으로 교육 군기를 확립케 했고, 부정한 인사행정의 폐단을 일소하였다고 평가하였다. 반면 면회제도가 폐지되면서 훈련병들은 토요일과 일요일의 휴식시간을 즐기는 데 고통을 받고 있다며, 이에 극장시설 구비 등 군인들의 휴식을 위한 다른 조치가 강구될 필요가 있다는 지적도 제기되었다.

▌참고문헌

「공적기피의 모순」, 『동아일보』, 1955년 2월 10일.

「흥미진진한 생활」, 『경향신문』, 1955년 8월 30일.

「제대장병소집에 준비만전 농번기엔 부실시」, 『경향신문』, 1955년 12월 16일.

「가족면회실도 신축 논산훈련소 제한된 자유의 문」, 『동아일보』, 1955년 9월 25일.

「정유역설(2)」, 『경향신문』, 1957년 12월 12일.

「조용해진 연무대주변」, 『경향신문』, 1961년 11월 26일.

「강병 기르는 요람지 논산훈련소견학회원. 훈병연석좌담회」, 『경향신문』, 1962년 2월 23일.

「신병면회 일절중지」, 『경향신문』, 1962년 3월 27일.

「구릿빛 얼굴에 넘치는 패기」, 『동아일보』, 1962년 7월 29일.

해당호 전체 정보

128-01 교총본부 창설 1주년 기념식

상영시간 ｜ 00분 59초

영상요약 ｜ 1955년 9월 19일 교총본부 창설 1주년 기념식 영상. 이승만 대통령, 이기붕 민의원의장, 손원일 국방부장관 등이 참석한 가운데 의장대와 탱크, 군용차량의 행렬이 이어졌다.

128-02 육군 행사

상영시간 ｜ 00분 52초

영상요약 ｜ 육군 관련 행사에 정일권 대장을 비롯하여 정부 관계인사가 참석하여 연설하는 내용의 영상.

128-03 부대 면회장 풍경

상영시간 ｜ 01분 18초

영상요약 ｜ 부대 면회장의 풍경을 담은 영상. 장병들의 명단을 확인하는 담당자와 면회 신청자들의 모습, 친지들을 만나기 위해 면회장으로 들어서는 장병들의 모습, 장병들을 위해 직접 음식을 하는 친지들과 도시락을 싸와 장병들과 나눠먹는 모습, 따로 마련된 방 안에 들어가 면회를 하는 모습 등 다양한 면회 풍경이 이어진다.

128-04 문경선 개통

상영시간 ｜ 01분 25초

영상요약 ｜ 1955년 9월 15일 은성역에서 은성, 문경, 마성 등 3개 탄광의 개발촉진을 위하여 건설한 문경선의 개통식이 개최된 영상. 이종림 교통부장관이 공사 관계자에게 표창장을 전달하고, 테이프 커팅식을 하는 모습을 담은 영상. 문경선 위를 달리는 열차의 영상.

제6회 어린이 저금 복금추첨 (1955년 11월)

제작정보

출　　처 : 리버티뉴스 140A호

제 작 사 : 주한미공보원

제 작 국 가 : 미국

영상정보

제 공 언 어 : 한국어

컬　　러 : 흑백

사 운 드 : 무

11월 19일 개최된 제6회 어린이 저금 복금 추첨 영상.

내레이션

(내레이션 없음)

화면묘사

00:00 "어린이貯金第六回福金抽籤 十一月 十九日 下午二時"(어린이저금제6회복금추첨
　　　11월 19일 하오2시)라고 쓰인 현수막이 걸린 학교. 학교 운동장에 마련된 단상
　　　위에서 문서를 읽고 있는 여자어린이
00:09 좌석에 앉아있는 교사와 학생들
00:12 "어린이 貯金 第六回福金抽籤 十一月 十九日 下午二時"(어린이저금제6회복금추
　　　첨 11월 19일 하오2시)라고 쓰인 현수막. 열을 맞추어 서 있는 학생들
00:17 추첨 기계를 돌리는 모습
00:23 남학생이 추첨 기계에서 막대기를 꺼내고 있음

연구해제

　　이 영상은 '제6회 어린이 저금 복금 추첨' 장면을 담고 있다. '어린이 저금 복금 추첨'
은 어린이들이 모여 있는 운동장에서 추첨기를 돌려 번호를 확인하는 방식으로 진행되
었고, 이때 당첨된 어린이는 복금을 받을 수 있었다. 이는 1950년대 정부가 내자동원을
위해 전개했던 저축운동을 어린이들에게까지 확대하기 위해 시행했던 제도였다.
　　내자동원은 1950년대 '국가주도형의 경제개발론'에 따라 요구되었다. 이는 경제 개발
의 과정에 국가가 강력하게 개입해야 하며 이것이 효율적인 경제 성장을 가능하게 할
것이라고 강조하는 경제개발론이었다. 이를 주장했던 대표적인 경제학자는 5・16쿠데
타 이후 군사정부에 경제고문으로 참여하였던 박희범, 최문화, 박동묘였다. 이들 '국가

주도형 경제개발론자'들은 민간주도형 경제개발론자들과는 달리 외국의 원조를 통한 자본 축적에 부정적인 입장을 갖고 있었다. 이들은 내자동원을 통한 민족자본의 형성이 경제발전을 위한 가장 중요한 방안이라고 주장하였는데, 1950년대 말에는 '경제개발계획'을 수립하는 과정에서 7년차의 계획비용을 국민저축으로 감당해야 한다는 의견이 제기되었다.

이처럼 국민저축은 산업부흥계획을 시행하기 위한 내자동원 방안 중의 하나였고, 한국정부는 국민저축으로 조성된 자금을 산업에 투자하여 경제를 부흥시키고자 하였다. 이를 추진하기 위해 재무부는 1952년 '국민저축운동 추진위원회'를 조직하여, 전국의 군, 시, 읍, 면 단위에 설치하였다. 이와 함께 각 동리, 직장, 학교별로 저축조합을 조직하였고, 도와 중앙에는 도급 중앙위원회를 구성하여 국민저축운동을 적극적으로 추진하게 하였다.

정부의 저축운동은 법제적으로도 추진되었다. 재무부는 국민저축조합법안을 법제처에 회부하고, 행정조치로서 '국민저축운동추진요강'을 작성하였다. 이에 따라 전국적인 저축증가운동이 활발히 전개되었다.

어린이 저축운동은 문교부에서 추진한 것으로 1951년 10월부터 실시되었다. 구체적인 운동은 11월 3일 학생의 날을 전후로 실시되었으며, 대상자는 초등(국민)학교, 중학교, 사범학교의 학생들이었다. 문교부와 재무부 및 한국은행은 어린이 저금을 더 장려하고 어린이들의 저축심을 배양하고자 저축성적이 가장 우수한 학교에 대표를 파견하여 표창하기도 했다.

뿐만 아니라 정부는 대한금융단의 협조를 얻어 각 도별로 선정된 초등학교 한 곳에 '어린이 은행'을 설치하기도 했다. 어린이 저축은 민주주의 의식을 양성하는 방안으로 인식되기도 했다. "근면 저축과 자립자율"하는 것이 민주주의라는 것을 어린이들의 뼈 속 깊이 맺어주는 것이라고 설명되었던 것이다. 또한 우체국 직원이 저금하러 온 어린이가 소액을 저축하려고 하자 이를 거부했다는 것에 대한 비판이 일기도 했다. 그만큼 한국정부는 국민저축을 통한 내자동원을 강조하고 있었다.

영상에서 제시된 '어린이 복금 추첨'도 저축을 증강하기 위해 실시했던 제도였다. 복금은 소정의 이율 외에 자금을 지불하는 것이었다. 종래에는 정기예금과 어린이 저금에 한하여 허용해 왔는데, 1952년부터는 기타 예금에 대해서도 이를 적용하기로 하였다. 단, 한국은행은 복금의 최고한도를 결정하여 지나치게 많은 금액을 지급하지 않도록 하였다. 어린이들은 학교에 모여 추첨을 통해 복금을 받을 수 있었고, 이 같은 것이 저금을 지속할 수 있는 하나의 동력이 되었다고 할 수 있다.

█ 참고문헌

「국민저축운동 추진위 결성」, 『경향신문』, 1952년 4월 10일.

「국민저축운동 전국적으로 추진」, 『동아일보』, 1952년 3월 9일.

「일등에 수원국 민교진군 어린이 저금 추첨에서」, 『동아일보』, 1952년 5월 26일.

「복금지불한도 한은서 결정」, 『동아일보』, 1952년 10월 5일.

「어린이와 민주주의」, 『동아일보』, 1954년 5월 5일.

「어린이 저축운동 학생의 날 계기로」, 『경향신문』, 1954년 10월 17일.

「돋보기」, 『경향신문』, 1959년 4월 11일.

박태균, 「1950년대 경제개발론 연구」, 『사회와 역사』 61, 2002.

정진아, 『제1공화국기(1948~1960)이승만 정권의 경제정책론 연구 - 국가주도의 산업화정책과 경제개발계획을 중심으로 - 』, 연세대학교 박사학위논문, 2007.

해당호 전체 정보

140A-01 마을 축제

상영시간 ㅣ 00분 50초

영상요약 ㅣ 마을 축제가 열려 씨름, 달리기 등의 체육시합과 각종 행사가 진행되는 내용을 담은 영상.

140A-02 김장

상영시간 ㅣ 01분 00초

영상요약 ㅣ 김장철을 맞아 배추와 무를 파는 시장이 열리고 사람들이 김장을 하기 시작한다는 내용의 영상.

140A-03 제6회 어린이 저금 복금추첨

상영시간 ㅣ 00분 32초

영상요약 ㅣ 11월 19일 개최된 제6회 어린이 저금 복금 추첨 영상.

140A-04 원호주택 5호 입주

상영시간 ㅣ 01분 08초

영상요약 ㅣ 원호주택 제5호가 개방되어 주민들이 입주를 시작하는 내용의 영상.

김동인문학상 수상식 (1956년 4월)

제작정보	영상정보
출 처 : 리버티뉴스 157호	제 공 언 어 : 한국어
제 작 사 : 주한미공보원	컬 러 : 흑백
제 작 국 가 : 미국	사 운 드 : 유

▌ 영상요약

김동인문학상 수상식에서 여러 사람들이 참석한 가운데 여러 가지 상장과 상품들을 수
여하고 있다.

▌ 내레이션

서울 시공관에서 고 김동인 씨 부인을 비롯한 많은 문인들 모인 가운데 독립문학상 수
상식을 거행했습니다. 이날 영예의 독립문학상에는 김성한 씨가 작품 바비도로써 수상
되었고 사상계사 제정에 논문상에는 정남규 씨와 김광용 씨가 각각 수상되었습니다.

▌ 화면묘사

00:00   자막 "고 김동인 문학상 수상식"
00:05   시상식 사회자가 단상 위에서 연설하고 있음
00:15   수상자들에게 상장과 상품을 전달하는 모습

▌ 연구해제

이 영상은 1956년 제1회 김동인문학상 수상식을 소개하고 있다.

김동인은 일제시대와 해방 이후까지 활동했던 한국의 대표적인 소설가다. 1919년에
한국 최초의 문학동인지인 『창조』를 발간하였으며, 「약한 자의 슬픔」, 「목숨」, 「배따라
기」, 「감자」, 「광염소나타」 등의 단편소설을 발표했다. 1920년~30년대의 고소설, 신소설
등에서 일반적으로 사용되는 영웅전기적 인물을 거부하고, 소설 속에서의 리얼리티를
추구한 소설가로 알려져 있다. 해방 이후인 1947년 동맥경화증에 걸려 자리에 눕게 되
었고, 결국 1951년 1월 5일 6·25전쟁 중에 서울에서 사망하였다.

그 후 4년 뒤인 1955년 10월, 『사상계』사는 김동리의 문학적 성과를 기리며 문학상을
제정하였고, 이듬해부터 당선작을 결정하여 수상하기 시작했다. 한국문학의 개척자 중
한 사람인 김동인을 기념하고 한국문학의 순화 발전에 기여하기 위함이었다. 해방 이후

10년 동안 발간되었던 신인들의 창작 단편소설들이 심사 대상이 되었으며, 심사위원들은 『사상계』사가 위촉한 문화단체총연합회(이하 문총)에 소속된 문필가 집단이 맡게 되었다. 이에 따라 1956년 제1회 김동인문학상의 심사에는 김팔봉, 백철, 전영택, 계용묵, 최정희, 이무영, 정비석, 주요한, 이헌구 등 9인이 참여하였다. 또한 첫 번째 수상작으로는 김성한의 「바비도」가 선정된다.

　김동인문학상은 제정 당시부터 문단에 상당한 권위를 발휘하고 있었던 것으로 보인다. 당시 『사상계』사에 근무하고 있었던 박경수는 『사상계』의 신인문학상이 국내 일간지 신춘문예상을 압도하였다고 회고하였다. 1950년대 당시 『사상계』사에서는 동인문학상 이외에도 『사상계』 논문상, 『사상계』 번역상 등 각종 상을 제정하고, 그 수상 규정을 공고한 바 있었다. 이 규정에서 『사상계』 소속 지식인들은 "한국의 후진성을 극복하기 위해" 이러한 상을 제정한다는 목적을 밝히고 있는데, 이는 『사상계』가 발간 초기부터 가지고 있었던 아카데미즘의 성격을 보여주며, 또한 학문의 발전을 민족 지성 발전의 일환으로 사고하고 있었음을 보여주는 부분이다. 같은 시기 제정된 동인문학상 역시 사상계 지식인집단의 이념과 결부되어 있었다고 볼 수 있다. 제1회 수상작인 「바비도」가 사상계에서 활동하던 김성한의 작품이었다는 점도 김동인문학상에 반영된 『사상계』의 영향력이라고 볼 수 있을 것이다. 또한 소설 「바비도」가 권위와 독선에 대항하는 인간의 존엄성과 숭고함을 소설에 담아내고자 했던 점 역시 김동인문학상이 지향하는 이념을 보여주는 부분이라고 할 수 있다.

　김동인문학상은 1967년 『사상계』의 간행이 중지되면서 12회 시상을 끝으로 중단되었다. 1979년 동서문화사가 이 상을 잠시 운영하기도 했으나 1986년 또 다시 중단되었고, 1987년부터는 조선일보사가 주관해 오고 있다. 김성한을 비롯하여 김승옥, 최윤, 정찬, 신경숙, 이문구 등과 같이 한국 현대 문단의 중추적 역할을 하는 작가를 배출하고 양성하는 데 큰 역할을 했으며, 스스로 '한국문단의 노벨상'이라 자처할 정도로 영향력을 행사해오고 있다. 그렇지만, 다른 한편에서는 김동인문학상이 김동인 소설에서 착목해서 그 의의를 찾고 있기 때문에, 김동인의 친일행적을 합리화한 측면이 있으며, 또한 월남(越南)문학인들이 중심이 되었던 문총이 심사에 개입하면서 작가들의 창작 경향을 지나치게 견인했다는 비판을 받기도 한다.

▍참고문헌

「김동인문학상 심사 사상계사서 문총에 위촉」, 『경향신문』, 1956년 2월 9일.

김건우, 『사상계와 1950년대 문학』, 소명출판, 2003.

오창은, 『비평의 모험』, 실천문학사, 2005.

해당호 전체 정보

157-01 주한 미 경제조정관 타일러 우드의 귀향

상영시간 ㅣ 00분 42초

영상요약 ㅣ 주한 미 경제조정관 타일러 우드가 다시 미국으로 떠나면서 향미 비행기 앞에서 여러 사람들과 인사를 나누고 기자들과 인터뷰를 하고 있는 모습을 보여준다.

157-02 부활절 촛불예배

상영시간 ㅣ 00분 39초

영상요약 ㅣ 서울 남산광장에서 부활절 예배가 열려 함태영 부통령과 여러 사람들이 함께 모여 예배를 드리고 있다.

157-03 김동인문학상 수상식

상영시간 ㅣ 00분 32초

영상요약 ㅣ 김동인문학상 수상식에서 여러 사람들이 참석한 가운데 여러 가지 상장과 상품들을 수여하고 있다.

157-04 한국 공병 창설 제8주년 기념식

상영시간 ㅣ 00분 50초

영상요약 ㅣ 한국 공병이 창설한 지 8주년을 맞이하여 정일권 육군참모총장을 비롯한 여러 관계자들이 축사와 훈시를 하고, 행사가 끝난 뒤 한국공병들이 준비한 모형전시회가 열렸다.

157-05 여러 대학들의 졸업식장 모습

상영시간 ㅣ 02분 13초

영상요약 ㅣ 서울대학교, 전남대학교, 항공대학교 졸업식장의 모습들. 서울대학교에는 이선근 문교부장관이, 항공대학교에는 이종림 교통부장관이 참석해 졸업생들에게 축사와 격려사를 해주었다.

157-06 미국, 캐나다, 멕시코의 북미주 거두회담

상영시간 Ⅰ 01분 08초

영상요약 Ⅰ 서부 버지니아에서 미국 아이젠하워 대통령이 캐나다 루이 생로랑 수상과 멕시코 루이즈 코스티네스 대통령을 초청하여 북미주 거두회담을 개최하였다.

157-07 중동부의 긴급사태를 타개하기 위해 출항하는 미 해병대

상영시간 Ⅰ 00분 50초

영상요약 Ⅰ 중동부의 긴급사태 당시, 이를 타개하기 위해 출항하는 미 해병대원들과, 중무기들을 보여주는 영상.

157-08 미 남극 탐험대의 일부 귀국

상영시간 Ⅰ 00분 36초

영상요약 Ⅰ 미 남극탐험대 빅토리호 선원들의 일부가 귀국해서 가족들과 인사를 나누고 있는 모습이다. 자신들이 기른 수염들을 보여주기도 하고, 그들의 항해술에 대해서는 표창장이 수여되었다.

157-09 사나운 표범을 생포하는 장면

상영시간 Ⅰ 01분 04초

영상요약 Ⅰ 양과 염소의 약탈자인 표범을 동물원으로 보내기 위해서 총을 멘 사냥꾼이 표범에게 접근하여 다리와 입을 묶고 생포하여 우리 안에 가두어 놓는 과정을 담은 영상.

157-10 캐나다 몬트리올 근방에서 열린 꼬마 스키대회

상영시간 Ⅰ 00분 40초

영상요약 Ⅰ 캐나다 몬트리올 근방에서 꼬마 스키대회가 열려 여러 아이들이 참석한 가운데, 경사면을 내려오다가 넘어지는 어린이들과 그 모습을 보며 재미있어 하는 어른들의 모습이 보인다. 또 우승자에게는 트로피가 주어지는 시상식도 있었다.

157-11 몬도 초급 고등학교에서 열린 장애물 경기

상영시간 ㅣ 01분 10초

영상요약 ㅣ 캘리포니아의 몬도 초급 고등학교에서 장애물경기를 실시해 여러 아이들이
장애물 경기를 하고 있다. 미 아이젠하워 대통령은 미국 청년의 체력 향상을
위해서 이 운동경기를 제안했다.

제70회 노동절 거리 행진 (1956년 5월)

제작정보
출   처 : 리버티뉴스 160호

제 작 사 : 주한미공보원

제작국가 : 미국

영상정보
제공언어 : 한국어

컬   러 : 흑백

사 운 드 : 무

1956년 5월 1일 제70회 노동절 기념행사 영상. 대한노총에서는 기념식과 아울러 전국적으로 행사를 진행하였는데, 학생들도 각종 문구가 적힌 현수막을 손에 들고 시가행진을 벌였다.

■ 내레이션

(내레이션 없음)

■ 화면묘사

00:00 현수막을 든 학생들이 트럭과 자동차에 올라타고 거리 행진을 하고 있음
00:05 다양한 모양으로 장식된 행사 차령들의 모습
00:09 시민들이 도로 주변에서 거리행진을 구경하고 있음
00:14 학생들이 탄 트럭 옆에는 'MAY 제70차 노동절 DAY', '노동제법의 모순과 반민주적 조항을 즉시 개정하라', '빵, 평화, 자유, 통일, 재건' 등의 문구가 적힌 현수막이 걸려 있음
00:17 여학생들이 탄 차량의 행렬이 지나감

■ 연구해제

1956년 5월 1일 제70회 노동절 맞이 거리행진이 열렸다. 대한노총에서는 기념식과 아울러 전국적으로 행사를 진행하였고, 학생들과 노동자들은 각종 문구가 적힌 현수막을 손에 들고 시가행진을 벌였다. 당시 노동자들은 "노동제법의 모순과 반민주적 조항을 즉시 개정하라", "빵, 평화, 자유, 통일, 재건" 등 슬로건에서 보이듯 노동조합의 자유로운 활동보장과 경제적 여건의 개선을 요구하였다. 1950년대 대한노총은 친(親)자유당 성향의 관제조직으로 기능하였다. 그러나 이 같은 대한노총의 어용화가 아무런 비판 없이 전개된 것은 아니었다. 1956년 노동절을 맞이하여 경향신문은 서설을 통해 "(당시의)

노동운동은 치명적으로 자주성이 결여되어 자승자박의 결과를 낳는다"고 비판하고, 노동조합 운영에 노동대중과 조합원의 총의가 반영되지 않는 비민주적 문제를 지적하였다.

당시 대한노총은 1950년대 중반 자유당과 직접적으로 연결되어 있는 정대천이 주도하면서 어용화가 심화되었다. 그러나 동시에 대한노총 내에서는 이종남 전국해상노동조합연맹 위원장을 필두로 반(反)정대천 노선을 견지하는 분파가 성장하고 있었다. 이종남, 김기옥, 김주홍 등은 대한노총 내 반(反)자유당 인사를 결집시켜 자유당으로부터 탈퇴하고 민주당과 연합하는 것을 목적으로 하였다. 이들의 시도는 성공하지 못했지만 1956년과 1957년 전국대의원대회에서 반(反)자유당 전선을 확장하는 데 크게 기여했다.

다른 한편 노동운동은 1950년대 중반부터 서서히 고양되고 있었다. 대한노총이 중앙조직으로서 자기역할을 등한시했지만 하부조직에서는 노동관계법(노동조합법, 노동위원회법, 노동쟁의조정법, 근로기준법) 제정에 힘입어 노동조합 결성투쟁, 임금인상 투쟁, 체불임금 지불요구투쟁, 8시간 노동제 쟁취 등 다양한 목소리가 분출되고 있었기 때문이다. 특히 1955년 대구·경북지역에서는 대구 대한방직 쟁의를 계기로 어용화 된 대한노총에서 대한노총 경북지구연맹/대구지구연맹이 분열되었다. 김말룡 중심의 대구지구연맹은 전국노동조합협의회의 주축이 되었다. 또한 대구 대한방직 쟁의의 승리와 대구지구연맹의 분열은 민주당으로 하여금 대한노총에 관심을 갖게 만드는 계기가 되었다.

이처럼 1950년대 대한노총과 노동운동은 외적으로 보았을 때에 '어용화'의 길을 걸었으나 그 안에서는 노동운동이 서서히 분출하고, 대한노총 내에서도 反(반)자유당 성향의 세력이 성장하고 있었다. 이는 이승만 대통령의 억압적 반공규율국가 만들기 아래에서도 노동자들의 이해관계가 끊임없이 갈등을 겪고 있었다는 사실을 방증하며 다른 한편으로는 1960년 4월 혁명 공간에서 전국적으로 분출하였던 노동운동의 열기가 1950년대부터 기층에서 축적되고 있었다는 점을 보여준다.

참고문헌

「(사설)노동운동의 맹점, 메이데이를 맞이하여」, 『경향신문』, 1956년 5월 1일.

임송자, 「1950년대 후반 전국노동조합협의회 결성과 4월혁명기 노동운동」, 『한국민족운
　　　동사』 49, 2006.

장미현, 「1950년대 "민주적 노동조합" 운동의 시작과 귀결－"대한방직 쟁의"와 전국노동
　　　조합협의회를 중심으로」, 『동방학지』 155, 2011.

12명 고아 미국 입양 (1956년 5월)

제작정보

출   처 : 리버티뉴스 160호
제 작 사 : 주한미공보원
제 작 국 가 : 미국

영상정보

제 공 언 어 : 한국어
컬   러 : 흑백
사 운 드 : 무

▍ 영상요약

12명의 혼혈아동들이 미국의 입양가정으로 떠나기 위해 출국하는 내용의 영상. '해리 홀트(Harry Holt)'를 비롯한 인솔자들이 12명의 아동과 함께 비행장에 모여 기념사진을 촬영한 뒤 비행기에 탑승하였다.

▍ 내레이션

(내레이션 없음)

▍ 화면묘사

00:00 색동저고리를 입은 12명의 혼혈 아이들과 아이를 안은 홀트 관계자들이 비행장에서 기념사진 촬영함

00:04 홀트를 비롯한 미국인들과 한국 관계자들이 공항으로 걸어 들어오고 있음

00:11 소형 태극기를 손에 들고 있는 아동들이 비행장을 걸어 다니고 있음

00:16 어른들의 품에 안겨있는 아동들의 모습

00:22 태극기를 들고 줄을 선 아이들을 돌봐주는 여성들의 모습

00:28 군인, 외국인, 한국인이 각각 아이들을 품에 안고 비행기 트랩을 걸어 올라가는 장면. 비행기에 'NORTHWEST'라고 쓰여 있음

00:37 비행기 트랩에서 태극기를 손에 들고 흔드는 입양아들과 인솔자들

▍ 연구해제

미군정기 국내 미국인(미군)이 증가하면서 이들과 한국 여성들 사이에서 혼혈인이 탄생하였고, 6·25전쟁 후 이들의 수는 급격히 늘어났다. 유엔군의 6·25전쟁 참전, 이후 미군의 남한 주둔 역시 혼혈인이 늘어날 수 있는 상황을 제공하였다. 아시아의 동쪽 끝에 자리한 반도라는 지리적 위치로 인해 긴 역사 속에서도 서양인들을 접할 기회가 많지 않던 한반도에서 이들 혼혈인들은 기존 '한국인'과 외양 차이가 극명하였다. 또 대부

분이 민간인이 아닌 군인을 아버지로 둔 경우였으며, 성매매를 통해 태어나기도 하여 국가와 사회가 이들에 대한 문제의식을 가지게 되었다. 혼혈아동의 증가는 미군의 주둔에 따른 여성의 성매매와 기지촌 지역의 기형적인 경제구조 및 미군의 범죄문제까지 상징하는 것이었다. 그럼에도 한국정부가 합리적인 대응책을 마련하지 못하면서 혼혈아동은 미국으로 입양이 되든가 아니면 한국에 남아 차별과 배제의 삶을 살게 되었다.

1950년대 이승만 정부는 대한민국 '국민'의 정체성을 형성하고자 하였는데, 이것은 반공이데올로기에만 국한되지 않았다. 사상을 근거로 한 '국민' 배제는 외부의 적을 배제하는 것과 동일시되었고, 폭력과 학살이라는 직접적인 물리력의 행사로 드러났다. 하지만 부계혈통을 기준으로 한 '국민'의 배제는 국적법에 의해 그들을 '비(非)국민'으로 만들고, 구호대상에서 제외시켜 이들의 존재를 은폐하거나 대통령과 정부가 직접 나서서 해외로 입양시키는 것이었다.

정부는 언사와 지시로 입양정책의 마련을 꾀하였으나 실질적인 법령과 제도 등 입양정책은 마련되지 않았다. 심지어 대리입양 형식으로 전세기에 실려 한국을 떠난 혼혈아동 중 상당수가 적응을 못하거나 돌아오는 경우가 있었으나 정부는 이것을 문제로 인식하지 않았고, 해외 입양은 다다익선(多多益善)이라 여겼다.

혼혈아동을 실제로 해외에 입양 보내는 주체는 정부 산하의 한국아동양호회(현 대한사회복지회)를 제외하고 모두 민간단체였다. 해외입양을 처음 시작한 것은 정부 산하단체였으나 입양의 규모와 지속성으로 볼 때 민간단체의 비중이 점차 높아졌다. 1953년부터 1960년까지 해외 입양 현황을 보더라도 정부 산하 한국아동양호회에서 638명을 입양시킨 데 비해 홀트씨양자회, 천주교구제회, 안식교성육원, 국제사회봉사회 등 민간단체에서도 502명의 혼혈아동을 입양시켰다. 이처럼 1950년대를 비롯한 한국현대사에서 혼혈아동의 해외입양은 한국정부의 혼혈아동에 대한 방기 및 포기, 미국인들의 구호사업이 결합되어 나타났다.

▌ 참고문헌

「전쟁고아들에 기쁜 소식, 손쉽게 입국하도록」, 『동아일보』, 1956년 11월 2일.
「또 88 고아를 미국에」, 『동아일보』, 1956년 12월 13일.
김아람, 「1950년대 혼혈인에 대한 인식과 해외 입양」, 『역사문제연구』 22, 2009.

해당호 전체 정보

160-01 미국 34용사 환영식

상영시간 ㅣ 00분 41초

영상요약 ㅣ 4월 25일 서울특별시에서 한국에 재복무 할 것을 자원한 34명의 미군용사에 대한 환영식을 열었다. 이들은 미 제7사단 소속 군인으로서 복무연한이 완료되었음에도 불구하고 한국 복무를 자원했다. 김태선 시장이 서울시청 집무실로 불러 다과를 제공하며 환영해 주었다.

160-02 제70회 노동절 거리 행진

상영시간 ㅣ 00분 33초

영상요약 ㅣ 1956년 5월 1일 제70회 노동절 기념행사 영상. 대한노총에서는 기념식과 아울러 전국적으로 행사를 진행하였다. 학생들이 각종 문구가 적힌 현수막을 손에 들고 시가행진을 벌였다.

160-03 12명 고아 미국 입양

상영시간 ㅣ 00분 46초

영상요약 ㅣ 12명의 혼혈아동들이 미국의 입양가정으로 떠나기 위해 출국하는 내용의 영상. '해리 홀트'를 비롯한 인솔자들이 12명의 아동과 함께 비행장에 모여 기념사진을 촬영한 뒤 비행기에 탑승하였다.

160-04 제1회 아시아축구선수권 예선전

상영시간 ㅣ 01분 57초

영상요약 ㅣ 1956년 4월 16일 필리핀(비율빈) 축구 대표 선수단이 대한축구협회 주최 대한체육회 주관으로 서울운동장 축구장에서 개최되는 제1회 아시아축구선수권 한국 대 필리핀 예선전을 치르기 위해 여의도 공항으로 입국하였다. 21일 오후 1시 경기에서 군중들이 서울운동장 관중석을 가득 메운 가운데 3 대 0으로 한국 팀이 승리하였다.

신익희 장례식 (1956년 5월)

제 작 정 보
출　　　처　:　리버티뉴스 164호
제 작 사　:　주한미공보원
제 작 국 가　:　미국

영 상 정 보
제 공 언 어　:　한국어
컬　　러　:　흑백
사 운 드　:　무

영상요약

1956년 5월 23일 신익희 대통령후보의 장례식 영상. 신익희 운구 차량을 포함한 장례 행렬은 이날 오전 11시 신익희의 집을 출발하여 민주당 당사 앞 대로를 지나 국장이 열린 서울운동장으로 이어졌다. 장례 행렬이 지나가는 거리와 장례 행사가 열리는 서울운동장은 조문하기 위해 몰려든 인파로 가득했다. 함태영 부통령, 이기붕 민의원의장, 김병로 대법원장, 이익흥 내무부장관 등 각계각층의 인사들이 조사하고 헌화하였다. 장례 행사가 끝난 뒤 신익희의 영구 차량은 시민들의 호위 호송을 받으며 장지인 우이동으로 향하였다.

내레이션

(내레이션 없음)

화면묘사

00:01 신익희의 운구차량과 장례행렬이 민주당 당사 앞 대로를 지나가고 있는 장면. 대로변에 많은 인파가 몰려 있음
00:21 신익희 영정사진과 임시로 마련되어 있는 제사상
00:29 선거 10일 전 신익희의 마지막 선거 연설 장면
00:35 신익희의 연설을 듣기 위해 많은 군중들이 몰려 있음
00:46 상복을 입은 신익희 가족들이 제사상 앞에서 울고 있음
00:49 장례 행사에 참석한 수많은 인파의 모습
00:53 신익희의 영정사진이 실린 장례차량의 행렬과 이를 보기 위해 모임 사람들의 모습
00:57 신익희의 장례행사를 취재하기 위해 모인 기자들
01:03 상복을 입고 앞자리에 앉아 울고있는 유가족의 모습
01:06 함태영 부통령의 조사 장면
01:15 이기붕과 김활란이 신익희의 영정 사진 앞에 헌화하는 장면

01:40 　운동장에 가득 매운 시민들의 전경

01:46 　이기붕 민의원 의장, 김병로 대법원장, 이익흥 내무부장관 등 각계각층 인사들의 조사

01:59 　만장 깃발들을 들고 있는 시민들의 모습

02:06 　헌화, 영정 사진, 만장을 든 학생, 군인, 시민들의 호송을 받으며 장지인 우이동으로 향하는 신익희 장례 행렬. 거리에는 많은 시민들이 서 있음

연구해제

이 영상은 1956년 5월 23일 서울운동장에서 거행된 신익희의 장례식에 관한 것이다. 영상에는 운구차량과 장례행렬이 민주당사 앞을 지나가는 장면, 신익희의 대통령선거 연설 장면, 장례식에 모여든 수많은 군중들, 내외빈들의 헌화와 조사 장면, 영정 사진, 장례 행렬 등이 담겨 있다.

신익희의 장례식은 1956년 5월 23일 오전 11시 서울운동장에서 엄수되었다. 이날 장례식은 장의위원장 함태영 부통령을 비롯하여 이기붕 민의원 의장, 김병로 대법원장, 김태선 서울시장 등 내외 귀빈이 참석한 가운데 거행되었다. 11시 30분 정각에는 전 국민이 묵도를 하는 시간을 가졌으며, 묵도가 있은 다음 각계 대표로부터 조사가 있었다. 12시 30분에 끝이 난 뒤 신익희의 영구차량은 시민들의 호위를 받으며 장지인 우이동으로 향했다.

1956년 5월 5일 신익희는 대통령선거를 불과 열흘 앞두고 호남지방 유세차 전주로 향하던 중 열차 안에서 갑자기 심장마비로 사망하였다. 신익희의 유해는 서거 당일 오후 6시쯤 효자동 자택에 안치되었다. 그의 유해는 교통부에서 제공한 열차편으로 서울역에 안착하여 수만 군중의 애도 속에 남대문과 세종로를 거쳐 효자동으로 이송되었다. 애도 군중은 두 시간에 걸친 대(對)정부 비난 시위를 벌였으며, 경무대 앞에서는 군중과 무장 경관이 충돌하여 9명의 사상자를 내는 유혈참극까지 빚어졌다.

1956년 선거 당시 신익희는 민주정치의 상징처럼 보였다. 민주당의 선거구호였던 "못살겠다 갈아보자"는 역대 최고의 선거문구로 평가될 정도로 시민들의 마음을 움직였다. 사망 3일 전인 5월 2일 한강 백사장에는 그의 선거유세를 보기 위해 30만 명의 군중들이 모여 들기도 했다. 그러나 당시 야당이었던 민주당과 진보당은 신익희의 죽음이라는

돌발적인 정국을 맞이한 상황에서 완전히 다른 행보를 보였다. 진보당은 야당후보를 통합시키기 위해 묵계에 따라 박기출을 부통령후보에서 사퇴시켰다. 그러나 민주당은 그동안 추진해 온 진보당과의 통합논의를 완전히 무화시켰다. 민주당은 "남은 두 사람의 대통령후보는 그 행적이나 노선으로 보아, 그 어느 편도 지지할 수 없다. 우리는 부득이 정권교체를 단념하고 부통령선거에만 전력을 기울이기로 했다"며 신익희에게 추모표를 던져 달라고 유권자들에게 호소했다. 사실상 이승만의 손을 들어주면서 조봉암에 대한 반대 입장을 명백히 표현한 것이었다.

결국 1956년 대통령선거에서는 이승만이 504만여 표(득표율 52.5%), 조봉암이 216만여 표(22.5%)를 얻었다. 부통령 선거에서는 장면과 이기붕이 각각 400만여 표(41.7%)와 380만여 표(39.6%)를 얻어 장면이 부통령이 되었다. 신익희의 급서로 말미암아 이 선거에서 나타난 표심은 매우 복잡한 성격을 띠었다. 185만에 달하는 무효표의 대부분이 이른바 신익희 추모표였다. 따라서 유효 득표율은 79.5%로 저조했다. 민주당이 강세였던 서울 지역의 투표율은 여타 지역에 비해 낮았으며, 유효 득표율은 더욱 낮아서 53.8%를 기록했다. 여타 지역의 유효 득표율이 대부분 80%를 넘었던 데 비해 매우 낮은 수치였다. 이 점은 도시지역에서 신익희의 민주당에 대한 지지가 상당했다는 것을 방증하는 것이었다.

▌참고문헌

「항일, 민주정신을 추모」, 『동아일보』, 1956년 5월 24일.
「고 신익희선생 장의식 엄수」, 『경향신문』, 1956년 5월 24일.
김영미, 「대한민국 수립 이후 신익희의 활동과 노선」, 『한국학논총』 40, 2013.
김지형, 「1956년 대선과 민주당−진보당 야당연합」, 『역사비평』 98, 2012.

해당호 전체 정보

164-01 신익희 장례식

상영시간 ｜ 02분 57초

영상요약 ｜ 1956년 5월 23일 신익희 대통령후보의 장례식 영상. 신익희 운구 차량을 포함한 장례행렬은 이날 오전 11시 신익희의 집을 출발하여 민주당 당사 앞 대로를 지나 국장이 열린 서울운동장으로 이어졌다. 장례 행렬이 지나가는 거리와 장례 행사가 열리는 서울운동장은 조문하기 위해 몰려든 인파로 가득했다. 함태영 부통령, 이기붕 민의원의장, 김병로 대법원장, 이익흥 내무부장관 등 각계각층의 인사들이 조사하고 헌화하였다. 장례 행사가 끝난 뒤 신익희의 영구차량은 시민들의 호위 호송을 받으며 장지인 우이동으로 향하였다.

164-02 제3회 미군의 날 행사

상영시간 ｜ 00분 54초

영상요약 ｜ 1956년 5월 19일 제3회 미군의 날 맞이 경축 행사가 '평화에 의한 힘'이라는 구호 아래 개최되었다. 의정부에서는 미군 제1군단 예하 각 부대와 군단 본부 포병단 그리고 미 제7, 24군단의 대표 장병들이 잭슨 비행장에 여러 가지 장비를 전시하여 일반에 공개하였으며 군악연주회를 열었다.

제3대 대통령 선거 (1956년 5월)

제작정보

출　　처 : 리버티뉴스 165호

제 작 사 : 주한미공보원

제 작 국 가 : 미국

영상정보

제 공 언 어 : 한국어

컬　　러 : 흑백

사 운 드 : 무

영상요약

1956년 5월 15일에 실시된 제3대 대통령선거와 관련된 영상. 투표소의 모습과 이승만 대통령 부부를 비롯해 각 계층의 시민들의 투개표 장면, 그리고 결과를 알리는 벽보의 모습 등이 포함되어 있다.

내레이션

(내레이션 없음)

화면묘사

00:01   남대문 등 길거리와 건물에 붙어 있는 선거 벽보
00:06   시민들이 벽보를 지켜보는 장면
00:09   대통령과 부통령 후보의 사진이 걸린 건물의 모습
00:14   투표소 앞에 길게 줄 서 있는 시민들의 모습
00:32   투표인 확인을 받고 있는 여성의 모습
00:34   투표하는 이승만과 프란체스카
00:40   투표소에서 빈그릇을 가지고 나오는 음식점 직원의 모습
00:42   각계각층의 시민들이 투표하는 다양한 모습
00:57   거리에 모여서서 개표를 기다리는 사람들의 모습
00:59   투표함을 개봉하는 모습
01:13   개표와 검표하는 장면
01:21   결과를 기다리는 인파
01:24   벽보로 개표 결과를 알리는 모습
01:46   결과를 지켜보는 수많은 시민들

연구해제

이 영상은 1956년 5월 15일에 실시된 제3대 대통령선거와 관련된 것이다. 영상에는 투표소의 모습, 이승만 대통령 내외를 비롯해 각계각층 시민들의 투표 장면과 개표 장면이 담겨 있다. 아울러 선거 결과를 알리는 게시판의 모습도 확인할 수 있다.

1956년 제3대 대통령선거는 자유당의 이승만, 민주당의 신익희, 진보당의 조봉암의 대결이었다. 민주당은 "못살겠다 갈아보자"라는 선거구호를 내걸고, 이승만과 자유당의 독재성과 부정부패를 공격했다. 이 구호는 선풍적으로 유권자들에게 파고들었다. 이에 대해 자유당은 "갈아봤자 별수없다", "구관이 명관이다"라는 구호로 맞섰다. 혁신정당인 진보당은 "이것저것 다 보았다. 혁신밖에 살길 없다"라고 목소리를 높였다. 무엇보다 조봉암은 구호보다는 정책으로 유권자들에게 다가가서 이른바 평화통일론과 피해대중론을 설파했다. 북진통일을 통치의 정당성으로 삼고 있던 이승만 정권하에서 평화통일론은 국민들 사이에서 큰 반향을 일으켰다.

역대 어느 선거보다 열기는 뜨거웠고 선거일이 다가올수록 신익희와 조봉암의 단일화 압력도 거세졌다. 야당 단일후보가 나와야 이승만을 이길 수 있다는 국민의 여론 때문이었다. 4월 6~7일경부터 야권 연합전선 운동이 구체화되었고, 4월 20일부터는 '헌정동우회'를 중심으로 신익희와 조봉암 간의 회담 논의가 제기되었다. 당시 민심으로 보아 단일화에 성공한다면 신익희의 당선 가능성이 커 보였다. 특히 서울에서 민주당의 인기는 대단했다. 1956년 한강 백사장에서 있었던 신익희의 선거유세에는 30만 명의 군중이 모여들기도 했다. 『동아일보』, 『경향신문』, 『한국일보』, 『조선일보』 등 당시 4대 주요 일간지의 역할도 컸다. 이 신문들은 야당지로서 반이승만의 논조를 갖고 있었다.

5월 6일 신익희와 조봉암 사이에는 서로 회동하기로 약속되어 있었다. 그러나 5월 5일 새벽 호남선 열차 안에서 신익희가 급서하는 돌발사태가 발생했다. 신익희의 운구가 서울역에서 효자동 자택에 이르자 운집한 군중들은 사인을 규명하라며 시위대로 변했다. 그들은 신익희의 유해를 경무대로 끌고 가려고 하면서 경찰과 충돌했고, 그 과정에서 경찰의 발포로 10명의 사상자가 났다.

신익희의 급서로 야당 대통령후보는 조봉암으로 단일화 될 것처럼 보였다. 반(反)이승만 전선을 주창했던 민주당의 선택이 주목되었다. 그러나 민주당은 조봉암을 단일후보로 지지하지 않을 것임을 분명히 했다. 민주당은 신익희 후보를 추모하는 추모표를 던지거나 심지어 조봉암에게 투표하느니 차라리 이승만에게 투표하라고 했다. 민주당은 과거 공산주의자였으며 평화통일론과 피해대중론을 대안으로 내걸고 나선 조봉암과의 연합을 거부하고 오히려 이승만을 지지하는 입장을 분명히 하였다. 자유당과 별반 다를 바 없는 보수정당임을 확인시켜 준 것이다. 그러나 진보당은 박기출 부통령 후보의 사퇴를 발표하였고, 따라서 부통령 선거는 자연히 이기붕과 장면의 대결장이 되었다. 민주당은 냉담한 반응을 보였지만, 그것은 장면이 부통령이 되는 데 결정적으로 기여했다.

　정부통령 선거 결과 이승만이 대통령에, 장면이 부통령에 당선되었다. 그러나 이 선거는 이승만 정권에 심각한 위협을 안겨주었다. 무엇보다도 주목할 것은 조봉암의 괄목할 만한 성장이었다. 이승만은 504만여 표를 얻었지만, 조봉암은 216만여 표를 얻었다. 조봉암은 명실상부한 이승만의 최대 정적으로 떠올랐다. 여기에 신익희에 대한 추모표가 대부분이라 할 수 있는 무효표가 무려 185만여 표가 나왔다. 서울의 경우 이승만은 20만 5,000여 표를 얻는 데 그쳤고, 무효표는 28만 4,000여 표나 되었다. 이것은 조봉암의 표와 신익희의 표를 합친다면 야당으로의 정권교체가 시간문제로 인식되기에 충분한 결과였다. 부통령선거는 민주당 후보 장면이 자유당 후보 이기붕을 21만여 표 차이로 누르고 당선되었다. 그리하여 1956년 정부통령선거 이후 여야의 정치적 대결과 이에 대한 이승만의 노골적 탄압은 더욱 심해졌다.

█ 참고문헌

민주화운동기념사업회 연구소, 『한국민주화운동사』 1, 돌베개, 2008.

해당호 전체 정보

165-01 제3대 대통령선거

상영시간 ∣ 01분 49초

영상요약 ∣ 1956년 5월 15일에 실시된 제3대 대통령선거와 관련된 영상. 투표소의 모습과 이승만 대통령 부부를 비롯해 각 계층의 시민들의 투개표 장면, 그리고 결과를 알리는 벽보의 모습 등이 포함되어 있다.

165-02 경주 내동 국민학교 준공식

상영시간 ∣ 01분 01초

영상요약 ∣ 1956년 6월 1일 경주 내동국민학교 준공식 영상이다. 이 학교는 공군의 특수 비행 훈련 중 전투기 추락으로 파괴되었는데, 1956년 공군이 문교부의 후원을 얻어 새로 건물을 세우게 되었다. 준공식은 내동국민학교 운동장에서 한미공군 관계자들과 동네 주민들이 참석한 가운데 성대하게 거행되었다. 미 공군에서 피아노와 영사기, 카메라, 두 대의 오르간을 기증하였으며, 아서 맥타가트 (Arther J. Mctaggart)가 축사를 연설했고, 김창규 공군행정 참모부장이 테이프 커팅을 하였다.

165-03 락희화학공업사(樂喜化學工業社)

상영시간 ∣ 01분 32초

영상요약 ∣ '락희화학공업사(樂喜化學工業社, Lucky chemical Company)' 공단의 실황을 촬영한 영상. 락희화학공업사에서는 미국 원조프로그램의 일환으로 수입한 플라스틱으로, 칫솔, 비누 케이스, 젓가락, 바가지 등 20여 개의 상품을 가공생산하고 있다. 비닐 원단 가공공장과 치약 케이스 공장의 가동현장을 보여준다.

제1회 현충일 기념행사 (1956년 6월)

제작정보

출   처 : 리버티뉴스 166호

제 작 사 : 주한미공보원

제 작 국 가 : 미국

영상정보

제 공 언 어 : 한국어

컬   러 : 흑백

사 운 드 : 무

제1회 현충일 기념행사를 촬영한 영상. 국내외의 고위 관료, 군 고위급 장성들, 각 지역을 대표하는 237명의 유가족들이 행사에 참여했다. 88,541명의 영혼을 기리는 '무명용사탑' 앞에서 김용우 국방부장관을 비롯한 군 장성들과 김병로 대법원장, 그리고 유가족 대표단이 각각 참배하였다. 이어서 함태영 부통령이 기도문을 낭독하며 행사를 진행했고, 유가족들은 관객석에서 기도문을 들으며 눈물을 닦았다. 행사가 끝난 뒤에는 현충원에 안장된 가족을 찾는 참배객들이 몰려들어 묘역내부를 가득 메웠다.

▋ 내레이션

(내레이션 없음)

▋ 화면묘사

00:00 현충문의 전경. 문 안팎에는 군중들이 몰려 있음
00:05 237여 명의 각 지역 대표 유가족들이 지역 이름이 적힌 표지판 뒤에 서서 국기에 대한 경례를 하고 있음
00:11 현충문 아래서 나팔을 불고 있은 2명의 병사
00:12 현충문 근처 석재로 조성된 단 위에서 고개를 숙이고 묵념을 하고 있는 국내외 고위 관리들의 모습
00:14 육군, 공군, 해군의 고위급 장성들이 경례하고 있는 장면
00:17 각군 장병들이 3발의 예포를 발사하고 있음. 장병들 사이사이에는 유엔군기와 태극기를 들고 있는 기수들이 있음
00:25 김용우 국방부 장관을 비롯한 각 군 장성들이 현충원 묘역으로 들어와 '무명용사의 탑' 앞에 화환을 놓고 참배하는 장면
00:44 현충일 기념행사에 참석하고 있음 국내외 정부, 군 관계자들의 모습
00:47 김병로 대법원장이 관계자의 부축을 받아 현충원 묘역으로 들어오는 모습
00:51 유가족을 구분하는 선 뒤에 나란히 서 있는 사람들의 모습

01:03 '무명용사의 탑' 아래 화환을 놓고 묵념하고 있음

01:05 행사에 참석한 정치·종교 관계자들의 모습

01:07 소복을 입은 유가족들이 '무명용사의 탑' 앞에서 묵념하고 있음

01:15 함태영 부통령이 기도문을 낭독하고 있음

01:19 관중석에 앉아서 울고 있는 유가족들의 모습

01:32 무명용사의 탑을 확대하여 보여줌

01:36 탑 아래 마련된 제단 주변에서 기도를 하고 있는 유가족들의 모습

01:43 군중들로 가득 메워진 현충원의 전경

연구해제

이 영상은 1956년 6월 6일 제1회 현충일 기념행사의 이모저모를 보여주고 있다.

이 행사는 야외에서 진행되었는데, '무명용사의 탑'이 세워져 있는 것으로 보아 동작동 국립묘지에서 개최되었던 것으로 짐작된다. 국내외 고위 관료, 군 고위급 장성들, 각 지역을 대표하는 237명의 유가족들이 행사에 참여하였다. 함태영 부통령이 기도문을 낭독하면서 행사를 진행했고, 행사가 끝난 이후에는 일반 참배객들이 몰려들어 묘역 내부를 가득 메웠다. 영상은 대체로 1953년 이후 휴전이 된 6·25전쟁에 참전용사들을 추모하는 것을 소개하는 것에 초점이 맞추어져 있다.

일반적으로 현대사회에서 전쟁 사망자들을 민족과 국가의 영웅으로 추앙하면서 숭배하는 첫 번째 방법은 국립묘지를 조성하는 것이다. 그리고 다음으로는 기념일을 제정하여 국립묘지에 안장한 전몰자들을 매해 주기적으로 추모할 수 있도록 한다. 전몰자들에 대한 추모를 상징하는 작업을 시간적 차원으로 확장하는 것이다. 이런 점에서 1956년 현충일의 제정은 육해공 3군 합동으로 진행해 오던 군인중심의 추도식을 국민이 추모하는 국가적 차원의 기념일로 통합한 것이라는 점에서 의의가 있다. 아울러 이러한 상징적인 기념일은 해마다 '국가를 위하여 목숨을 바치는 희생정신'이라는 주제를 재생산하고 있다.

현충일을 즈음하여 전몰자들에 대한 기억을 환기시키는 방식에는 몇 가지 특징이 있다. 먼저 그들의 죽음에 대한 슬픔이 극대화된 방식으로 감정적인 증폭을 야기하는 것이다. 이것은 매스컴을 통해 유족들의 참배광경을 생생하게 전달함으로써 기능한다. 즉

가족을 잃은 유족들의 슬픔이 극대화된 방식으로 묘사되어 감정이입의 효과를 촉발하는 것이다. 그들의 죽음이 배경이 되는 전쟁이라는 비극적인 사건을 토대로 한 이러한 슬픔의 전달은 민족애 조국애와 같은, 국가가 국민들에게 요구하는 애국적 가치를 호소하는 데 효과적인 것으로 판단된다. 또한 이러한 가치들은 흔히 '신성한 죽음'으로 승화되는데, 이것이 현충일을 통해 전몰자를 기념하는 또 다른 방식을 통해 전몰자를 둔 가족들의 슬픔을 '자랑스러운 영광'으로 치환하여 전달하는 것이다. 남편, 아들, 손자를 잃었지만 그들의 죽음은 '나라를 위한' 죽음이었으므로 '영광스럽다'라는 식이다. 아울러 이러한 기억의 환기는 전쟁을 겪지 않은 전후 세대에게 간접적으로 전쟁을 경험하고 기억을 전달하게 하는 방식으로 이용되기도 한다.

실제로 한국사회에서 현충일은 경건하고 엄숙한 분위기로 '국가와 민족의 영웅을 기리는 날'로 전해지고 있다. 다른 기념일들과 다르게 현충일이 되면 정부는 국민들에게 유흥과 향락을 자제하여 "살아남은 자"의 도리를 다하고 애도해야 한다는 점을 강조한다. 매년 현충일이 되면 대통령을 비롯한 정부 고위 인사들, 헌법기관 주요인사, 정당대표들이 현충사를 방문하여 추념식을 거행하는 것은 그러한 연유에서이다.

참고문헌

「오늘 1회 현충일」, 『동아일보』, 1956년 6월 6일.
「현충일과 국민의 결의」, 『동아일보』, 1956년 6월 7일.
김현선, 「현대 한국사회 국가의례의 상징화와 의미분석」, 한국정신문화연구원 한국학대학원 박사학위논문, 2004.

해당호 전체 정보

166-01 중립국감시위원단 철수

상영시간 ㅣ 01분 40초

영상요약 ㅣ 스웨덴과 체코 중립국감시위원단들의 철수 장면을 담은 영상. 1956년 5월 31일 판문점에서 유엔군 측과 공산군 측 군사휴전위원단간의 제17차 회의 후 유엔군은 향후 일주일 이내에 남한에서의 중립국감시위원단의 활동을 중지할 것이라고 발표했다. 스웨덴과 체코 관계자들이 소형 비행기를 타고 인천 비행장에 도착한 뒤 각각 짐을 점검한 후 미군 헬리콥터를 타고 판문점으로 떠났다.

166-02 제1회 현충일 기념행사

상영시간 ㅣ 01분 47초

영상요약 ㅣ 제1회 현충일 기념행사를 촬영한 영상. 국내외의 고위 관료, 군 고위급 장성들, 각 지역을 대표하는 237명의 유가족들이 행사에 참여했다. 88,541명의 영혼을 기리는 '무명용사 탑' 앞에서 김용우 국방부장관을 비롯한 군 장성들과 김병로 대법원장, 그리고 유가족 대표단이 각각 참배하였다. 이어서 함태영 부통령이 기도문을 낭독하며 행사를 진행했고, 유가족들은 관객석에서 기도문을 들으며 눈물을 닦았다. 행사가 끝난 뒤에는 현충원에 안장된 가족을 찾는 참배객들이 몰려들어 묘역 내부를 가득 메웠다.

166-03 의류 공장

상영시간 ㅣ 00분 37초

영상요약 ㅣ 미국의 기계와 기술의 지원을 받아 운영되고 있는 신세기 공장에 대한 영상이다. 8명으로 시작한 공장은 6개월이 지난 현재 60명의 직원들이 하루 250개의 옷을 만들어 낼 수 있을 정도로 성장했다. 영상에서는 옷 제작의 각 과정이 효율적인 분업체제로 운영되고 있는 모습을 보여주고 있다.

166-04 일신 부인병원 쌍둥이 행사

상영시간 ㅣ 00분 41초

영상요약 ㅣ 부산의 일신 부인병원에서 쌍둥이 가정에 일주일에 한 번씩 분유를 나누어 주는 행사를 취재한 내용의 영상. 일신 병원에서는 모두 30쌍의 쌍둥이를 지원해주고 있다고 한다.

유엔한국재건단(UNKRA) 활동 실황 (1956년 6월)

제작정보

출　　　처 : 리버티뉴스 168호
제 작 사 : 주한미공보원
제작국가 : 미국

영상정보

제공언어 : 한국어
컬　　러 : 흑백
사운드 : 무

국제연합한국재건단(UNKRA)의 사업 진행 실황에 대한 영상. UNKRA 관계자들과 한국 정부 고위 인사가 협정서에 서명하는 장면, 콜터 운크라단장의 방한 모습, 한국농업주식회사, 대한중공업사, 판초자주조공업회사 등의 가동, 건축 실황을 보여준다.

■ 내레이션

(내레이션 없음)

■ 화면묘사

00:03	UNKRA 관계자들과 한국 정부 고위 인사의 회담 장면
00:13	협정서에 서명하고 악수하는 한국과 UNKRA 관계자
00:47	우산을 쓰고 비행기 트랩을 내려오는 콜터
00:55	환영 나온 사람들로부터 화환을 받는 콜터의 모습
01:03	미군이 운전하는 자동차를 타고 떠나는 콜터
01:09	한국농약문구 구조물이 달려 있는 한국농업주식회사 인천공장 입구 전경
01:12	입구 대문의 기둥에 달려 있는 '韓國農業株式會社(한국농업주식회사) 仁川工場(인천공장)' 현판
01:15	일본식 건물의 농약 공장 전경
01:27	공장에서 남성 노동자들이 농약을 제조하는 다양한 장면
02:33	공장 설비들과 실험실 내부의 모습
02:42	'大韓重工業公私(대한중공업공사)' 현판
02:47	대한중공업공사 외관
03:00	대한중공업공사 내부의 평로제강시설 건축 장면
03:23	'대한민국 재건단 R.O.K. U.N.K.R.A. 이곳이 국제연합한국재건단과 한국정부의 힘으로 건설되고 있는 판초자주조공업회사 공장입니다. THIS IS THE SITE OF KOREA FLAT GLASS MANUFACTURING CO.'라는 문구가 적혀 있는 표지판

03:26 판초자 공장 건설 전경

03:30 기중기로 건축자재를 나르는 장면. 사람이 자재 위에 매달려 있음

▌ 연구해제

이 영상은 1950년 국제연합총회결의 410호에 의해 설치된 '국제연합한국재건단(UNKRA: United Nations Korean Reconstruction Agency)'의 활동 실황을 담고 있다. 또한 UNKRA관 계자들과 한국 정부 고위인사가 협정서에 서명하는 장면, 콜터(John Coulter) 운크라단장 이 방한하여 운크라가 지원하고 있는 한국농업주식회사 인천공장, 대한중공업공사, 판 초자주조공업회사 등의 생산현장을 둘러보는 장면이 담겨있다.

1950년 6·25전쟁 발발 이후 유엔군의 긴급구호 원조는 유엔한국재건단이 관리하였 다. 전시상황에서는 민간인에 대한 직접적인 구호활동도 계속적으로 연합군 통제하에 있어야 한다는 원칙이 있었으나, UN총회의 '결의안 410'의 내용에 따라 유엔한국재건단 장이 구호와 복구활동 계획의 실행 책임을 맡게 된 것이었다.

유엔한국재건단은 우선 유엔 산하 각종 전문기구의 대표를 한국에 파견하여 농업, 식 량사정 등에 대한 실태조사와 정책대안을 마련하게 하였다. 이와 함께 미국의 네이산협 회(Nathan Association)와 용역 계약을 맺고 한국 경제에 대한 실태조사를 의뢰하였다. 그 결과 1952년 12월 '한국경제재건계획'이란 이름의 예비보고서가 유엔에 제출되었다. 한국산업은행 조사부가 엮은 네이산 보고에서는 소요 원조자금의 조달과 효율적 관리 를 위해 유엔한국재건단의 역할이 매우 중요하다는 점을 강조하고 있다.

유엔한국재건단의 원조는 1953년 휴전이 이루어지고 나서야 비로소 본래의 목적을 추구할 수 있게 되었다. 휴전협정 이후 전개된 장기적 재건계획에 따른 사업은 구체적 으로 산업, 어업, 광업, 주택, 교육 분야로 집중되었다. 이는 한국정부의 각 부서 사업이 유엔한국재건단과의 논의를 거쳐야만 진행될 수 있다는 것이기도 했다. 예를 들면 한국 정부의 농림부는 삼림과 개간사업을 하기 위해 먼저 유엔한국재건단과 논의를 해야 했 다.

이 영상에 등장하는 판초자 공장의 건설협정은 1954년 6월 25일 체결되었다. 이 협정 은 비료, 시멘트와 더불어 3대 공장 건설계획의 하나로 체결된 것이었다. 협정의 내용 은 '프레이샤 심프렉스'라는 미국 건설회사가 도급제 계약에 의하여 유엔한국재건단 자

금 211만 2,574달러와 산업은행 대충자금 3억 200만 환을 받고 향후 7개월 내에 건설에 착수하는 것이었다. 판초자 공장은 인천조선기계제작소 공장 대지에 건설되었다. 또한 건설된 이후에는 미국 '포스타 우일러'사 기술자가 기술을 전수하기로 되어 있었다. 이 공장에서는 약 12만 상자에 달하는 판초자를 생산할 것으로 계획되었다.

또한 유엔한국재건단은 농촌사업국 계획하에 의사와 농사전문가 및 농사교도사, 교사, 간호부 등을 포함한 유엔 직원 5명과 한국인 직원 5명을 1단으로 하는 지도반을 각 도에 파견하여 농촌진흥사업에 착수하였다. 이들은 농촌에 파견되어 농민과 더불어 생활하며 어떻게 하면 농민으로 하여금 농촌에 있는 물자를 이용하여 그들의 생활을 좀 더 건전하고 행복하고, 번영되게 할 수 있는 것인가를 지도하게 될 것으로 계획되었다.

이러한 유엔한국재건단의 활동은 1958년 6월 30일부로 종결되었다. 유엔한국재건단장 콜터는 업무를 종결하며 한국재건을 위하여 1억 4,800만 달러를 제공하였으며, 효과적인 결과를 얻었다고 보고하였다.

▌ 참고문헌

「건설협정조인 판초자공장」, 『동아일보』, 1954년 6월 27일.
「판초자 공장의 건설협정 조인」, 『경향신문』, 1954년 6월 26일.
「한국경제회복성공」, 『동아일보』, 1958년 10월 16일.
이대근, 『해방 후 1950년대의 경제』, 삼성경제연구소, 2002.
이현진, 『미국의 대한경제원조정책 1948~1960』, 혜안, 2009.

해당호 전체 정보

168-01 유엔한국재건단(UNKRA) 활동 실황

상영시간 | 03분 52초

영상요약 | 국제연합한국재건단(UNKRA)의 사업 진행 실황에 대한 영상. UNKRA 관계자들과 한국 정부 고위 인사가 협정서에 서명하는 장면, 콜터 운크라단장의 방한 모습, 한국농업주식회사, 대한중공업사, 판초자주조공업회사 등의 가동, 건축 실황을 보여준다.

168-02 전국투우대회

상영시간 | 00분 45초

영상요약 | 1956년 6월 12일부터 14일까지 3일간 열린 전국투우대회를 촬영한 영상. 투우 경기를 구경하러 온 사람들로 관중석이 가득 찼다.

소록도서 운동회 (1956년 6월)

제작정보

출　　　처 : 리버티뉴스 169호

제 작 사 : 주한미공보원

제작국가 : 미국

영상정보

제공언어 : 한국어

컬　　러 : 흑백

사 운 드 : 유

▌ 영상요약

전라남도 소록도의 나병환자들을 요양하고 있는 갱생원에서 창립 40주년 기념식이 열렸다. 어린이들을 주대상으로 하는 운동회가 열렸으며, 어른들도 참여하여 줄다리기를 행사가 진행되었다.

▌ 내레이션

6,000명의 나병환자를 요양하고 있는 전라남도의 소록도 갱생원에서 창립 제40주년을 맞이하여 뜻깊은 기념식을 거행했습니다. 1년에 한 번씩 돌아오는 이 기념일은 육지와 완전히 격리된 이 고도의 나병환자들에게 다시 없이 기쁜 날입니다. 이날 축하행사의 하나로 학생들을 주동으로 하는 대운동회를 열었습니다. 오늘 하루만이라도 그들은 건강한 사람과 다름없이 춤추고 놀고 뛰고 싶었던 것입니다. 그간 많은 사람들이 이 섬에서 나병으로 사라지고 그간의 치료 결과가 여전한 대로 그들은 아무 때라도 건강한 몸으로 다시 돌아갈 날이 있으리라는 유일한 희망을 결코 버리지 않고 있습니다. 그들에게 무궁한 구원의 손길이 뻗치길 빕니다.

▌ 화면묘사

00:00 "소록도서 운동회"
00:04 비녀를 꽂은 할머니들이 건물 안으로 이동하고 있음
00:06 갱생원 건물의 모습
00:10 남성이 운동장에 모여 있는 나병환자들 앞에서 연설하고 있는 모습
00:27 어린이들이 하얀 옷에 하얀 모자를 쓰고 운동장에 줄지어 앉아 있고, 차례로
　　　　달려 나가고 있음
00:29 하얀 윗옷에 하얀 바지를 입은 어린이들이 달리기 시합을 하고 있는 모습
00:33 무언가 주렁주렁 달린 색동옷을 입고 팔을 열심히 흔드는 남자어린이. 모자에
　　　　는 '단장'이라고 쓰인 것으로 유추해보아 응원단장인 듯함
00:36 토끼 귀 모양의 머리띠를 착용하고 춤추고 있는 어린이들

00:39 풍금을 치고 있는 선생님

00:40 선생님을 중심으로 토끼 귀 모양의 머리띠를 착용한 어린이들이 원을 그리며 돌고 있음.

00:44 하얀 옷에 하얀 바지를 입은 어린이들은 앉아서 박수를 치고 있는 모습

00:45 줄다리기를 하는 어른들. 줄의 두께가 굉장히 두꺼우며 가운데에는 승리를 가늠할 수 있도록 나무토막을 묶어 놓음

▌ 연구해제

리버티뉴스 제169호 '소록도서 운동회' 영상은 1956년 여름 소록도 갱생원 창립 40주년 기념식과 함께 진행된 운동회 장면을 담고 있다. 해방 이후 소록도에서의 한센병 환자 관리방식이 약화되었다고 하지만 기본적으로 행정권력을 통한 집단격리와 수용의 방식에서 강압적인 성격을 가졌고, 정치, 종교, 수용생활 일반 등 여러 문제들이 소록도 갱생원에서 나타나고 있었다. 한센병 환자들의 운동회를 담은 이 영상은 비감염자들을 한센병 환자로부터 심리적으로 분리시켜 안정감을 주는 동시에, 한센병 환자들도 평범한 일상을 즐기는 사람들이라는 인식을 주었을 것으로 보인다.

1948년 5월 10일 제헌국회의원 선거에서 한센병 환자들은 투표권을 받지 못했지만, 1950년 5월 30일 이들이 받는 차별적인 대우를 개선할 수 있는 통로로서 2대 국회의원 선거에서는 투표권을 행사했다. 하지만 이들의 처우에 대해 실질적인 개선이 이뤄지지 않고 불만이 점차 증가하며, 1955년 즈음에는 정부에 자치적 의회 구성을 제안하기까지 이르렀다.

한센병 환자의 생활문제는 이들이 왜 소록도를 탈출하려는지의 이유를 밝힌 기사에서 살펴볼 수 있다. 우선 이들을 치료하기 위한 전문의료인이 갱생원에 안정적으로 상주하고 있지 못해서, 환자들이 의사의 진료를 신뢰하지 못하고 있다는 것이었다. 환자들이 수용과정에서 준비기간을 주지 않고 강제로 끌려오기 때문에, 재산을 정리하지 못하게 하는 한편, 갱생원 예산 부족으로 신입환자에게 침구, 의복을 제공하지 못한다는 것이었다. 이에 더해 양곡 배급 부족의 문제도 있었는데, 환자 4홉 배급도 문제였지만 직원들에 대해서는 3홉 배급이 이뤄져 환자들뿐 아니라 직원들 대우에도 소홀했다.

소록도 갱생원 창립일은 1910년 개신교 선교사들이 세운 시립 나요양원을 따르지 않

고, 1916년 소록도 자혜병원 개원일을 따랐다. 소록도 수용 환자수는 1930년대 초 800여 명대에 머물렀으나 1934년 2,196명을 기록한 이후 1940년 6,136명에 달했다. 1955년도 통계에 따르면 전국의 환자수는 45,000여 명, 소록도에 수용된 환자수는 5,646명이었다.

한편, 리버티뉴스 제589호 '한센병 권위 내한'은 1964년 10월 19일 벨기에 한센병 권위자 프렌스 히머리족스 박사의 방문을 다룬 영상이다. 그는 인도, 아프리카 콩고 등에서 한센병 환자를 위해 30년 동안 헌신한 인물이다. 내한 후 그는 한국에서 한센병 치료 실태를 점검하였고, 한국한센병협회에서의 연설을 통해 한센병은 유전이 아니며 디아미노디페닐 설폰(DDS) 치료제로 완치가 가능하다고 알렸다.

한국에서 한센병 구료 사례는 일본의 식민지 영향을 받아 세계적으로 볼 때 독특한 방식으로 운영되었다. 일본은 1907년 이후 한센병 정책을 본격적으로 시행하기 시작했고, 1930년대에는 강제적 종생 격리를 통해 유례를 찾을 수 없을 정도의 강압적 구료 모델을 창출했다. 이것은 일본뿐 아니라 일본의 식민지였던 한국, 대만, 만주 등지에 모두 적용되었으며, 해방 후 한국은 1953년 라이예방법으로 개정하기 전까지 강제격리를 중심으로 하는 1931년 나예방법이 유지되었다. 해방 이후 설폰 치료제 도입과 화학요법이 확립되어 한국은 기존 일제의 치료방식을 바꾸며, 재활정착운동이 전개되었으나 한국의 의료문화 속에는 여전히 식민지적 잔재가 남아있었다.

보건복지부 통계자료에 따르면 한센병 유병률(천분율)은 1980년 0.73, 2000년 0.39로 매해 감소 추이를 나타낸 결과, 한센병에 대한 관심이 적어지고 있으며, 이것은 조기진단이 필요한 한센병 치료에 문제를 낳고 있다.

▌참고문헌

「癩病患者의 生態 小鹿島更生園을 찾아서」, 『동아일보』, 1950년 5월 29일.
「요즘의 小鹿島實態」, 『경향신문』, 1955년 7월 9일.
「癩患의 脫出과 그 原因」, 『동아일보』, 1955년 11월 15일.
「徹底한 治療要求 小鹿島癩病患者」, 『경향신문』, 1955년 12월 8일.
「醫療專門家養成 癩病治療에 重點」, 『경향신문』, 1955년 12월 15일.
「小鹿島의 飢饉騷動擴大」, 『경향신문』, 1957년 4월 3일.
「癩病(한센병)전문가에 博士來韓(박사내한)」, 『경향신문』, 1964년 10월 19일.

「著名(저명)한 癩病專門家(한센병전문가)에 博士(박사)18日來韓」, 『동아일보』, 1964년 10
　　월 16일.

김미정, 「나환자에 대한 일반대중의 인식과 조선총독부의 한센병정책－1930~40년대 소
　　록도갱생원을 중심으로－」, 『지방사와 지방문화』 15-1, 2012.

김종필, 신항계, 고영훈, 『프로그램북(구 초록집)』 52-2, 대한피부과학회, 2000.

정근식, 「동아시아 한센병사 연구를 위하여」, 『보건과 사회과학』 12, 2002.

한순미, 「나환과 소문, 소록도의 기억－나환 인식과 규율체제의 형성에 관한 언술 분석
　　적 접근－」, 『지방사와 지방문화』 13-1, 2010.

암연구 돕는 평화 위한 원자력 (1956년 6월)

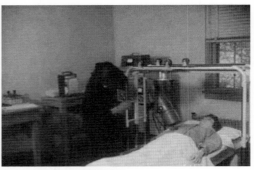

제작정보

출　　　처 : 리버티뉴스 169호
제 작 사 : 주한미공보원
제 작 국 가 : 미국

영상정보

제 공 언 어 : 한국어
컬　　　러 : 흑백
사 운 드 : 유

영상요약

파괴력이 강한 방사능 물질을 암 연구를 위해 사용하는 과정을 보여주는 영상.

내레이션

메릴랜드 베데스타에 있는 해군병원에서 원자탄의 파괴력을 평화를 위해서 사용했습니다. 즉 원자력이 인간의 이익을 위한 에너지로서 치료에 사용된 것입니다. 병을 진단하기 위한 의학적인 동위원소 XXX로 방사능은 항상 위험한 물건이기 때문에 엄격한 보호방법이 필요합니다. 환자는 먼저 방사능 동위원소를 마시고 그 약으로 병을 진찰합니다. 이 방사능성 동위원소는 자세한 병상을 탐지하는 데 유효적절한 것입니다. 의사는 병의 전염된 악화를 보기 전에 그 병의 위험한 병상을 찾아내는 데 이 방사능을 사용하고 있습니다.

화면묘사

00:00   자막 "암연구 돕는 평화 위한 원자력"
00:03   한 여성 간호사가 방사능 기계를 조작하고 있음
00:02   어떤 기계에서 숫자가 증가하고 있음
00:16   방사능 취급 병원에 걸려 있는 간판 "NO SMOKING", "NO EATING OR DRINKING"
00:24   방사능과 관련된 원통 모양의 기기를 환자의 몸에 대고 있는 모습
00:33   방사능 기기의 진찰을 통해서 결과가 출력되는 모습
00:34   침상에 누운 환자를 기기 아래쪽으로 집어넣어, 작은 원통 모양의 기기에 환자의 이마를 맞추고 있음
00:45   환자의 얼굴 모양을 그려내고 있는 방사능 진찰기기

연구해제

원자력 통제는 1945년 이후 원자력의 이중성인 정치 및 경제적 측면을 조율하는 속성

을 지니고 있다. 이는 원자력의 군사적 이용의 확대를 국제사회의 제도적 규제를 통해 저지하면서도 평화적 이용을 강화하려는 특징을 보인다. 1945년 원자력의 군사적 이용으로 아시아-태평양전쟁을 종결한 미국은 원자력의 군사적 이용을 막기 위한·외교전략을 강화하였지만, 1949년 소련의 원폭실험 성공과 1952년 영국의 핵국가 합류 그리고 프랑스의 원자력연구에 대한 적극적인 노력 앞에서 1950년대 초반부터 원자력 에너지의 정치-제도적 통제외교를 구체화하였다.

이에 아이젠하워 대통령은 1950년대 들어 정치적 선언과 함께 국제조직을 활용한 국제체제를 발전시키고자 하였다. 1953년 12월 아이젠하워 대통령은 유엔총회에서 "평화를 위한 원자력"(Atoms for Peace)을 주창하고, 1955년 8월에는 제네바에서 '원자력 평화이용을 위한 국제 과학자회의'가 개최되었으며, 1956년에는 국제원자력기구(IAEA: International Atomic Energy Agency)가 설립, 1957년에는 파리에서 유네스코 주최 방사성동위원소 국제학술회의가 개최되었다. 1968년에는 핵 비확산조약(NPT)의 체결로 국제적인 핵 비확산 및 원자력의 산업화 강화가 국제제도의 구축형태로 현실화되었다. 1970년에 발효된 NPT와 이 조약은 원자력 통제를 핵심으로 하고 있으나 개별국가의 산업 및 기술적 권리를 보장하고 있다. 1960년대를 거치면서 프랑스와 중국이 핵보유국의 위치에 합류하였고, 패권국을 중심으로 한 이러한 핵확산의 와중에서 미국의 원자력 통제제도는 국제체제로 자리 잡은 것이다.

이처럼 1950년대 중반 신문지상에서 발견되는 '원자력의 평화적 이용' 기사나 리버티 뉴스의 해당 영상은 미국의 국제적 원자력 통제정책의 일환으로 독해할 필요가 있다. 미국이 원자력 통제정책을 펼쳐나가면서 우방으로 설정된 제3세계 국가에 자신들의 국제정책을 선전할 필요가 있었던 것이다.

미국이 한국이라는 제3세계 국가에까지 원자력의 평화적 이용을 선전한 까닭은 다음과 같다. 미국과 영국, 그리고 소련은 냉전체제에서 군사적·정치적으로 대립하였으나 원자력 통제에 있어서는 국가 간 상호 긴밀히 협력하는 모습을 보여주었다. 이는 원자력 문제에 있어 냉전의 진영대립보다 패권국과 제3세계의 잠재적인 대립선이 우선적으로 작동했다는 것을 보여준다. NPT로 대표되는 핵 비확산조약은 1970년대 초반부터 가시화된 제3세계 중심의 반(反)패권적 석유에너지 외교에 대한 대응전략으로 발전했고, 원자력의 평화적 이용을 위한 전제조건으로서 그 명분을 지니게 되었다. 이러한 국제적인 핵 비확산 노력은 결과적으로 핵무기의 세계적 확산을 부분적으로 저지하고 있으며,

원자력의 상업화 촉진과 더불어 원자력을 국제경제의 중요한 에너지원으로 만들었다.

▌참고문헌

「방사성동위원소와 평화이용」, 『동아일보』, 1957년 12월 6일.
「원자지상전 (4) 방사선치료기」, 『동아일보』, 1956년 9월 21일.
최관규, 최영명, 안진수, 김종숙, 「남북한 핵통제와 에너지정책의 상관성」, 『한국원자력
　　　학회 2003년 추계학술발표회 논문집』, 2003.

해당호 전체 정보

169-01 대한성서공회 신관 낙성식

상영시간 | 01분 24초

영상요약 | 대한성서공회의 신관낙성식을 맞이하여 많은 사람들이 참가하였다. 신관의 열쇠를 가지고 있는 유옥경 여사가 문을 열음으로써 개관을 알렸다. 신관에는 Armed Forces Assistance to Korea(AFAK, 미군대한원조계획) 원조기념비가 비치되었다.

169-02 OEC에서 주최한 현상원고 모집

상영시간 | 01분 08초

영상요약 | OEC(경제조정관실)에서 현상원고 모집을 하여 남녀학우들이 원고논문을 작성하고 교장 선생님께 제출하는 모습을 보여주는 영상.

169-03 소록도서 운동회

상영시간 | 01분 04초

영상요약 | 전라남도 소록도의 나병환자들을 요양하고 있는 갱생원에서 창립 40주년 기념식이 열렸다. 어린이들을 주대상으로 하는 운동회가 열렸으며, 어른들도 참여하여 줄다리기를 행사가 진행되었다.

169-04 대구유원지에서의 여러 모습

상영시간 | 00분 38초

영상요약 | 아마추어 보통 사진대회가 열린 대구유원지의 모습을 보여주는 영상. 아마추어 사진사들이 사진을 찍고 있고, 금호강가에서 더위를 피하기 위해 보트놀이를 즐기는 사람들도 있다.

169-05 독일수상께 미 박사학위 수여

상영시간 | 00분 45초

영상요약 | 미국 예일대에서 독일의 수상인 아데나워에게 법학박사 학위를 수여했다. 그

의 딸 리벳 베헤란 여사도 그 자리에 함께 참석 했으며, 아데나워는 소련의 당시 정책은 과거의 침략보다도 더 무서운 것이라고 경고했다.

169-06 암연구 돕는 평화 위한 원자력

상영시간 ㅣ 00분 52초

영상요약 ㅣ 파괴력이 강한 방사능 물질을 암 연구를 위해 사용하는 과정을 보여주는 영상.

169-07 폭파되는 마르세유의 한 저택

상영시간 ㅣ 00분 28초

영상요약 ㅣ 세금을 낼 수 없어 관리가 안 되는 마르세유의 한 저택을 다이너마이트로 폭파시키는 장면을 보여주는 영상.

169-08 보모일 배우는 미 해군병사

상영시간 ㅣ 00분 53초

영상요약 ㅣ 오클랜드에 있는 해군병원에서 간호사가 부족하여 해군들이 대신 보모일을 보고 있다는 것을 소개하는 영상. 해군들은 육아법을 배워 기저귀를 채우기도 하고 우유병을 조심히 다루며 수유를 하기도 하며, 아이를 잠재우는 실전훈련을 하였다.

169-09 심해에서 물고기를 잡는 버진섬의 미 해군들

상영시간 ㅣ 00분 50초

영상요약 ㅣ 버진아일랜드에 있는 미 해군 잠수부들이 심해 속으로 들어가 작살총을 이용하여 물고기와 상어를 잡는 모습을 촬영한 영상.

169-10 프랑스에서 열린 세계 오토바이 대회

상영시간 ㅣ 01분 22초

영상요약 ㅣ 프랑스에서 진흙탕 속 오토바이 경주대회가 열렸다. 어려운 코스에서도 속도를 줄이지 않고 달리는 선수들 가운데 위험에 놓이게 된 사고 난 선수들도 보인다. 1등으로 들어온 선수는 이미 얼굴이 진흙으로 뒤범벅이 되어 있다.

이 대통령 동상 제막식 (1956년 8월)

제작정보

출　　　처 : 리버티뉴스 175호
제 작 사 : 주한미공보원
제 작 국 가 : 미국

영상정보

제 공 언 어 : 한국어
컬　　　러 : 흑백
사 운 드 : 무

영상요약

1956년 8월 15일 이승만 대통령 동상 제막식 영상. 이 행사는 이승만의 제3대 대통령 취임을 기념하며 거행되었다. 동상은 서울 '시민의 공원' 남산 조선신궁 옛터에 세워졌고, 제막식 행사를 관람하기 위해 많은 시민들이 남산을 방문하였다.

내레이션

(내레이션 없음)

화면묘사

00:00 높게 세워진 '경축 리대통령 각하 동상 제막식' 문구가 적혀 있는 구조물. 구조물 뒤에 있는 대문으로 많은 인파들이 들어가고 있음

00:03 제막식 행사에 참여한 동상 건립에 관계자들, 비용을 희사한 전국 극장업자들도 포함되어 있음. 앞에는 '중앙위원' 문구가 적힌 표지판이 세워져 있음. 제막식 참가자들이 애국가를 부름

00:10 동상을 덮은 천을 관계자들이 거두고 있는 장면

00:17 완성된 이승만 동상 클로즈업

00:19 동상 아래 공터에서 열린 행사장 전경

00:22 관계자의 연설 장면

00:25 좌석에 많은 국내외 귀빈을 포함한 관객들이 앉아 있음

00:30 이승만 대통령 동상과 제막식 행사장의 전경을 보여줌

연구해제

이 영상은 1956년 8월 15일 남산 조선신궁 터에서 거행되었던 이승만 동상 제막식 영상이다. 이 제막식에는 조정환 외무부장관 서리 등이 참석하였다. 대한뉴스 제68-06호 '리 대통령 각하, 동상 건립 기공'에서는 1955년 10월 3일에 개최되었던 기공식 모습을

볼 수 있다.

이승만의 우상화는 6·25전쟁 이후에 조직적이고도 본격적으로 시작되었다. 현재 확인할 수 있는 가장 이른 시기에 제작된 대통령 이승만 기념물은 '철도창설 55주년 기념 이승만 대통령 흉상'이다. 1954년 9월 18일 교통부 광장에서 거행된 철도 창설 55주년 기념식에는 내외 귀빈 다수가 참석한 가운데 부통령의 훈화에 이어 '철도창설 55주년 기념 이승만 대통령 흉상 제막식'이 거행되었다. 이 흉상은 '대한뉴스 제48-08호 철도 55주년'에서 확인할 수 있다.

이승만이 80세가 되는 1955년에는 '이 대통령 80회 탄신축하위원회'가 조직되어 그에 대한 다양한 우상화 작업이 진행되었다. 세계의 중심은 한국, 한국의 중심은 국부 이승만이라는 내용의 전기가 발간되었고, 남산의 이승만 동상 건립도 추진되었다. '이 대통령 80회 탄신축하위원회'는 국회의사당에서 실행위원회를 개최하여 조각가 윤효중으로부터 대통령 동상 건립에 관한 설명을 청취하였다. 윤효중은 "상의 높이가 81척인 것은 80세에서 갱진일보(更進一步)하는 재출발의 첫걸음을 의미하며, 80회 탄신기념사업의 일환으로 개천절에 기공하여 대통령 이승만이 81세가 되는 해 광복절을 택일하여 제막식을 거행하는 계획을 상징하는 것"이라고 말하였다.

이런 이승만의 우상화 작업은 당시 정치적 상황과 밀접한 관련이 있었다. 1954년 5차 개헌안이 135 : 60으로 부결되자 이른바 사사오입으로 5차 개헌안을 가결해야 할 정도로 정부의 공신력은 추락했다. 이러한 상황에서 장기집권을 구상하던 자유당은 이승만을 민족의 영웅이자 국가의 아버지로 세우는 구체적인 작업을 실행했는데, 그 중심에 남산의 대통령 동상이 포함된 것이었다. 건립부지 3,000평에 좌대 279평, 상의 크기 81척의 동상은 1956년 8월 15일 제막식을 가졌다. 남산 동상은 2억 656만 환의 경비로 "세계 굴지의 동상"을 겨냥했지만, 자금의 일부를 은행으로부터 대출을 받아 경비를 지출한 극장연합회가 4월혁명 이후 지급을 거부하여 결국 은행들이 떠맡게 된 사연도 있다.

그러나 이승만의 장기집권을 상징했던 이 동상은 4월혁명 이후 1960년 7월에 개최된 국무회의에서 철거하기로 했고, 서울시는 7월 23일에 철거를 결정, 8월 19일부터 철거를 시작했다. 이에 대한 자세한 모습은 '대한뉴스 제279-06호 이 박사 동상 철거'를 통해서 확인할 수 있다.

참고문헌

조은정, 「대한민국 제1공화국의 권력과 미술의 관계에 대한 연구」, 이화여대 박사학위
    논문, 2005.

해당호 전체 정보

175-01 제3대 대통령 취임식 및 광복절 기념식

상영시간 | 01분 14초

영상요약 | 1956년 8월 15일 오전 9시 중앙청 광장에서 정부 주최로 제3대 대통령 취임식 및 광복절 기념식이 개최되었다. 정부의 삼부직원, 각종 사회단체, 학생, 시민 등은 광장에 모여 축하행사를 참관하였다. 이기붕 민의원의장이 사회를 보았으며, 이승만이 축사를 연설하였다. 다울링(Walter C. Dowling) 주한미국대사를 비롯한 외국 귀빈들도 참석하였다.

175-02 대통령 취임기념 행사

상영시간 | 00분 47초

영상요약 | 1956년 8월 15일 제3대 대통령 취임을 기념하여 태평로 광장에서 열린 삼군 분열식 행사 장면.

175-03 이대통령 동상제막식

상영시간 | 00분 35초

영상요약 | 1956년 8월 15일 이승만 대통령 동상 제막식 영상. 이 행사는 이승만의 제3대 대통령 취임을 기념하며 거행되었다. 동상은 서울 '시민의 공원' 남산 조선신궁 옛터에 세워졌고, 제막식 행사를 관람하기 위해 많은 시민들이 남산을 방문하였다.

175-04 도로 포장

상영시간 | 00분 55초

영상요약 | 한미 구호물품과 기계를 이용해 도로포장을 하는 내용의 영상.

175-05 여름 수업

상영시간 | 00분 37초

영상요약 | 더운 여름 일본식 가옥의 강당에서 남녀학생들이 모여 수업을 받는 모습.

미 4H 클럽(구락부) 대표단 방한 (1956년 8월)

제작정보

출   처 : 리버티뉴스 177호
제 작 사 : 주한미공보원
제 작 국 가 : 미국

영상정보

제 공 언 어 : 한국어
컬   러 : 흑백
사 운 드 : 무

1956년 8월 미 4H클럽 대표단이 가축 및 의료품 등의 선물을 가지고 한국을 방문하였다. 한국 관계 인사가 클럽 관계자들에게 야외에서 표창을 수여하였다.

█ 내레이션

(내레이션 없음)

█ 화면묘사

00:00   야외 벤치에 앉아 있는 4H클럽 대표단
00:04   나무가 우거진 정원에 마련된 표창 수여식장의 전경
00:09   한국 측 관계자가 외국인들에게 표창장을 건네며 악수를 하는 장면
00:19   사진 찍는 기자의 모습
00:21   표창장을 받고 있는 미4H클럽 대표단 일원의 모습과 이를 보고 수여식장에 참석한 외국인들이 박수치는 장면
00:26   성조기와 태극기를 배경으로 한미 대표자들이 4H클럽을 한 손으로 잡고 악수하는 모습

█ 연구해제

4H운동이 한국 역사에 처음 등장한 것은 일제 식민지시기였다. 1926년 기독교청년회(YMCA)가 '사각소년회' 활동을 각 도에서 전개하다 일제의 탄압으로 자동 소멸한 것이다. 이후 미군정기인 1947년 3월 경기도 군정장관 앤더슨 중령(Charles A. Anderson)과 구자옥 경기도지사, 경기도문관 이진묵 등이 '농촌구락부'라는 명칭으로 4H클럽을 도입하였다. 운동의 목적은 시기마다 달랐지만, 핵심은 농촌 청소년에게 '4H'(Head지육, Heart덕육, Hands노육, Health체육)를 수련시켜 훌륭한 영농인이자 민주시민인 '국민'을 육성하고자 하는 것이었다.

원래 4H운동은 1900년경 옥수수, 통조림, 토마토 클럽 등의 형태로 미국에서 시작하였다. 이 운동은 미 농무부, 대학교육기관, 학교, 농촌 지도자들의 상호부조라는 미국 농촌지도의 전형을 그대로 따랐다. 초기의 운동은 도시와 농촌 간의 문화적 격차와 농촌 청소년 교육에 대한 문제 제기로 시작됐으며, 소득개선을 중요한 유인조건으로 하였다. 이후 '소년·소녀클럽'의 형태로 발전하여 농촌 청소년들의 소외현상 타파와 사회적 권리 향상을 도모하는 방향으로 전개되다가 1924년 이후 '4H클럽'이 이러한 운동 전체를 대표하게 되었다. 그런데 1947년 한국에 도입된 4H운동은 미국의 그것과 동기 및 배경이 변용된 형태였는데, 군정 차원에서 미국의 농촌지도를 보조하고, 농업 기술 전파와 반공주의적 민주주의 전파가 주목적이었다. 즉, 4H운동을 통해 구세대의 자장에 강력한 영향을 받았던 한국인들을 계몽시키고, 식량난 속에서 새로운 작물재배를 훈련시키기 위한 것이었다.

　6·25전쟁으로 일시 중단되었던 4H운동은 1951년부터 재건에 들어가 1953년 전국에서 개최된 '농업 지도요원 강습회'에서 정식으로 소개되었다. 1954년 12월 4H클럽은 이승만 대통령을 명예총재로 하여 중앙위원회를 출범시켜 비로소 전국적인 조직의 형태를 완성했다. 이들은 한국 민사처 및 한미재단의 지원을 받았으며 CARE 등 구호단체의 지원도 받을 수 있었다. 그 결과 1955년 농림부 농업교도과에서 4H운동을 교도사업의 일환으로 다시 책정하면서 운동이 확장되었다. 1957년 이후 4H운동은 전국적 규모로 성장하고 운동의 내용도 풍부해졌다. 이처럼 1950년대 한국의 4H운동의 성격은 미국과 한국정부의 정치적 목적에 의하여 강하게 규정되었다. 구조적으로는 중앙 단위의 정책 결정에서는 미국 측이, 지방 단위의 실제 지도와 동원에서는 한국 측이 강한 영향력을 끼치는 이원적 지도형태를 띠었다.

　다른 한편 4H운동은 농촌 청소년들을 동원하는 과정에서 새로운 가능성을 부여하였다. 4H운동은 기본적으로 농촌 청소년의 계몽과 교육 대체 효과를 지향하였고, '민주시민'을 육성하고자 하였다. 이를 위해 과제활동, 민주주의적 절차에 입각한 회의 진행, 오락 등을 보급하여 농촌 청소년들이 '근대적 공간'과 조우할 수 있는 기회가 되었다. 반면 운동 자체에 내포되었던 국가주의적 이데올로기들은 이들의 민주주의의 내용을 한정하였고, 대내외 상황은 반공주의를 그 내용에 추가하게 하였다. 결국 이 시기 4H운동은 한편으로는 청소년에게 문화의 매개체로, 다른 한편으로는 동원의 매개체로 작동되었다.

참고문헌

「가축 등 선물가지고 미 사H크럽 대표단 입경」, 『동아일보』, 1956년 8월 23일.

한봉석, 「4H 운동과 1950년대 농촌 청소년의 '동원' 문제」, 『역사비평』 83, 2008.

해당호 전체 정보

177-01 대만 친선사절단 귀국

상영시간 ㅣ 00분 35초

영상요약 ㅣ 1956년 8월 20일 중화민국 친선 사절단 엽공초(葉公超) 외무부장이 부산 수영 공항에서 출국하는 영상. 엽공초 일행은 제3대 대통령 취임식에 참석하기 위해 내한하여 이승만 대통령과 진해에서 회견한 후 오전 11시 11분 비행기로 한국을 떠났다.

177-02 미 4H클럽(구락부) 대표단 귀국

상영시간 ㅣ 00분 29초

영상요약 ㅣ 1956년 8월 미 4H구락부 대표단이 가축 및 의료품 등의 선물을 가지고 한국을 방문하였다. 한국 관계 인사가 구락부 관계자들에게 야외에서 표창을 수여하였다.

177-03 시멘트공장

상영시간 ㅣ 00분 26초

영상요약 ㅣ 시멘트를 생산하고 있는 공장의 전경.

177-04 제1회 아시아 축구 선수권대회 동부 대표 선발전(한국 대 자유중국)

상영시간 ㅣ 01분 07초

영상요약 ㅣ 1956년 8월 제1회 아시아 축구 선수권대회 동부 대표 선발전과 친선경기를 위해 자유중국 축구 대표 팀이 방한, 서울운동장에서 서울 군명단과 자유중국 남화축구단과의 경기를 하였다.

제1차 전국모범생산기업체 표창식 (1956년 4월)

제작정보

출 처	:	리버티뉴스 178호
제 작 사	:	주한미공보원
제작국가	:	미국

영상정보

제공언어	:	한국어
컬 러	:	흑백
사 운 드	:	무

제1차 전국 모범생산기업체표창식 행사 영상. 대한상공회의소에서 주최하였으며, 모범기업체 관계자들이 표창을 수여받았다.

■ 내레이션

(내레이션 없음)

■ 화면묘사

00:00 '제1차 전국 모범생산기업체표창식 주최 대한상공회의소(第1次 全國模範生産企業體表彰式 主催 大韓商工會議所)' 플래카드와 태극기가 걸려 있는 행사장 단상. 기념사하는 상공회의소 관계자. 관계자 앞의 테이블에는 표창장과 기념패 상자들이 놓여 있음

00:10 표창식이 열리고 있는 강당 전경. 관객석에 기업체 관계자들이 앉아 있음

00:11 김일환 상공부장관의 연설 장면

00:15 표창자들이 행사장 앞쪽에 일렬로 서있음

00:20 김일환으로부터 표창을 받는 기업체 관계자들

00:27 상공회의소 관계자가 표창을 수여하는 장면

■ 연구해제

본 영상은 대한상공회의소 주최로 1956년 첫 시행된 전국 모범생산기업체 표창식을 보여주고 있다. 당시 모범기업체 선정은 이승만 정부의 중소기업 육성 강화책의 일환으로 고안되었다. 즉 각 분야에서 모범기업체를 선정·표창하고 이를 표준으로 삼아 중소공업의 보호육성을 추진하고자 한 것이다. 1956년도에는 이 외에도 중소기업조합법 제정, 중소기업에 대한 융자한도 증가와 인정 과세제 폐지 등 중소기업 육성방안이 성안되었다.

1950년대 중반까지 한국의 중소기업은 국산원료, 간단한 기술, 국내시장을 토대로 생산회복을 주도했다. 그러나 미국의 대한원조정책이 본격적으로 진행되면서 소비재 공업 중심의 대기업이 성장하게 되고, 해당 업종에서 중소기업과 대기업의 생산성은 역전되어 큰 격차를 보였다. 대기업은 점차 중소기업의 생산분야까지 진출하면서 중소기업의 생산기반을 잠식해갔다. 이 과정에서 중소기업 경영난의 해결을 위한 보호·육성론이 대두되었다.

그러나 이승만 정부가 취한 중소기업 정책은 전반적인 산업구조에 대한 고려없이 단편적이고 임기응변적 구호차원에 그쳤다. 개별 단위, 내지는 개별 업종에 대한 단편적 대책으로 정책을 수립·시행한 결과 산업구조의 불균형이 더욱 심해졌고 투자왜곡이 발생했다. 그 결과 1957년 불황 이후 중소기업의 경영난과 도산이 심화되었다.

물론 이승만 정권기 중소기업정책이 남긴 긍정적 유산도 있다. 중소기업 전담 행정기관의 신설, 중소기업금융의 양적 확대와 중소기업은행 설립 등 제도적 차원의 것들이다. 그러나 제도적 차원을 넘어 실질적 육성노력이 역부족인 속에서 1960년대 이후 중소기업과 대기업의 격차는 더욱 확대되고, 대기업 중심의 경제개발이 본격화하게 된다.

▋ 참고문헌

「국책으로 보호육성」, 『경향신문』, 1956년 4월 11일.
「중소기업 육성 상공부서 요강성안」, 『경향신문』, 1956년 4월 27일.
「총액 3억 환을 배정」, 『경향신문』, 1956년 6월 10일.
김승은, 「이승만정권기 중소기업문제 연구」, 고려대학교 석사학위논문, 2001.

제지공장 (1956년 8월)

제작정보

출   처 : 리버티뉴스 178호
제 작 사 : 주한미공보원
제작국가 : 미국

영상정보

제공언어 : 한국어
컬   러 : 흑백
사 운 드 : 무

█ 영상요약

제지공장 실황. 삼덕제지공장에서 파지를 이용해 새 종이를 생산하는 장면을 보여주는 영상이다.

█ 내레이션

(내레이션 없음)

█ 화면묘사

00:00 제지공장건물 전경
00:06 '삼덕제지공장건설공사장(三德製紙工場建設工事場), 본 공장은 1955.FY.UNKRA. 원조자금으로써 건설하는 것임' 문구가 적힌 표지판
00:09 제지공장에서 파지를 가공하여 종이를 생산하는 과정을 보여줌

█ 연구해제

본 영상은 전후 국제연합 한국재건단(UNKRA)의 원조를 받아 건설에 나선 삼덕제지공장의 모습을 보여주고 있다. 제지공업은 일제시대의 귀속재산을 바탕으로 한국 화학공업분야 중 빠른 성장을 보였으나 그만큼 6·25전쟁의 피해도 많이 입었다. 이에 따라 한국정부 및 유엔군 측은 전후 재건의 일환으로 제지공장부흥계획을 세우고, 제지공장에 원조자금을 배정하였다. 본 영상의 삼덕제지 역시 그 일환의 UNKRA 원조자금을 유치하여 설립하였고, UNKRA 원조로 건설된 공장이라는 표지판을 공장 정문 앞에 세워 기념하고 있다.

UNKRA는 6·25전쟁 발발 직후인 1950년 12월 1일자 제5차 국제연합 총회결의를 통해 창설되었다. 이를 통한 원조는 한국인의 구호 및 경제적 자립을 돕기 위한 목적에서 행해졌다. 발족 초기에는 비교적 소규모의 원조 사업이 이루어졌고, 전세가 누그러진 1952년 말부터 본격적인 원조가 시작되었다. 이에 따라 처음으로 7,000만 달러를 계획기금으로

하는 1953년도 계획이 수립되었다.

　UNKRA원조는 필수물자의 도입에 중점을 두고 전후의 민생안정을 꾀하는 한편 인플레를 수습하고 파괴된 산업 및 교통·통신시설을 복구하며 주택·의료·교육시설 등을 재건하는 데 중점이 두어졌다. 한국에 주어진 UNKRA 원조의 총 액수는 1억 2,208만 4,000달러에 달했다. 그 내역은 1951~59년 동안 농림부문이 445만 3,000달러, 수산부문이 394만 4,000달러, 공업부문이 2,665만 4,000달러, 전력부문이 337만 7,000달러, 수송 및 통신부문이 555만 6,000달러, 광업부문이 1,279만 4,000달러, 주택부문이 494만 6,000달러, 교육부문이 959만 1,000달러, 보건위생 및 후생이 650만 9,000달러, 민수물자수입이 3,622만 6,000달러, 기술원조 및 특수계획이 781만 5,000달러 등이었다. 이 밖에 1960년에 22만 4,000달러의 물자가 최종적으로 도입되었다. UNKRA 원조에 의하여 건설된 중요시설로는 인천판유리공장·문경시멘트공장·국립중앙의료원·방직시설 등을 들 수 있다. UNKRA 자체는 1958년 6월 말 청산단계에 들어가면서 그 임무를 마쳤다.

▌참고문헌

「제지공장도 재건」, 『경향신문』, 1953년 6월 18일.
「원조자금 상환지연에 물의」, 『경향신문』, 1955년 5월 9일.
「산업인맥(135) 제지공업(1)」, 『매일경제』, 1974년 5월 20일.
박진근 외, 『경제학대사전』, 박영사, 2002.

해당호 전체 정보

178-01 외국인사 방한
상영시간 ㅣ 00분 35초
영상요약 ㅣ 외국 인사가 가족들과 함께 한국을 방문. 비행장에서 주한미군 소속 장군과
그 가족 및 한국에 있는 미국 인사들이 환영하는 모습을 보여준다.

178-02 미공군 전몰 비행사 추도식
상영시간 ㅣ 00분 38초
영상요약 ㅣ 1956년 8월 30일 경상남도 남해에서 열린 미공군 전몰 비행사 추도식 장면을
보여주는 영상. 태평양전쟁 당시 망운산 계곡에 추락해 전사한 미 공군 B24폭
격기 탑승원 11명에 대해 추도하는 행사이다. 미 제315공군단 부사령관 그레
이스 대령이 전몰 비행사들을 추모하는 연설을 했고, 6,000명의 군중들이 행사
에 참여했다.

178-03 순회 진료소
상영시간 ㅣ 01분 14초
영상요약 ㅣ 순회진료단이 산간과 해안지역을 순회진료하고, 보급품을 나누어주는 내용의
영상.

178-04 제1차 전국 모범생산기업체표창식
상영시간 ㅣ 00분 38초
영상요약 ㅣ 대한상공회의소에서 주최한 제1차 전국 모범생산기업체표창식 행사 영상.

178-05 제지공장
상영시간 ㅣ 00분 46초
영상요약 ㅣ 삼덕제지공장에서 파지를 이용해 새 종이를 생산하는 장면을 보여준다.

178-06 알루미늄 공장

상영시간 ㅣ 01분 04초

영상요약 ㅣ 알루미늄 공장에서 깡통을 제조하는 과정을 보여준다.

문화재 해외전시 (1956년 10월)

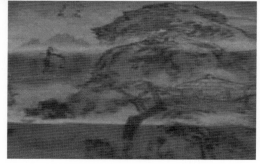

제작정보

출   처 : 리버티뉴스 181호

제 작 사 : 주한미공보원

제작국가 : 미국

영상정보

제공언어 : 한국어

컬   러 : 흑백

사 운 드 : 무

영상요약

미국 메트로폴리탄 박물관장과 그 일행이 해외에서 전시할 한국의 문화재를 결정하기 위해 내한, 부산을 방문하여 190여점의 문화재를 선정하였다.

내레이션

(내레이션 없음)

화면묘사

00:00   부산 소재 강당 내부의 전경. 강당 안 테이블에는 도자기가 전시되어 있음. 메트로폴리탄 박물관 관장과 그 일행이 한국인 문화재 전문가들의 설명을 들으며 도자기를 관찰함

00:09   테이블 위에 놓인 한국의 전통화들을 허리를 숙이고 살펴보는 메트로폴리탄 박물관 관계자들

00:11   박물관 사무실에서 한국의 고화를 살펴보고 있는 메트로폴리탄 박물관장과 그 일행

00:20   청자를 살펴보는 메트로폴리탄 박물관 일행들

00:27   선정된 청자 도자기들의 모습

연구해제

본 영상은 1957년에 있을 한국 문화재의 해외전시를 위해 미국문화계 인사들이 한국의 문화재를 선별, 결정하는 과정에 대해서 보여준다. 이를 위해 직접 방문한 뉴욕 메트로폴리탄 관장 프리스트(A.Priest)와 보스턴미술관 동양부장 포이(R.Pauies)의 모습과, 이들에게 문화재에 대해 설명하는 국립박물관 관장 김재원의 모습이 인상적이다.

1950년대 국내의 문화재 보존 상황은 매우 열악했다. 6·25전쟁으로 인해 급하게 부산으로 이전된 국립박물관 소장 문화재들은 정리되지 않은 채 창고에 쌓여 있었으며,

전국 각지에 흩어진 문화유산들의 소재 파악과 보호도 미흡하기 짝이 없었다. 즉 해외 문화재 반출보다는 국내의 문화재 보호가 더 시급했던 것이 현실이었다. 본 영상에서도 박물관 건물이 아닌 허술한 창고에 유물들이 펼쳐져 있는 것을 볼 수 있는데, 이는 당시 열악한 상황을 잘 보여주는 부분이다.

1957년의 문화재 해외전시는 1952년 문교부가 해외전시안을 국회에 상정하면서 처음 논의된 사안이었다. 1955년 국회 본회의에서 '문화재 해외전시에 관한 동의안'에 대한 국회와 정부 간의 질의 응답과정에서는 '분실의 위험, 미국과 교섭상의 문제, 이미 미국에 반출되어 있는 문화재의 소재를 파악하는 것'과 같은 문제들이 제기되었다. 그러나 문화재 해외전시는 국위 선양과 민족적 자부심의 고양이라는 측면에서 정부의 지원을 받을 수 있었다. 국회에서는 3차에 걸쳐 미국 및 서구 우방국에 처음 선보일 문화재로 18,883점을 우선 선정한 후 고심 끝에 이 중 403점을 선별하였다. 최종 선정된 문화재들은 우선적으로 1957년 5월 10일부터 20일간 국내에 거주하는 중국, 미국, 유럽 등 각국 대표들을 대상으로 전시되었고, 8월 미국 워싱턴 국립박물관을 시작으로 7개 도시에서 해외순회전시를 하였다. 미국 전시는 워싱턴, 뉴욕, 보스턴, 미니아폴리스, 샌프란시스코, 로스앤젤레스, 호놀룰루의 미술관과 박물관에서 개최되었고, 1959년 7월 귀국 후 '미국 전시 문화재 귀국전'이라는 제목하에 국민에게 전시된 후 종료되었다. 당시 이 내용은 연일 신문에 보도되었고, 이 전시를 기획, 담당한 김재원 관장은 해외전시가 성황리에 진행 중임을 보고했다.

이처럼 해외전시를 마치고 돌아 온 문화재들은 국위 선양을 한 한국의 국보급 문화재로 지정되었고, 이후 한국의 문화재들이 해외전시를 통해 국보로 지정되는 매커니즘을 형성하게 되었다. 문제는 이를 계기로 문화재의 지정 기준에 해외전시 논리가 깊이 개입하게 되었다는 것이다. 해외전시를 위해 문화재를 선정하는 과정에서 문화재가 전시될 서구의 시선을 지나치게 의식하게 되고, 그자체가 기준이 되어버린 것이다. 당시 해외전시 문화재 선정에 참여했던 간송 전형필의 말에서 그 단초를 찾을 수 있다. 그는 외국인에게 백자기의 맛을 알리려면 시간이 많이 걸리기 때문에 우선적으로 눈길을 사로잡을 수 있는 화려하고 호화찬란한 고려자기를 많이 택했다고 당시를 회고한다. 본 영상에서 보여주고 있는 문화재들 역시 화려한 청자들과 필치가 화려한 회화들인데, 전형필의 회고와 일치하는 부분이다.

요컨대 본 영상에서 소개하고 있는 문화재 해외 전시는 잘 알려져 있지 않은 1950년대 한국 문화재 정책의 현실의 한계를 여실히 보여주는 흥미로운 사례라고 볼 수 있을 것이다.

▋ 참고문헌

「문화재해외전시일정 문교, 미대표간 결정」, 『경향신문』, 1956년 9월 30일.
정수진, 「근대 국민국가와 문화재의 창출」, 『한국민속학』 46, 2007.
정수진, 『무형문화재의 탄생』, 역사비평사, 2008.

해당호 전체 정보

181-01 제1회 국군의 날 행사

상영시간 ㅣ 00분 47초

영상요약 ㅣ 1956년 10월 1일 국군의 날 기념행사. 공군에서는 당일 오후 2시부터 한강 백
사장에서 공군 전투기 부대의 시범 훈련과 낙하산 부대 강하 등의 볼거리를
연출하였다. 이승만 대통령 내외와 다울링 주한미국대사를 비롯한 국내외 인
사들이 공군 비행 행사를 관람하였고, 시민들도 한강 주변 야산에서 비행쇼를
관람하였다.

181-02 공자탄생기념 대석전

상영시간 ㅣ 00분 47초

영상요약 ㅣ 1956년 10월 1일 공자탄생기념 대석전이 성균관 대성전에서 거행되었다. 헌관
이하 집사의 위임식이 아악 연주와 함께 이루어졌다. 성균관 대학생 및 유도
회 관계인, 그리고 성균관 부관장 김찬영, 최규남 문교부장관, 유도회부위원장
조국현 등이 행사에 참여하였다.

181-03 금강교 준공

상영시간 ㅣ 01분 36초

영상요약 ㅣ 1956년 9월 29일 금강교 준공식을 촬영한 영상. 금강교는 6·25전쟁으로 파괴
되었었는데, 3년간 2억만 환을 들여 완공했다. 준공식에는 이익흥 내무부장관
과 차관, OEC 관계관들, 2만여 명의 군중들이 참석하였다.

181-04 문화재 해외전시

상영시간 ㅣ 00분 54초

영상요약 ㅣ 미국 메트로폴리탄 박물관장과 그 일행이 해외에서 전시할 한국의 문화재를
결정하기 위해 내한, 부산을 방문하여 190여 점의 문화재를 선정하였다.

유엔데이 (1956년 10월)

제작정보

출   처 : 리버티뉴스 184호
제 작 사 : 주한미공보원
제작국가 : 미국

영상정보

제공언어 : 한국어
컬   러 : 흑백
사 운 드 : 무

▌영상요약

유엔데이를 맞아 여러 국내외 군인 및 간부들이 참여한 가운데 행사가 열리고 있는 모습. 군악대와 군인들의 행진이 이어지며, 현수막을 들고 행진하는 여성들의 모습도 보인다.

▌내레이션

(내레이션 없음)

▌화면묘사

00:01　수많은 군인들이 연병장에 도열해있고, 여러 국가들의 국기가 보임
00:09　사열대에 걸려 있는 간판. '경축 유엔데이'라 쓰여 있음
00:12　연설하는 대표들
00:16　외국 군인들의 여러 모습
00:25　군인들의 열 맞춘 행군. 국기를 든 군인들 양쪽으로 말을 탄 모습도 보임
00:33　군악대의 모습
00:38　플래카드를 들고 행진하는 여성들

▌연구해제

　이 영상은 1945년 10월 24일 창설된 국제연합을 기념하기 위한 국제연합일 행사 모습을 담고 있다. 국제연합일은 한국에서 '유엔데이', '유엔의 날'이라는 명칭으로 불렀다.
　미국에 의해 한반도의 독립국가 수립을 위한 '한반도 문제'가 1947년 유엔 총회에 상정 된 이후 한국과 유엔은 긴밀한 관계에 놓이게 되었다. 6·25전쟁에 유엔군이 파병되었고, 유엔총회에서는 1975년까지 한반도의 통일문제가 논의되었다.
　한국에서 국제연합기념일을 공휴일로 지정한 것은 6·25전쟁 발발 후인 1950년 9월 16일이었다. 이후 매년 부산 유엔군 묘지와 서울 등 전국 각지에서 성대한 기념식을 거

행하였다. 그러나 1970년대 초중반 북한이 유엔 산하기구에 가입하면서 이에 대한 항의 차원에서 유엔의 날은 1976년 9월 3일 법정공휴일에서 제외되었다. 현재에도 부산 유엔 군묘지 등에서는 매년 국제연합일 기념행사가 지속되고 있다.

▌ 참고문헌

「국군의 날을 공휴일로 올해부터 유엔의 날은 제외」, 『경향신문』, 1976년 9월 2일.

해당호 전체 정보

184-01 유엔데이

상영시간 | 00분 42초

영상요약 | 유엔데이를 맞아 여러 국내외 군인 및 간부들이 참여한 가운데 행사가 열리고 있는 모습. 군악대와 군인들의 행진이 이어지며, 현수막을 들고 행진하는 여성들의 모습도 보인다.

184-02 경찰 11주년 기념식

상영시간 | 00분 53초

영상요약 | 경찰 제11주년 행사 관련 영상. 건물 내부에서 진행된 식에서는 상장과 훈장 등이 수여되고 거리에서는 행사를 맞아 여러 경찰들이 행진하는 모습을 보여준다.

184-03 사찰방문

상영시간 | 00분 55초

영상요약 | 여러 외국인들이 사찰을 방문한 모습.

184-04 한미 축구 친선경기

상영시간 | 00분 57초

영상요약 | 한미 간의 축구 친선경기가 열려, 양국 두 나라 대표선수들이 나와 축구시합을 하는 모습.

184-05 이승만 대통령의 방문

상영시간 | 00분 26초

영상요약 | 이승만 대통령이 국내지역을 방문하여 사람들 앞에서 연설을 하고 있다. 연설이 끝나고 이승만은 관계자에게 태극기를 전달하고, 함께 단체 사진을 찍었다.

184-06 낚시대회

상영시간 | 00분 38초

영상요약 | 강가에서 낚시 대회가 열린 모습. 여러 사람들이 낚시를 하고 있고, 몇몇 사람
들은 자전거 등의 상품을 받았다.

기술학교 설립 (1957년 4월)

제작정보

출   처 : 리버티뉴스 201호
제 작 사 : 주한미공보원
제 작 국 가 : 미국

영상정보

제 공 언 어 : 한국어
컬   러 : 흑백
사 운 드 : 무

█ 영상요약

기술학교로 추정되는 학교 건물이 새로 설립되어 정부 및 학교 관계자들이 참석하여 개학식을 열고, 학교 시설들을 둘러보는 장면을 담은 영상.

█ 내레이션

(내레이션 없음)

█ 화면묘사

00:00 기술학교 개학식 행사장. 어린이들과 학교 관계자로 보이는 미국인들, 정부 관계자들, 교사, 경찰들이 참석해있는 모습

00:07 건물 앞 작은 운동장에 줄맞춰 서 있는 아이들과 교복을 입은 남학생들의 모습

00:10 단상 위에서 발언을 하는 교육 부처 관계자

00:13 학교 관계자로 보이는 미국인이 발언을 하고 이를 경청하고 있는 교복을 입은 어린이들의 모습

00:18 학생 대표가 단상 위에서 발언하는 장면

00:21 한국정부 측 관계자가 학교 관계자로 보이는 미국인에게 표창장을 수여함. 뒤편 건물 입구에 '***교육공장낙성'이라고 적힌 현수막이 부착되어 있음 표창장을 받은 사람들을 향해 박수를 치는 학생들의 모습

00:30 테이프 커팅을 하고 학교 건물 안으로 들어가는 관계자들. 뒤편에 '배움으로 무찌르자 공산 침략자'라는 내용이 적힌 구조물의 모습이 보임

00:31 공작기계들이 놓인 교실을 둘러보는 참석자들의 모습

00:35 제복을 입은 한 남성이 공작실습실에서 공작용 재료를 깎는 시범을 보임. 시설을 둘러보는 참석자들의 모습

▌ 연구해제

이 영상은 1950년대 기술학교의 개학식 행사장면을 담고 있다. 식장에는 한국정부 및 미국원조 관계자가 참석하여 축사를 하였고, 미국원조 관계자들은 남녀학생들이 운동장에 열을 맞추어 서서 지켜보는 가운데 기술학교 및 한국정부 당국자로부터 표창장을 받았다.

기술학교는 전문적으로 기술을 가르쳐 산업현장에서 일할 수 있는 인력을 양성하는 학교였다. 특히 1950년 6·25전쟁 이후 기술학교는 상이군경 및 전몰유가족들에게 기술을 습득하게 하여 각 사업장에 취업시키기 위한 목적을 갖기도 했다. 즉 사회사업 및 상이군경의 복지와 관련하여 운영했던 것이다.

기술학교의 운영은 미국의 원조정책의 변화와도 관련이 있었다. 1950년대 말부터 미국은 대외 원조를 감축하기 시작했는데, 대외원조에 지출되는 막대한 비용에 대해 자국 내에서 비판을 받고 있었기 때문이다. 이에 원조당국은 경제원조의 효율성을 상승시켜 불필요한 비용이 낭비되는 일을 막고자 했고, 그 방책의 일환으로 기술원조를 제공하기 시작하였다. 원조의 성패를 가늠하는 중요한 요인으로 원조 수용국의 '인적 자원'에 주목한 것이다.

1950년대 미국의 기술원조자금의 사용계획 수립 및 집행 권한은 미국 원조기구인 국제협조처(ICA: International Cooperation Administration)에 있었고, 한국정부는 기술자 파견이나 기술도입의 일부에서만 약한 영향력을 행사하였다. 1950년대 후반 미국의 주한 경제원조기구가 기술원조 정책에 한국인 관료들을 참여시키기는 했으나 실질적으로 계획집행에는 미약한 영향력만 미쳤다. 한미합동경제위원회(CEB)가 하위 의사결정기구로서 '기술원조선정위원회'를 두었는데, 그 역할은 미국에 파견할 한국인 기술훈련생을 심사하는 데 그쳤다. 그나마 1956년에는 이를 확대하여 한미합동경제위원회에 기술위원회가 설치되었고, 이를 계기로 한국인 관료들은 기술훈련생 선정과 함께 미국으로부터의 기술도입 문제를 논하는 등 보다 넓은 범위의 기술원조 정책에 참여하게 되었다. 미국의 기술원조는 이처럼 교육교환계획 방식을 적용하여 기술을 배울 학생들을 미국에 유학하게 하였으며, 미국의 원조계획하에서 기술학교를 운영하여 기술을 교육하였다.

이 같은 기술원조의 확대는 경제원조를 통해 이식된 각종 기술들을 적절히 흡수할 만한 기본적 토양을 마련하는 것이 중요한 의제로 등장했다는 것을 의미한다. 이때의 '기술'이 함의하는 바는 직접 도구를 다루는 산업·과학기술이라는 한정된 의미를 넘어, 자본주의와 각종 제도를 효율적으로 운영할 수 있는 인간의 사회적 능력까지 포괄하는 것이었다.

미국정부는 한국에 대한 기술교육 원조가 다른 나라와 비교했을 때 그 필요성이 더욱 크다고 인지한 까닭은, 한국 사회의 지정학적 중요성, 즉 내부 전복이건 외부 공격이건 간에 공산주의자가 한국을 점령할 경우 미국에게 큰 타격을 줄 것이란 점 때문이었다. 따라서 미국이 전후 한국에서 진행한 기술 원조 훈련 계획은 다른 피원조국과 비교했을 때 최고의 규모였다. 이처럼 당시 미국의 대외원조는 방위를 목적으로 하는 군사원조의 성격을 띠고 있었고, 미국의 대외원조로서 기술원조도 같은 목적을 갖고 있었다. 즉 기술원조 역시 한국의 방위활동, 반공체제 유지를 지지하는 요소로 인식되었던 것을 알 수 있다.

이와 관련하여 영상에서 기술학교 운동장에 세워진 기둥에 "배움으로 무찌르자 공산 침략자"라는 표어가 붙어있는 것을 주목할 필요가 있다.

▌참고문헌

한진금, 「1950년대 미국 원조기관의 대한 기술원조훈련계획 연구」, 서울대학교 석사학위논문, 2010.
홍성주, 「공업화 전략과 과학기술의 결합」, 『과학기술정책』 188, 2012.

해당호 전체 정보

201-01 공군사관학교 및 해군사관학교 졸업식

상영시간 ㅣ 01분 16초

영상요약 ㅣ 공군사관학교 제5기 졸업식 및 해군사관학교 제11기 졸업식 소식을 전하며 주
요 장면들을 보여주는 영상.

201-02 기독교아동복리회장 클라크 박사 방한

상영시간 ㅣ 00분 48초

영상요약 ㅣ 한국의 전쟁고아들을 보호하는 데 공헌을 한 업적으로 한국 정부의 표창을 받
게 된 기독교아동복리회 회장 클라크 박사 부부가 공항에 도착하여 환영을 받
는 장면을 보여주는 영상.

201-03 기술학교 설립

상영시간 ㅣ 00분 43초

영상요약 ㅣ 기술학교로 추정되는 학교 건물이 새로 설립되어 정부 및 학교 관계자들이 참
석하여 개학식을 열고, 학교 시설들을 둘러보는 장면을 담은 영상.

201-04 어업의 현장

상영시간 ㅣ 00분 41초

영상요약 ㅣ 어민들이 고기잡이용 배를 제작하고, 어선을 타고 바다에 나가 그물을 건져
올려서 해산물을 얻는, 어업의 현장을 보여주는 영상.

창경원 벚꽃 (1957년 5월)

제작정보

출　　처 : 리버티뉴스 204호
제 작 사 : 주한미공보원
제 작 국 가 : 미국

영상정보

제 공 언 어 : 한국어
컬　　러 : 흑백
사 운 드 : 무

▌ 영상요약

1957년 4월 말에 창경원에 벚꽃이 만개하여 이를 보고자 온 사람들로 가득한 모습들이 영상에 나타난다. 당시 창경원에 놀이시설과 동물원이 조성되었음을 알 수 있다.

▌ 내레이션

(내레이션 없음)

▌ 화면묘사

00:01   여러 사람들이 걷는 모습

00:08   비행기 놀이기구에서 탑승한 사람들이 내리는 모습. 초등학생이나 중학생으로 보이는 여학생이 동생으로 보이는 어린이를 들어 먼저 놀이기구에 내려주고 어머니로 보이는 한복 차림 여성이 앞으로 달려가서 어린이를 받는 모습

00:11   비행기 놀이기구가 사람들 위에서 원을 그리며 날아다니는 장면. 놀이기구 아래 수많은 사람들이 구경하거나 기다리고 있는 모습

00:14   비행기 놀이기구가 날아다니는 장면 클로즈업

00:17   벚꽃이 만개한 가운데 움직이는 인파들의 모습. 멀리 창경원 내 존속된 전각의 모습

00:20   양옆에 만개한 벚꽃나무 사이로 움직이는 수많은 인파들의 모습

00:22   동물원의 모습. 동물들을 구경하기 위해 모인 많은 인파들의 모습

00:24   철조망 너머로 낙타가 일어서서 움직이는 장면

00:31   동물들을 구경하는 사람들의 모습

00:32   철조망 너머로 우리 안에 독수리가 서 있는 모습

00:35   철조망 너머로 보이는 우리 안의 공작새의 뒷모습

00:36   치마를 입은 어린 소녀가 캔으로 음료를 마시면서 화면에서 오른쪽으로 걷고 카메라의 시선이 따라가는 장면. 그 소녀 주변으로 소녀 또래의 여자 어린이들과 여성들이 쉬고 있음

연구해제

본 영상은 1958년 4월에 벚꽃이 만개한 창경원의 이모저모를 보여주고 있다. 경비행기 모양의 놀이기구가 돌아가고 있으며, 동물원의 우리 속에는 하마, 공작새, 낙타 등의 동물들이 있었다. 봄옷을 곱게 차려입은 어린이들과 어른들은 따사로운 봄 햇살을 맞으며 즐거운 나들이를 하고 있다. 이처럼 영상에서 보여주는 창경원의 모습은 궁궐이라기보다는 잘 꾸며진 도심 속 가족공원의 모습이었다.

조선시대의 궁궐이었던 창경궁이 왜 공원이 되었는지에 대해서는 많은 연구자들이 밝히고 있다. 일제는 1905년 을사조약 체결 이후 황실의 위락과 위엄을 위해 왕실의 정원을 꾸민다는 명목으로 창경궁에 박물관과 동물원, 식물원을 건설하기 시작했고, 1909년 11월 1일 개원을 앞두고 명칭을 창경원으로 바꾼 뒤 일반대중에게 공개했다. 조선왕조의 정치적 역사적 상징의 공간인 궁궐을 파괴하고 유원지화 함으로써 조선왕조의 몰락을 대외적으로 알리고 새로운 식민제국의 도래를 의미하는 공간으로 탈바꿈시켰던 것이다. 예컨대 일제의 고미야 차원은 '식민제국 일본의 신사적 이미지를 홍보하기 위하여 근대적으로 새롭게 정비된 조선의 궁과 후원 등을 외부에 투명하게 공개해야 한다'고 주장하기도 했다. 과거에 백성들이 감히 들어가고자 시도하지도 못했던 왕실의 공간을 이제 패망한 왕조의 식민지민이 된 대중에게 개방함으로써 제국의 위상을 높이겠다는 의도도 보여진다. 실제로 창경원에는 기존의 전각들과는 어울리지 않는 일본식 건물들이 세워지기도 했다.

창경원에 벚꽃을 심은 것 역시 같은 맥락에서 진행되었다. 1909년 창경원 개원식에 참관한 일본인들이 이구동성으로 일본식 정원을 꾸밀 것을 제안했기 때문이다. 벚꽃은 일본에서 메이지 시기에 홍수 방지를 위해 전국의 강가나 교정에 심게 되면서 보급되었고, 무사도를 부활시키고자 했던 군부는 벚꽃 묘목을 의도적으로 옛 성터에 심어 무사와 관련된 이미지를 덧씌운 것이다. 또한 민중들이 그 의미를 체험할 수 있도록 성곽과 그 내부를 개방하여 불꽃놀이를 개최하기도 했다. 즉 벚꽃은 일본 역사에서 공간과 상징을 통한 정치의 사례였던 것이다.

일제가 창경원에 이식한 벚나무는 왕벚나무라 불리는 소메이요시종으로, 조선의 재래종 벚나무와는 다른 것이다. 왕벚나무는 이식이 쉽고 성장이 빨라 7, 8년 만에 꽃을 피울 수 있다. 따라서 1910년 무렵 창경원에 이식한 나무들은 1917년과 1918년 제법 자라 꽃놀이를 할 수 있을 정도가 되었고, 1924년 4월 20일을 기해 공식적으로 밤 벚꽃놀이가 시작되었다. 이 기간에는 경성부민만이 아니라, 지방이나 해외에서 온 사람들, 학생, 직장인 단체들을 막론하고 벚꽃놀이를 하기 위해 창경원을 찾았다. 벚꽃놀이 관람객 수는 해마다 증가하였고, 1938년 전시체제에 돌입한 이후에도 25만 명 내외의 관람객들이 다녀가는 행사로 자리 잡는다. 과거 조선 왕조의 성소였던 장소가 점차 주야를 가리지 않고 일제의 신민들이 사용할 수 있는 놀이공간으로 전환된 것이다.

해방 이후에도 오랜 기간 창경원은 대중들에게 유원지로 인식되어 왔다. 창경원이 창경궁으로서 다시 복원된 것은 1983년 12월의 일이었다. 1983년 8월 문화재관리국에서 "일제에 의해 원으로 격하된 창경궁을 원래의 모습으로 복원"한다는 계획을 밝힌 것이다. 이후 창경원은 창경궁으로 명칭을 되찾았고, 부지 내에 있던 위락시설들은 철거되었다. 식민지배의 상징물인 벚꽃 역시 여의도와 어린이대공원 등지로 이식되었다.

█ 참고문헌

「막내린 창경원 벚꽃놀이」, 『경향신문』, 1984년 3월 17일.
김현숙, 「창경원 밤 벚꽃놀이와 야앵(夜櫻)」, 『한국근현대미술사학』 19, 2008.

해당호 전체 정보

204-01 창경원 벚꽃

상영시간 ㅣ 00분 41초

영상요약 ㅣ 1957년 4월 말에 창경원에 벚꽃이 만개하여 이를 보고자 온 사람들로 가득한 모습들이 영상에 나타난다. 당시 창경원에 놀이시설과 동물원이 조성되었음을 알 수 있다.

204-02 창경원에 새로 들어온 하마

상영시간 ㅣ 00분 37초

영상요약 ㅣ 1957년 5월 1일에 네덜란드에서 부산을 통해 서울로 이송되어 창경원에 살게 된 하마의 모습이 영상에 보인다.

204-03 한국·터키 친선의 밤

상영시간 ㅣ 00분 36초

영상요약 ㅣ 1957년 4월 27일과 28일 양일간 대한적십자사 서울시지사 주최로 터키군을 위로하고 양국 친선을 목적으로 중앙청 노천극장에서 한국 · 터키 친선의 밤 행사를 열었다. 영상에서는 이 행사에서 공연되는 터키 민속무용 등을 볼 수 있다.

204-04 한강철교 제3선 7월경 준공

상영시간 ㅣ 00분 57초

영상요약 ㅣ 1957년 4월 말, 한강철교 제3선이 7월경에 준공이 이뤄진다고 알려주는 영상이다. 이 공사는 1955년에 ICA의 원조로 착공되었다.

204-05 양곡 배급

상영시간 ㅣ 00분 29초

영상요약 ㅣ 1957년 5월 1일부터 서울시에서 쌀값 안정을 위해 영세민을 대상으로 한 2차 양곡 배급을 실시하였다. 영상에서는 종로구에서 배급이 이뤄지는 모습과 고

재봉 당시 서울시장의 모습을 볼 수 있다.

204-06 제2회 전국전도관대항체육대회

상영시간 ㅣ 01분 17초

영상요약 ㅣ 1957년 4월 25일부터 27일까지 3일간 한국예수교부흥협회 주최로 제2회 전국
전도관대항체육대회가 서울운동장에서 열렸다. 영상은 개회식과 자전거경기
를 보여준다.

우량아표창 (1957년 5월)

제작정보

출   처 : 리버티뉴스 206호
제 작 사 : 주한미공보원
제 작 국 가 : 미국

영상정보

제 공 언 어 : 한국어
컬   러 : 흑백
사 운 드 : 무

영상요약

서울특별시가 주최한 제11회 어린이건강심사회에서 입선된 우량아들에 대해 1957년 5월 15일 덕수궁 후원에서 표창이 수여됐다. 영상은 표창수여식이 진행되는 과정 중 일부이다.

내레이션

(내레이션 없음)

화면묘사

00:00	어린이건강심사회에서 입선한 우량아와 어머니들, 그 뒤의 참석자들 수십 명의 전경
00:06	칠판에 태극기가 걸려있고 그 앞에 서울시 관계자인 남성이 말하는 모습
00:08	어린이건강심사회에서 입선한 우량아와 어머니들, 그 뒤의 참석자들
00:10	서울시 관계자가 섰던 자리에서 우량아 어머니가 소감을 말하는 모습
00:13	어린이건강심사회에서 입선한 우량아와 어머니들, 그 뒤의 참석자들
00:15	서울시 관계자가 표창을 수여하고 어머니가 어린이를 안은 상태에서 표창과 부상을 받음. 받는 과정에서 어린이가 울음을 터트림. 표창을 받고 나서 어머니가 참석자들을 향해 고개를 숙여 인사함
00:23	서울시 관계자가 다른 어머니에게 표창을 수여하는 모습
00:26	웃고 있는 어린이를 중심으로 같이 웃고 있는 어머니도 측면에 나타남

연구해제

서구에서 근대 국가와 과학의 발전은 '어린이'의 개념 변화와 맞물려있다. '어린이'는 고된 노역이나 부모의 폭력에 노출된 존재에서 '보호받아야 할 존재'이자 '미래의 희망'으로 인식되었다. 이처럼 서구 사회에서 국가는 어린이를 부모의 '소유물'에서 벗어나게 해주었고, 과학은 이 같은 국가의 활동을 합리화해주었다. 그렇다면 보릿고개로 배곯는 아이들이 도처에 있었던, 한국의 경제성장기에 '어린이'의 존재는 한국사회에서 어떤 모습으로 그려졌을까?

한국현대사에서 1945년 해방의 열망은, 곧 분단과 전쟁의 야만에 노출되었다. 분단과 전쟁으로 황폐화된 국토에서 '어린이'는 여전히 전근대적 노동에 노출된 존재이자 새로운 근대 국가의 구상 속에서 보호받아야 할 존재이기도 하였다. 이러한 모습은 분리되기보다 결합되어 나타났다. 한국사회에서 우량아 선발대회는 이러한 모순적이면서도 양면적인 한국사회의 '어린이' 모습이 응축되어 나타난 것이었다. 국가와 기업은 과학을 동원하여 '우량아'를 육성하고자 하였고, 이는 다시 건강한 노동자의 생산으로 직결되었다. 그러나 다른 한편으로는 지독한 가난을 벗어나고자 하는 모성의 욕망이 결합되기도 하였다. 가난한 나라에서 '뚱뚱한 아이'는 건강함과 부유의 상징이었고, 어머니들에게 '우량아 선발대회'는 자녀들의 건강에서 더 나아가 이를 길러내는 '훌륭한 어머니', '건강한 가정'을 상징하는 것이었다.

우량아 선발대회는 생각보다 이른 시기부터 실시되고 있었다. 1930년대 일제와 언론사는 우량아 선발대회를 개최하였고, 1948년부터 서울우유가 '건강우량아선발대회'를 개최하였다. 1950~60년대에는 비락이 "비락만 먹으면 우량아가 됩니다"라는 광고와 함께 우량아 선발대회를 개최하였다. 1971년부터는 남양유업과 문화방송이 공동으로 주관하는 '전국우량아선발대회'가 TV를 통하여 전국의 가정에 전파되었다.

이처럼 우량아 선발대회는 국가와 과학이 어린이의 신체에 직접적으로 개입하는 과정을 상징하였다. 따라서 우량아 선발대회는 시기를 막론하고 비슷한 방식으로 진행되었다. 어머니들이 유아들 데리고 대회에 참가하면 의사가 유아들을 측정하고, 이 결과를 바탕으로 시상식이 열렸다. 대회에는 대통령 영부인이 자주 참석하였고, 의사들의 축사나 강연회가 이어졌다. 우량아 선발대회는 국력의 미래라고 할 수 있는 어린이의 신체를 선전하는 공간이자 이 같은 내용을 어머니들에게 확산시키는 계몽의 장이었다. 해당 영상에 나오듯 1957년 5월 15일 덕수궁에서는 프란체스카 여사가 참석하여 입선한 272명의 어린이들에게 직접 상품을 수여하였다. 고재봉 서울시장은 "튼튼한 어린이는 나라의 보배"라는 축사를 남겼다. 이 같은 형식은 1971년으로 이어졌다. 제1회 전국우량아선발대회에는 육영수 여사가 직접 참석하였다. 신장, 체중 등 양적 수치를 근거로 어린이들은 부모의 기쁨일 뿐만 아니라 국가자원의 상징으로 표현되었다.

이 같은 어린이 담론은 국가와 과학의 이름으로 주도되었으나 이 과정에서 기업들의 이해관계가 결합하였다. 1950~60년대 비락의 광고 슬로건은 "비락만 먹으면 우량아가 됩니다"였다. 1971년부터 개최된 전국우량아선발대회의 주최사였던 남양유업은 모유 대신 남양분유를 먹이면 유아가 우량아가 된다고 선전하였다. 모유 대신 분유먹이기 열풍이 어머니들 사이에서 번져나갔다. 이러한 광고와 우량아 선발대회는 1980년대 초부터 서서히 사라졌다. 이는 어린이의 신체가 국가·과학·자본의 이해관계에서 독립했기 때문이 아니었다. 경제성장이 가속화되면서 더 이상 '못먹어 마른' 유아들이 줄어들었기 때문이다. 대신 국가와 기업은 '모자 건강'에 초점을 맞춘 사회교육 캠페인을 진행하였다. 최근에는 모유수유를 잘하는 법, 모유수유가 모자 건강에 주는 이득 등을 집중적으로 설파하고 있다. '어린이의 근대화'는 어린이를 부모의 사적 노동으로부터 해방시켰고, 시기마다 내용과 성격이 조금씩 변화했지만 여전히 어린이의 신체를 국가와 자본, 그리고 과학과 부모의 욕망 사이 어딘가에 위치시키고 있다.

▌참고문헌

「튼튼한 어린이 나라의 보배, 15일 우량아들 시상」, 『경향신문』, 1957년 5월 17일.
「(광고)비락만 먹으면 우량아가 됩니다」, 『동아일보』, 1958년 6월 8일.
「100년을 엿보다(24) 우량아 선발대회」, 『경향신문』, 2010년 4월 11일.
오창섭, 『근대의 역습』, 홍시, 2013.
홍성태, 「근대화 과정에서 어린이는 어떻게 자라왔는가-한국 사회에서의 어린이 담론의 변화」, 『당대비평』 25, 2004.

해당호 전체 정보

206-01 다울링 대사 귀임

상영시간 | 00분 29초

영상요약 | 1957년 5월 11일 한국경제부흥원조 및 한국군장비강화 등 여러 현안을 본국
정부와 협의하기 위해 한국을 떠난 다울링 주한미국대사가 13일 특별기편으
로 김포공항에 도착해 한국에 귀임했다. 김포공항에 도착해 부인과 함께 환영
인파를 맞는 다울링의 모습이 영상에 보인다.

206-02 미국 시찰을 위한 민의원 7명의 도미

상영시간 | 00분 25초

영상요약 | 미국 국무성의 초청으로 미국 국회 등을 돌며 미국 입법제도를 시찰하는 목적
으로 민의원 조재현, 현석호, 박만원, 안동준, 송방용, 박세경 등 7명이 1957년
5월 10일 노스웨스트 항공편으로 한국을 떠나 2개월간 미국에 머물 계획인데,
영상은 공항에서 이들을 환송하는 장면이다.

206-03 해외전시국보전

상영시간 | 00분 34초

영상요약 | 미국에서 전시하게 될 국보미술품 특별전이 국보 미술품 특별전이 1957년 5월
11일 부터 월말까지 국립박물관에서 열렸다. 영상은 여기에 전시되는 작품들
과 관람하는 사람들 등 전시실 내부의 모습을 보여준다. 이 기간 동안 국립박
물관, 경주박물관, 덕수궁미술관, 불국사, 전형필, 손재형이 소장하는 여러 분
야의 유물이 전시되며, 11월 경에 미국으로 반출돼 명후년인 1959년 6월까지
미국의 여러 곳을 순회전시가 진행될 예정임을 알려준다. 이는 최초의 국외전
시이다.

206-04 우량아 표창

상영시간 | 00분 30초

영상요약 | 서울특별시가 주최한 제11회 어린이건강심사회에서 입선된 우량아들에 대해

1957년 5월 15일 덕수궁 후원에서 표창이 수여됐다.

206-05 세계탁구선수권 선전한 위쌍숙, 최경자

상영시간 | 00분 34초

영상요약 | 1957년 제24회 세계탁구선수권대회에서 선전한 위쌍숙, 최경자와 관련한 행사
가 선수들이 다니는 광주 수피아여자고등학교에서 열렸다. 영상에는 두 선수
가 유화례 교장으로부터 상을 전달받는 모습, 시범경기를 하는 모습, 대화를
나누는 모습이 보인다.

한국의 집 (1957년 6월)

제작정보

출　　　처 : 리버티뉴스 213호
제 작 사 : 주한미공보원
제작국가 : 미국

영상정보

제공언어 : 한국어
컬　　　러 : 흑백
사 운 드 : 무

▌영상요약

1957년 6월 24일 한국을 방문한 외국인들에게 한국의 문화를 소개하고 이해를 증진시키기 위한 목적으로 공보실이 건립한 '한국의 집', 이른바 '코리아하우스'의 개관식이 있었다. 영상에는 개관식에 참석한 내외 귀빈의 모습, 양악기와 전통악기 연주가 각각 이뤄지는 모습이 나타난다.

▌내레이션

(내레이션 없음)

▌화면묘사

00:00 출입구 앞 바깥에 탁자 위에 전지 크기의 흰 종이가 놓여있고, 그 종이에 펜으로 서명하는 사람들의 모습

00:06 한국의 집 내 야외 정원에서 천막 등이 설치된 가운데 촬영 카메라 앞으로 다가오는 다울링 주한미국대사의 모습. 오른손에 담배를 들고 있음

00:08 "한국의 집 KOREA HOUSE"라고 쓴 간판의 모습. 간판 외곽에 한국 전통의 창살 무늬와 단청 무늬가 그려져 있음. 단청 무늬가 그려진 부분의 모서리에는 태극과 괘가 원형으로 그려져 있음

00:10 야외에 전시된 한국의 자연을 촬영한 사진들. 사진들 위로 "KOREA"가 적힌 종이가 붙어있음. 그 앞에서 양복을 입은 한국인 남성이 외국인 남녀에게 설명을 하고 있음

00:13 실내 게시판에 한국의 집 포스터가 붙여져 있고, 외국인이 포스터 반대쪽을 보고 말하는 모습. 포스터 2점 중 1점의 경우 하단에 "KOREA"라는 글자가 적혀 있음. 그 위로 색동한복을 입고 팔을 흔들면서 춤을 추는 여인의 그림이 그려져 있음. 옆에는 팔작지붕 기와집의 추녀마루의 잡상, 추녀와 사래 및 귀주 쪽의 일부를 그려 넣었음

00:15 사람 5명이 서있는 모습

00:18 촬영 카메라를 보면서 지나가는 사람들. 한 남자는 손에 술잔을 들고 있음

00:20 의자에 앉아 있는 사람들의 모습. 한국 여성으로 보이는 사람은 대부분 한복을 입고 있으며, 그에 비해 한국 남성으로 보이는 남성들은 양복을 입고 있음

00:23 한국인으로 보이는 연주자들이 실로폰, 아코디언을 연주하고, 한 연주자는 트럼펫 모양의 관악기를 연주하는 모습. 트럼펫의 벨 부분에서 차이가 있음

00:29 공연을 지켜보는 사람들의 모습. 가장 앞자리에 이기붕과 박마리아가 앉아 있음

00:32 한복을 입은 두 남성 연주자가 나란히 돗자리에 앉아서 생황과 양금을 연주하는 모습

00:34 한복을 입은 남녀 연주자의 모습. 여성은 가야금 연주를 하면서 노래까지 함께 하고 있고, 남성은 장구를 치고 있으며, 연주 공간 옆에 색동한복을 입은 어린이가 서서 연주를 지켜봄

00:40 박수를 치는 외국인들의 모습

00:42 양복을 입은 중년 남성의 지휘하에 색동한복을 입은 14명의 여자 어린이들이 합창을 하는 모습. 7명씩 앞뒤 2줄로 서있음

00:48 박수를 치는 관객들의 모습

00:52 만찬을 즐기는 사람들의 모습

연구해제

이 영상은 서울 필동 조선 호텔 옆에 위치한 '한국의 집' 개관식 현장을 보여주고 있다. 한국의 집은 1957년 6월 24일 공보실에서 외국인들에게 한국의 문화와 풍습을 소개하기 위해 세운 한국문화 홍보관이다. 1956년 2월 정부 조직법 개편에 의해 대통령 직속기관이 된 공보실은 정부의 각종 사업과 현안에 대해서 대내외에 선전하는 업무를 담당하고 있었다. 따라서 공보실 개편 이후 방송국이 확장 강화되고, 소공동에 공보관을 신설하는 등의 조치를 취했다. 한국의 집 역시 외국인들에게 한국의 전통문화를 소개하기 위한 장소로 설립되었는데, 일제시대에는 총독부 정무총감 관저가 있었으며, 해방 후에는 미군의 귀빈관(貴賓館)이자 밴 플리트 장군의 숙소 등으로 이용되어 왔던 건물을 개조하여 개관한 것이다. 이후 한국의 집은 한국을 방문한 외국인들 사이에서 일명

'코리아하우스'로 불리며, 한국 문화 체험 장소로서 자리를 잡는다.

　리버티뉴스의 영상에서는 이기붕과 박마리아 및 다울링 주한미국대사 내외가 개관식에 참여하여 사람들과 인사하고 담소를 나누는 장면이 이어진다. 이들은 서구식 건물 앞의 잔디밭에서 전시물을 구경하거나 여러 종류의 공연을 감상하였는데, 흥미로운 점은 영상에서 유독 공연하는 사람들의 모습을 비중 있게 다루고 있다는 것이다. 같은 날 촬영된 대한뉴스의 영상이 대체로 행사에 참여한 주요 인사들의 모습을 다룬 것과는 대조적이다. 같은 장소에서 촬영된 두 영상이 서로 다른 내용을 담고 있는 것은, 제작 주체의 시선의 차이가 반영되었기 때문이다. 대한뉴스의 경우 한국의 집이 얼마나 많은 외국인들에게 반향을 일으켰는지 주목하며 공보실의 홍보의 성과가 좋음을 알리고자 하는 목적이 담겨 있었다. 반면 리버티뉴스의 경우에는 한국정부의 선전을 수용하면서 한국의 집에서 외국인들에게 보여주고자 하는 한국의 문화를 조명한 것으로 볼 수 있다.

　영상에서 발견할 수 있는 또 다른 점은 전통의 외형을 띤 서구식 공연이 진행되었다는 점이다. 공연장인 한국의 집은 잘 꾸며진 서구식 건물이었으며, 공연을 펼치고 있는 사람들은 아코디언이나, 트럼펫, 실로폰 등을 연주하기도 했다. 물론, 상황과 양금, 가야금과 같은 전통악기를 연주하는 악공들의 모습도 간간이 보이지만, 이들 역시 무대 위 마이크 앞에 앉아 정해진 순서에 맞추어 연주를 했다. 또한 색동옷을 입은 아동들은 지휘자의 지휘에 맞추어 단체로 합창을 했다. 분명 전통 복색을 갖추어 입고, 또는 전통악기를 연주했지만, 그 형태는 대체로 서구의 시선에 맞추어 재편되어 있었던 것이다. 1950년대 후반 당시, 한국사회가 정치, 경제, 외교적으로 미국에 많은 부분 의존하고 있었던 것처럼, 한국의 전통도 서구의 시선으로부터 자유로울 수 없었다는 문화적 한계를 보여주는 부분이라고 할 수 있다.

　한국의 집은 1978년 대대적으로 개보수를 시작하여, 1981년 새로운 전통문화전당으로 등장하게 된다. 이 당시 3채의 한옥 건물이 신축되어 다수의 사람들이 식사를 할 수 있는 한정식 식당과 관람석 100석과 무대를 갖춘 민속극장이 마련되면서 현재의 모습을 갖추게 되었다.

▌ 참고문헌

「행정부 소묘 : 공보실 편」, 『경향신문』, 1957년 8월 29일.
「한국의 집」, 『경향신문』, 1958년 9월 23일.
「전통문화 보고 익힐 한국의집 20일 개관」, 『동아일보』, 1981년 2월 18일.

해당호 전체 정보

213-01 제57차 군사정전위원회 본회담

상영시간 ㅣ 01분 07초

영상요약 ㅣ 1953년 신무기 반입 금지를 명시한 정전협정을 공산 측이 위반했다고 판단한 유엔군 측이 1957년 6월 21일 판문점에서 열린 제57차 군사정전위원회 회담에서 북한 측에 항의한 후 해당 조항이 공산 측에 의해서 파기되었으며 이에 유엔군도 신무기를 반입할 것이라고 선언했다. 영상에는 유엔군과 북한군 대표의 판문점 회담장 입장 모습과 회담이 끝난 후 유엔군 대표인 리젠버그 소장이 기자들과 인터뷰를 하는 모습 등이 보인다.

213-02 부산 대화재

상영시간 ㅣ 01분 05초

영상요약 ㅣ 1957년 6월 23일 부산에 대화재가 일어났는데, 이것은 부산항 제4부두로부터 송수되는 미군 송유관이 파열되어 흘러나온 기름으로 인해 발생했다. 이 화재로 많은 인명재산 피해가 발생했고, 이재민이 발생하였다. 영상은 화재 이후 잔해만 남은 가옥들의 모습, 기자들의 취재와 인터뷰에 응하는 미군의 모습, 구호품을 받는 이재민의 모습을 보여준다.

213-03 한국의 집 개관

상영시간 ㅣ 01분 05초

영상요약 ㅣ 1957년 6월 24일 한국을 방문한 외국인들에게 한국의 문화를 소개하고 이해를 증진시키기 위한 목적으로 공보실이 건립한 '한국의 집', 이른바 '코리아하우스'의 개관식이 있었다. 영상에는 개관식에 참석한 내외 귀빈의 모습, 양악기와 전통악기 연주가 각각 이뤄지는 모습이 나타난다.

213-04 디젤 기관차 2대 입항

상영시간 ㅣ 00분 46초

영상요약 ㅣ 1957년 6월 21일, 1956년도 미국 국제협조처 자금 48만 달러로 도입계획에 있었던 디젤 기관차 2대가 부산에 선박을 통해 들어왔다. 이 기관차는 16일에 들어올 예정이었으나 계획보다 늦었다. 영상은 이 기관차가 배에서 내려져 철도 수송차량에 올려지는 과정을 보여준다.

213-05 모내기

상영시간 ㅣ 00분 37초

영상요약 ㅣ 1957년 6월 15일은 제9회 권농일로, 이날 전후로 전국에 모내기가 이루어졌다. 영상에는 군에서 장병들을 동원하여 모내기를 돕고 있는 모습들이 나타난다.

서울 상공회의소 회관 준공 (1957년 11월)

제작정보

출   처 : 리버티뉴스 233호
제 작 사 : 주한미공보원
제 작 국 가 : 미국

영상정보

제 공 언 어 : 한국어
컬   러 : 흑백
사 운 드 : 무

1957년 11월 21일 서울 상공회의소 회관 준공식이 개최되었다. 이날 준공식에는 이승만 대통령을 비롯한 여러 국내외 인사들이 참석하였다. 이승만 대통령과 국외 인사가 치사를 하는 모습이다.

내레이션

(내레이션 없음)

화면묘사

00:01   서울 상공회의소 회관 건물 외관
00:05   서울 상공회의소 회관 준공식이 개최됨. "회관 축 준공" 현수막
00:08   개회사를 하는 한 인사의 모습
00:18   이승만 대통령을 비롯한 여러 국내외 인사들이 참석함
00:22   이승만 대통령이 치사를 하고 있음
00:28   박수를 치는 참가자들의 모습
00:30   국외 인사가 축사를 하고 있음

연구해제

이 영상은 1957년 11월 21일 개최된 서울상공회의소 회관 준공식을 담고 있다. 준공식에는 이승만 대통령을 비롯한 여러 국내외 인사들이 참석하였다. 서울 상공회의소는 소공동에 소재하고 있었는데, 1950년 6·25전쟁으로 인해 파괴되었다가 1954년도 미국 원조기구 FOA자금에 의한 공공건물복구계획의 일환으로 5층 건물로 재건된 것이었다.

대한상공회의소는 1884년 설립된 한성상업회의소를 전신으로 한다고 볼 수 있다. 한성상업회의소는 1915년 10월 1일 조선상업회의소령이 발포되면서 당시 조선에서 활동하고 있던 일본인상업회의소와 통합되었다. 이후 1930년 11월 15일 조선상공회의소령이

발포되며 명칭이 상공회의소로 변경되었다. 식민지시기 상공회의소의 활동은 호구통계, 물가시세, 임금조사, 운수·교통, 농산물 생산실태, 상업조사, 각종 경제분야 통계, 해외 시찰 보고서 작성 및 『조선경제연감』을 비롯한 각종 상업자료 발간 등 다방면에 걸쳐있었다. 주된 활동으로는 총독부와 각 지역에서 의뢰한 안건에 대해 각 의원으로부터 조사된 의견을 제출받아 자문에 응하는 것이었다.

해방 이후 미군정이 점령을 시작하면서 1946년 5월 19일에 각 도 상공업계 대표들과 서울의 주요 자산가들이 모여 조선상공회의소를 재건하였다. 이로써 '전국적 지도 연락 기관'의 파악과 더불어 해방 직후 형성 과정에 있던 초기 자본가 계급의 정치적 조직화 시도가 통일적으로 이루어질 수 있는 기반이 형성되었다고 볼 수 있다. 이후 1948년 7월 '대한상공회의소'로 다시 한번 명칭이 바뀐 이후 현재까지 사용되고 있다.

상공회의소는 정치권력과 연계되어 상공인들의 경제활동을 보장할 수 있는 제도의 수립을 목적으로 하는 기관이다. 미군정기 조선상공회의소가 재건되었을 때에도 마찬가지였다. 당시는 1차 미소공동위원회가 결렬되고, 미군정이 조선정판사사건, 조선공산당 지도부에 대한 체포령 하달 등 좌익세력에 대한 탄압의 강도를 비약적으로 끌어올린 시점이었다. 미군정은 반공전선 강화의 일환으로 자산가 집단의 정치적 결집을 꾀하며 이들의 주체적인 조직화 노력을 지지하였다. 실제로 조선상공회의소는 미군정의 정책을 홍보하고 집회에 대중을 동원하는 등의 역할을 했다. 이에 상응하여 조선상공회의소의 의원들은 귀속 사업체와 밀접히 관련되어 이를 불하받고 관리할 수 있는 권한을 부여받았다.

1952년에는 상공회의소법안이 발의되어 통과되면서 그 역할이 공식화되었다. 상공회의소법안의 내용은, 상공업의 개선발달을 위하여 대한상공회의소를 법인으로 하고, 상공업에 관한 사항에 대하여 정부에 건의하는 동시에 정부의 자문에 응하도록 되어 있었다. 또한 소관사업으로는 상공업에 관한 통계조사와 연구, 계획조사 및 장려, 통보와 연락, 선전, 중개 또는 알선, 조정 및 중재, 증명하는 업무와 함께 일반상공인의 복리증진, 상공업의 진흥을 위한 시설, 상공장려관 설치, 국제통상의 진흥 및 국제친선 또는 관광에 관한 사업, 기타 상공업의 개선발달에 필요한 사업 등으로 규정되었다.

이처럼 상공회의소는 자본가 집단이 조직화하여 재계의 이익을 대변하고 정부에 압력을 가하는 역할을 수행했던 단체였다. 이 같은 성격의 단체는 대한상공회의소를 비롯하여 전국경제인연합회, 한국무역협회, 중소기업중앙회가 있는데 이들을 일반적으로

'경제4단체'라고 일컫는다. 현재 대한 상공회의소를 중심으로 65개 주요 도시에 별도의
지방상공회의소가 설립되어 있다.

참고문헌

「조선상공회의소령 시행규칙의 발포」, 『동아일보』, 1930년 11월 19일.
「민의원 상공회의소 법안 독회」, 『동아일보』, 1952년 11월 13일.
「상공회의소회관 낙성식 성대」, 『동아일보』, 1957년 11월 22일.
조재곤, 「일제강점 초기 상업기구의 식민지적 재편 과정-1910년대 상업회의소와 조선
　　　　인 자본가-」, 『한국문화』, 서울대학교 규장각 한국학연구원, 2003.
최봉대, 「초기 상공회의소 활동을 통해 본 해방 후 자산가 집단의 정치세력화 문제」,
　　　　『사회와 역사』 45, 1995.

해당호 전체 정보

233-01 서울 상공회의소 회관 준공

상영시간 ｜ 00분 35초

영상요약 ｜ 1957년 11월 21일 서울 상공회의소 회관 준공식이 개최되었다. 이날 준공식에는 이승만 대통령을 비롯한 여러 국내외 인사들이 참석하였다. 이승만 대통령과 국외 인사가 치사를 하는 모습이다.

233-02 교량 준공식 개최

상영시간 ｜ 00분 33초

영상요약 ｜ 1957년 11월 10일 전남 나주에 위치한 나주교 준공식이 열렸다. 준공식에 제사를 지내는 모습이다. 아울러 식이 끝나고 준공식 참가자들이 다리 위를 걷고 있다. 한편 11월 9일 전북 완주에서는 삼례교 준공식이 열렸다.

233-03 전남 물산공진회

상영시간 ｜ 00분 52초

영상요약 ｜ 1957년 11월 11일부터 12월 12일까지 전라남도 물산공진회가 개최되었다. 물산공진회의 여러 전시관들을 소개하고 있다. 공진회에 전시되어 있는 물품을 감상하는 시민, 학생들의 모습이 보인다.

233-04 표창식

상영시간 ｜ 00분 32초

영상요약 ｜ 표창식에서 표창장을 수여받은 주인공이 소감을 말하고 있는 모습이다.

233-05 부산 - 서울 간 대역전 경주대회

상영시간 ｜ 00분 46초

영상요약 ｜ 1957년 11월 19일 제3회 부산－서울 간의 대역전 경주대회가 열렸다. 개회식에서 연주단이 연주를 하고, 아울러 한 인사가 선수들 앞에서 격려를 하고 있다. 경기가 시작되고 선수들이 경주에 임하는 모습을 보여주고 있다.

열녀, 효녀 표창식 (1958년 2월 15일)

제작정보

출　　　처 : 리버티뉴스 244호
제 작 사 : 주한미공보원
제 작 국 가 : 미국

영상정보

제 공 언 어 : 한국어
컬　　　러 : 흑백
사 운 드 : 무

▌영상요약

부산 철도수송사무소 광장에서는 경상남도 경찰국에서 주최한 열녀효녀 표창식이 있었다. 이날 시상식에서 박월임과 이옥화는 남편과 어머니의 폐병을 낫게 하려고 자신의 허벅지 살을 잘라 먹인 것에 대해 표창을 받았다.

▌내레이션

(내레이션 없음)

▌화면묘사

00:00 "경상남도 경찰국"에서 주최한 "열녀효녀 표창식장"의 모습. 단상의 간판에는 "너도 나도 도의 앙양하자", "이 땅에 도의는 살아있다"라는 표어가 적혀있음
00:02 두루마기에 갓을 쓴 사람, 평상복 입은 사람 등 다양한 사람들이 표창식이 열리는 운동장에 모여 있음
00:05 "烈女孝女表彰(열녀효녀표창) 贈 李英業(증 이영업)" 등이 적힌 화환이 표창식장 가운데에 놓여있음
00:08 이날 수상을 하게 된 박월임, 이옥화의 모습. 둘 다 한복을 입고 앉아 있음
00:13 행사에 참석한 정부관계자 및 사람들의 모습을 보여줌
00:15 단상 위 표창식의 모습. 경찰제복을 입은 간부가 이들에게 각각 표창을 하고 있음. 어린이 등 많은 사람들이 운동장에서 이를 지켜봄
00:26 흰 두루마기를 입은 남성이 단상 위에서 종이에 적힌 내용을 읽고, 수상자인 박월임, 이옥화는 단상 아래 의자에 앉아 이를 듣고 있음

▌연구해제

1958년 2월 15일, 부산역 광장에서는 경상남도 경찰국이 주관한 열녀, 효녀 표창식이 성대하게 거행되었다. 이날의 주인공은 부산에 거주하는 박월임(27)과 이옥화(19)였다.

박월임은 육군 장교인 남편이 의병제대하고 폐병에 걸리자 자기 허벅지 살을 잘라서 먹였다. 송영찬 내과에서는 이 소식을 듣고 감동하여 부부를 무료로 치료해주고, 파출소 주임은 사재를 털어 그들을 도왔다고 한다. 이옥화는 어머니 폐병을 간호하고 어린 남매 셋을 양육하다가 어머니 병을 치료하기 위하여 자신의 오른편 허벅지 살을 베었다. 부산교통병원장 설영식이 이 소식을 듣고 모녀를 입원시켜 무료로 치료하였다고 한다. 영상에서 보이듯 이날 표창식에는 많은 인파의 학생들이 동원되어 참석하였다. 또한 연단에서 그녀들은 그 시대를 대표하는 열녀이자 효녀로 칭송받았고, 지역유지들은 그녀들을 위한 시를 지어 바쳤다. 연단에는 "너도 나도 도의 앙양하자", "이 땅에 도의는 살아있다"라는 문구가 붙어 그녀들의 행동을 '도의(道義)'로 선전하였다.

1958년 11월에는 문교부 주최 전국의 효자·효녀·열녀 32명에 대한 표창이 이어졌다. 이처럼 1950년대 후반 열녀·효녀·효자 등은 정부와 각 지방 행정당국에 의하여 발굴되었고, 대규모 표창식을 통해 '도의(道義)의 산 증인'이 되었다.

'도의교육'의 출발은 초대 문교부장관인 안호상의 일민주의에서 찾을 수 있다. 안호상은 일민주의를 교육에 구현한다는 '민주적 민족교육'을 제창하였는데 이것은 반공과 반개인주의를 내세웠다. 1950년대 도의교육의 핵심은 반공주의였으며 반공주의는 곧 민주적 국민윤리의 내면화를 의미하였다. 문교부의 국민윤리는 단순하고 추상적인 반공의 수준에 머무르지 않았다. 도의교육의 확장 속에서 국민윤리는 개인적인 것을 타파하고, 국가와 민족, 그리고 자신이 속한 공동체를 위해 헌신할 수 있는 순응적인 국민을 요구하였다. 1950년대 도의교육은 교육 관료뿐 아니라 지식인들도 강조하였는데 이들은 전쟁으로 문란해진 윤리·도덕, 그리고 이기주의, 물질만능주의, 향락주의를 제거하여 건전한 사회기풍을 확립하고자 하였다. 도의질서의 확립만이 국가적 위기상황을 극복하고 민족을 부흥시킬 것이라 믿었기 때문이다.

도의교육은 1950년대 중반 이후 새롭게 확대되었다. 1950년대 중반부터 학원에서는 각종 분규가 발생하였고, 피폐해진 사회에서 범죄율은 점점 높아지고 있었다. 정부 관료들은 이 같은 사회문제들을 도의교육의 강화로 해결하고자 하였다. 1955년 문교부차관을 위원장으로 하는 도의교육위원회가 설치되었고, 1956년 문교부 '도의교육의 당면목표'와 '도의교육요강'이 발표되었다. 1957년부터 국민학생과 중학생을 위한 도덕교과서가 따로 집필되었고, 도덕교육의 수업 시수가 증가하였다. 학교의 도의교육은 학원을 안정화시키고 순응적 국민 육성을 목표로 삼았으며 이론적 학습보다 실천적 교육을 강조하였다.

　이 같은 맥락에서 1958년 전국 각지에서 열린 효녀, 효자, 열녀 표창식은 매우 훌륭한 '실천적 도의교육'의 장이었다. 이들의 행위는 단순히 부모와 남편을 위한 희생과 봉사에서 더 나아가 '바람직한 인간상'으로 칭송받았다. 또한 이들의 소식은 언론사를 통해 전파되고 강조되었다. 이처럼 1950년대 후반 한국사회에서 열녀, 효녀, 효자는 국가가 '도의'를 확산시키고, 실천을 장려할 수 있는 좋은 소재였다.

▌ 참고문헌

「마르지 않은 인정의 샘 사랑의 꽃은 구석구석에 피고 있다」, 『동아일보』, 1958년 2월 17일.
1월 29일.
이유리, 「1950년대 '도의교육'의 형성과정과 성격」, 고려대학교 석사학위논문, 2007.

해당호 전체 정보

244-01 일본 밀항한국인 249명의 귀환

상영시간 ㅣ 00분 57초

영상요약 ㅣ 일본군함 하야토모호가 부산항으로 입항했다. 이 선박에는 일본에 밀항하다 잡혀 오무라 기지에 구속되었던 249명의 한국인이 타고 있었다. 이들은 한일 정부의 협상을 통해 귀환하게 되었으며, 경상남도 상무관에서 임시수용 되었고, 부산에 가족이 있는 사람들은 우선적으로 집으로 돌아갔다.

244-02 피츠제럴드 처장의 방한

상영시간 ㅣ 00분 32초

영상요약 ㅣ 미국 국제개발처(USAID) 피츠제럴드 처장이 국제협력국(ICA) 자금으로 운영 중인 서울과 인천 지역을 점검하기 위해 방한했다. 그는 국제협력국 원조로 운영되고 있는 인천의 유리공장을 둘러보고, 한국은행에서 기자회견을 열었다.

244-03 미국 대외원조물자발송협회(CARE)의 경남 하동어부조합 원조

상영시간 ㅣ 00분 45초

영상요약 ㅣ 미국 대외원조물자발송협회(CARE)의 2,500달러를 지원을 받아 설립된 어부조합과 이들의 나룻배 진수식을 알리는 영상이다. 영상에서 어부들은 관계자들의 설명을 듣고, 배를 바다로 옮겨 노를 젓고 있다. 스크립트에서 이것을 CARE의 모토인 "하늘은 스스로 돕는 자를 돕는다"의 예로 설명한다.

244-04 열녀, 효녀 표창식

상영시간 ㅣ 00분 30초

영상요약 ㅣ 부산 철도수송사무소 광장에서는 경상남도 경찰국에서 주최한 열녀효녀 표창식이 있었다. 이날 시상식에서 박월임과 이옥화는 남편과 어머니의 폐병을 낫게 하려고 자신의 허벅지 살을 잘라 먹인 것에 대해 표창을 받았다.

244-05 인천 해양경찰대의 활동

상영시간 | 00분 27초

영상요약 | 인천 해양경찰대의 업무를 담은 영상이다. 인천 해양경찰대는 방첩임무와 밀수를 막는 것을 주요 임무로 하여 복잡한 인천항과 인천 주변의 섬에서 활동하고 있다.

납북된 KNA여객기 탑승자 26명의 소환 (1958년 3월)

제작정보

출   처 : 리버티뉴스 245호

제 작 사 : 주한미공보원

제 작 국 가 : 미국

영상정보

제 공 언 어 : 한국어

컬   러 : 흑백

사 운 드 : 무

영상요약

1958년 2월 16일 부산을 출발한 대한민국항공사(KNA) 소속 DC3형 '창랑호' 여객기가 납북되었다. 이들은 127차 군사정전위원회 연락장교회의에서 인도논의를 거쳐 3월 6일 유봉순 민의원, 홉스 기장, 김기완 대령 등 한국인과 서독인 등 26명이 송환되었다. 이 영상에서는 127차 군사정전위원회 연락장교회의에서 인수증에 각 대표들이 서명하는 모습과 26명의 송환 모습, 그리고 송환 후 국내에서 생활하는 모습을 담고 있다.

내레이션

(내레이션 없음)

화면묘사

00:06   127차 군사정전위원회 연락장교회의가 열리는 판문점의 모습. UN측 장교들이 제복차림으로 판문점 회의장소로 들어가고 있음
00:21   판문점 바깥에서 많은 인파가 담배를 피는 등 자연스러운 모습으로 회의를 기다리고 있음
00:23   헬츠(Richard Hertz) 주한서독대사, 엘리엇 주한미국대사관 고문, 김호진 대한적십자사 대표, 김준경 북한 연락장교 등이 인수장에 서명을 하고 있음
00:38   북한(으로 추정되는) 장교들에게 둘러싸여 인수장에 서명을 하는 모습
00:42   지프차와 버스 등 다양한 육로 교통수단으로 송환되고 있는 26명의 납북자 모습
01:02   남한으로 돌아와 가족을 만난 서독인이 계단에서 키스를 나눔
01:06   홉스 기장과 유봉순 의원 등 송환된 인물들이 계단에서 기자들에게 둘러싸여 인터뷰를 하고 있음
01:13   송환자 환영식에서 많은 한국인들이 테이블에 앉아 음식을 먹으면서 이야기를 나누고 있음
01:22   홉스 기장이 정장 차림으로 미국대사관에서 1시간 20분 동안 기자회견을 하고 있음

01:34   송환된 김기완 대령 가족의 단란한 모습. 김기완 대령 가족이 한복을 차려입고
         자택에서 즐거운 시간을 보내고 있음

연구해제

 이 영상은 1958년 3월 6일 판문점에서 열린 군사정전위원회 제172차 연락장교회의에
관한 것이다. 이날 회의가 주목을 받은 것은 소위 '창랑호 납치사건'에 관한 논의가 진행
되었기 때문이다. 2월 16일, 승객과 승무원 등 총 34명을 태우고 오전 11시 30분 부산에
서 서울을 향해 이륙한 대한국민항공사 소속 창랑호(기종: 더글러스 DC-3)가 돌연 경기
도 평택 상공에서 납치되어 평양 순안 국제공항에 강제 착륙한 사건이 발생한 것이다.
 영상에는 군사정전위원회 연락장교회의가 열리는 판문점의 모습, 북한군과 UN 측 장
교들이 판문점으로 들어가는 모습, 회의를 취재하는 기자들의 모습, 인수장에 서명을
하는 각국 대표들(헬츠 주한서독대사, 엘리엇 주한미국대사 고문, 김호진 대한적십자사
대표, 김준경 북한 연락장교), 남한으로 송환되는 승객과 승무원, 송환 이후 기자회견의
모습, 가족들 품에 안긴 송환자들의 모습 등이 담겨 있다.
 창랑호 납북 사실이 알려지자 유엔군 사령부는 즉각 북한에 송환을 요구하였고, 이
문제를 논의하기 위한 군사정전위원회 연락장교회의가 2월 18일 판문점에서 열렸다. 이
날 회의소집을 요청한 유엔 측 연락장교단 대표 킬 해군대령은 여객기와 화물의 반환
및 여객기에 탑승한 승객과 승무원을 즉각 송환할 것을 요구하였다. 이에 대해 북한 측
연락장교 대표 김준경 상좌는 납치를 부인하며, "대한국민항공사 소속 여객기는 의거
입북한 것인 만큼 이 회의에서는 논의될 대상이 되지 못하며 남북 사이에 논의할 문제"
라고 말했다. 그러자 킬 대령은 "이번 사건은 공산 측 인원에 의하여 강제로 납치된 것
이며 군사정전위원회가 이 문제를 토의할 수 없다는 것은 어불성설"이라고 반박하고,
여객기의 화물과 승객들을 즉시 송환하라고 재차 요구하였다.
 계속적으로 의거입북을 주장하던 북한의 태도는 3월 들어 변했다. 유엔군 사령부는
3월 4일 북한이 여객기 탑승자 중 남한으로 귀환하기 원하는 사람들을 6일 돌려보내는
데 동의하였다고 발표하였다. 그러면서 북한은 비행기에 미국인과 서독인이 포함되어
있는 것을 이유로, 송환 회담에 미국대사관과 서독공사관 대표가 참석할 것을 제안해
왔다. 이와 같은 태도의 변화에 대해 남한의 언론은 "북한괴뢰가 '관계국 대표'로서 인수

증의 서명을 요구함으로써 그들의 정권을 사실상으로 승인케 하고자 획책할는지 모른다"고 관측했다. 그 근거로 "판문점 연락장교회의에서 공산측은 관계정부 간의 직접 협상이 없이는 송환할 수 없다고 거부"한 것을 예로 들었다.

결국 1958년 3월 6일, 납북 18일 만에 26명의 KNA 탑승자들은 납치를 주도한 사람들을 제외하고 판문점을 통해 서울로 귀환하였다.

▌참고문헌

「KNA 여객기 월북을 확인」, 『경향신문』, 1958년 2월 18일.
「여객 등 송환에 답변 회피」, 『동아일보』, 1958년 2월 19일.
「납북기의 탑승자 육일에 송환」, 『동아일보』, 1958년 3월 6일.
「피랍인사 26명 6일 밤 10시 25분 서울에 귀환」, 『경향신문』 1958년 3월 7일.

삼일절 기념행사 (1958년 3월)

제작정보

출   처 : 리버티뉴스 245호
제 작 사 : 주한미공보원
제작국가 : 미국

영상정보

제공언어 : 한국어
컬   러 : 흑백
사 운 드 : 무

영상요약

3·1절을 맞아 열린 정부기념식과 각종 행사의 모습을 담은 영상이다. 이승만 대통령이 참석한 정부수립 10주년 3·1절 기념식의 모습과 보신각 타종행사 장면, 서울 시내 거리에서 열린 3·1절 기념 가장행렬의 모습이 담겨있다. 가장행렬에서는 을지문덕 장군, 민족대표, 유관순, 평화의 여신 등으로 분장한 사람들이 참석했으며 3·1운동 장면을 재연하기도 했다.

내레이션

(내레이션 없음)

화면묘사

00:00 3·1절 행사에서 교복을 입은 여학생들이 대형태극기를 들고 입장하고, 그 뒤로 다양한 깃발을 든 학생들이 교복차림으로 따라 입장하고 있음

00:05 많은 내빈이 좌석에 앉아 있음

00:08 그 가운데에서 교복을 입은 여학생이 지휘를 하고 있음.

00:12 이 지휘에 맞춰 운동장의 학생들이 노래를 부름

00:14 이승만 대통령 및 관료가 기념식장 연단에 서서 축사를 하고 있음

00:24 "普信閣(보신각)"에서 중절모에 정장차림을 한 남성들이 타종행사를 하고 있음

00:29 3·1절 가장행렬을 하는 차량의 다양한 모습. 노인과 신부차림을 한 사람들이 지프차에 타있음. 다른 지프차에는 을지문덕 장군복장을 입은 사람이 타있음. 다양한 모습으로 분장한 사람들이 각 지프차에 타고 있음

00:37 "祝賀 政府樹立 十周年 獨立女神(축하 정부수립 10주년 독립여신)"이라 적힌 가장행렬 트럭에 다양한 차림의 사람들이 탑승해있는 모습

00:39 많은 시민들이 구경하는 가운데 도로에서 가장행렬을 하는 모습. 손병희의 대형초상화를 사람들이 들고 지나간 뒤 가장행렬 트럭이 지나감

00:55 민족대표로 분장한 남성들이 흰옷차림으로 대형태극기를 들고 지나감. "대한부

인회"로 분장한 여성들이 태극기를 들고 만세를 하면서 지나감. 다양한 차림의 가장행렬 모습

01:07 눈이 오는 가운데 3 · 1운동 당시 일본군의 탄압과 고문장면을 거리에서 재연하는 장면

01:15 여고생 고적대가 횃불을 선두로 북을 치면서 행진함

01:17 밤늦게까지 조명을 밝힌 채 지나가는 가장행렬 차량의 모습

▌ 연구해제

　본 영상은 1958년 3월 1일에 개최된 3 · 1절 기념행사에 대해서 소개하고 있다. 1958년의 이 행사는 정부수립 10주년을 기념하여 성대하게 개최되었다. 서울운동장에서 각계를 망라한 고위 인사들이 모여 기념식을 개최하였으며, 정오를 기하여 서울 시내 종로에 있는 보신각종 타종 행사를 개최하였다. 아울러 전국문화단체총연합회에서 준비하고 각 급 학교 학생들과 종교 및 사회단체, 육 · 해 · 공군, 관공서 직원, 일반 시민을 망라한 약 5,000명가량이 참여한 가장행렬이 서울운동장을 시발점으로 하여 종로, 광화문, 시청, 미대사관, 을지로, 남대문, 서울역까지 이어졌다. 영상에서는 이날의 행사 전반을 상세하게 보여주고 있는데, 역사 속의 위대한 인물들을 비롯하여, 일제시대 순사에 의해 고문 받는 열사들의 모습까지 자세하게 표현하고 있는 가장행렬 장면이 인상적이다.

　화려한 3 · 1절 기념행사는 당시 한국정부가 3 · 1운동에 많은 역사적 의미를 부여하고 있었음을 보여준다. 실제로 3 · 1운동은 1948년 대한민국 정신적 근간인 독립정신을 상징하는 가장 중요한 역사적 배경이 되는 사건이다. 1948년의 제헌헌법 '전문'에도 "우리들 대한민국은 기미 3 · 1운동으로 대한민국을 건립하여 세계에 선포한 위대한 독립정신을 계승"하고 있음이 명시되어 있다. 1919년의 3 · 1운동의 역사적 사건이 대한민국 건국에서 지니는 상징적 중요성은 그 후 1987년까지 모두 9차에 걸친 개헌이 있었음에도 변함없이 헌법에 명시되어 있다는 점에서 단적으로 발견된다. 이처럼 3 · 1운동은 '민족의 나침반'이 되는 사건으로 지속적으로 재생산되어왔다.

　하지만 각 정권마다 3 · 1운동을 활용하는 목적은 매우 다르게 변동해 왔다. 예를 들어, 전쟁을 겪었던 이승만 정권기에는 3 · 1운동을 자유진영의 선봉에 있는 남한의 민족적인 사건으로 상징화 했으며, 이것은 곧 승공논리로 이어졌다. 박정희 정권은 5 · 16군

사쿠데타가 3·1운동을 계승한 혁명이라 정당화했다. 아울러 전두환 정권은 '선진조국'을 창조하는 것으로, 노태우 정권은 '북방정책'과 '통일국가 실현' 등으로, 김영삼 정권은 3·1정신의 구현을 '신한국 창조'의 방법으로, 그리고 김대중 정권은 '경제위기의 국난극복' 등과 같은 현실정책을 추진함에 있어 3·1정신을 계승하였다고 주장해 왔다. 이처럼 3·1운동은 현대 한국 사회에서 국가 정통성의 원류를 보여주기 위한 정치적 기제로서 주기적으로 활용되어왔다고 할 수 있다.

참고문헌

「가장행렬 등 다채한 행사」, 『동아일보』, 1958년 3월 1일.
김현선, 「현대 한국사회 국가의례의 상징화와 의미분석」, 한국정신문화연구원 한국학대학원 박사학위논문, 2004.

해당호 전체 정보

245-01 납북된 KNA여객기 탑승자 26명의 송환

상영시간 ㅣ 01분 42초

영상요약 ㅣ 1958년 2월 16일 부산을 출발한 대한민국항공사(KNA) 소속 DC3형 '창랑호' 여객기가 납북되었다. 이들은 127차 군사정전위원회 연락장교회의에서 인도논의를 거쳐 3월 6일 유봉순 민의원, 홉스 기장, 김기완 대령 등 한국인과 서독인 등 26명이 송환되었다. 이 영상에서는 127차 군사정전위원회 연락장교회의에서 인수증에 각 대표들이 서명하는 모습과 26명의 송환모습, 그리고 송환 후 국내에서 생활하는 모습을 담고 있다.

245-02 미 공군 제트기 휴전선 인근에 추락

상영시간 ㅣ 00분 22초

영상요약 ㅣ 127차 군사정전위원회 연락장교회의가 열렸던 1958년 3월 6일, 휴전선 인근에서 비행 중인 미 공군 소속 전투기 중 한 대가 북한군의 지상공격을 받아 격추되었다. 무사히 귀환한 레이놀드 마틴 중위는 여의도공항에서 내외신 기자회견을 가졌다.

245-03 삼일절 기념행사

상영시간 ㅣ 01분 23초

영상요약 ㅣ 3·1절을 맞아 열린 정부기념식과 각종 행사의 모습을 담은 영상이다. 이승만 대통령이 참석한 정부수립 10주년 3·1절 기념식의 모습과 보신각 타종행사가 영상에 담겨 있다. 그리고 서울 시내 거리에서 열린 3·1절 기념 가장행렬의 모습이 담겨있다. 가장행렬에서는 을지문덕 장군, 민족대표, 유관순, 평화의 여신 등으로 분장한 사람들이 참석했으며 3·1운동 장면을 재연하기도 했다.

245-04 동남아시아 친선사절단 환송회와 출항

상영시간 ㅣ 00분 42초

영상요약 ㅣ 1958년 2월 22일 공진항 한국반공연맹 이사장을 대표로 하는 동남아시아 친선

사절단이 환송행사를 마치고 인천항에서 출항했다. 사절단은 무용수, 악사, 의장대, 가수 등 273명으로 이뤄져 있으며 베트남, 태국, 필리핀, 대만 등 동남아시아 국가들을 순회할 예정이다.

245-05 제3회 전국 연날리기 선수권대회

상영시간 | 00분 52초

영상요약 | 한국일보에서 주최한 제3회 전국 연날리기 선수권대회가 세종로에서 개최되었다. 이날 대회에서 다양한 종류의 연이 소개되었고, 이승만 대통령, 다울링 주한미국대사, 원 경제조정관 등이 참석하여 연날리기를 함께 했다.

제4대 민의원 전국투표 (1958년 5월)

제작정보

출　　　처 : 리버티뉴스 253호

제 작 사 : 주한미공보원

제 작 국 가 : 미국

영상정보

제 공 언 어 : 한국어

컬　　러 : 흑백

사 운 드 : 무

영상요약

1958년 5월 2일 제4대 민의원 전국투표가 진행되었다. 영상에는 이승만 대통령 가족, 장면 부통령 가족의 투표 모습과 이기붕 자유당 의장과 조병옥 민주당 최고위원의 인터뷰가 실려 있다.

내레이션

(내레이션 없음)

화면묘사

00:07 조병옥 박사의 선거유세 장면. 넓은 들판에 많은 군중이 앉아 있고, 그 앞 단상에서 정장을 입은 조병옥 박사와 한 여성이 발언을 하고 있음

00:22 투표장의 모습. 많은 사람들이 줄을 서서 대기하고 있고, 한복을 입은 한 여성이 투표소에서 "委員長(위원장)", "副委員長(부위원장)"에게 투표용지를 받아 투표를 하고 있음. 여러 여성들이 투표함에 기표용지를 넣는 모습

00:39 이승만 대통령, 프란체스카 여사, 군복을 입은 이강석이 투표를 하는 모습

00:55 장면 부통령, 김옥윤 여사가 투표를 하고 있음

01:07 "투표는 하오 7시부터 개표를 시작한다"라는 글자가 적혀 있는 전광판

01:14 "第四代 民議員 全國投票 得點速報(제4대 민의원 전국투표 득점속보)"를 알리는 곳에서 서기가 수기로 선거개표 결과를 대형 칠판에 적고 있음. 많은 사람들이 칠판을 바라보면서 선거결과를 기다림

01:27 자유당 의장 이기붕이 인터뷰를 하는 모습

01:40 민주당 최고위원 조병옥 박사가 노정면 여사를 대동하고 인터뷰를 하고 있음

연구해제

이 영상은 1958년 5월 2일에 있었던 민의원선거에 관한 것이다. 영상에는 조병옥과

박순천의 선거유세 장면, 투표를 하려고 줄을 서서 기다리는 시민들의 모습, 이승만 대통령 내외와 군복을 입은 이강석의 투표 모습, 장면 부통령 내외의 투표 장면, 선거결과를 알리는 대형 칠판, 이기붕과 조병옥의 인터뷰 장면 등이 담겨 있다.

1958년 '5·2민의원선거'는 1960년에 있을 정부통령선거의 전초전적 성격이 강했다. 이승만과 자유당은 1960년에 있을 대선이 1956년 선거처럼 되어서는 안 된다고 생각했다. 그러기 위해서는 '5·2민의원선거'를 잘 치르는 것이 중요했다. 개헌선을 확보하기 위해서는 반드시 민의원선거에서 대승을 해야 했기 때문이었다.

이를 위해 1957년부터 자유당은 선거를 대비한 여러 가지 대비책을 세웠다. 국민반 조직의 강화는 그 대표적 예라고 할 수 있다. 자유당은 마을 단위인 통과 반의 조직을 새롭게 정비하고, 노총과 부인회 등 외곽단체와 국영기업체 등의 간부를 자유당 열성당원으로 교체하라는 지시도 내렸다. 특히 선거법 개정에 힘을 쏟아서 선거공영제라는 미명 아래 선거운동원을 크게 제한하고 호별 방문을 금지시키는 등 여당만 자유롭게 선거운동을 하고 선거자금을 사용할 수 있게 만들었다. 또한 50만 환 기탁금 제도를 만들어 혁신계나 무소속의 출마를 어렵게 만들었다.

'5·2민의원선거'에서의 승리를 위해 자유당은 도지사, 군수, 면장, 이장, 학교장, 교사 등 여당이 동원할 수 있는 공직자들을 적극 이용하였다. 전국 각처에서 폭력배가 동원되는 등 관권과 폭력이 노골적으로 결탁했다. 선거 당일 지방에서는 3인조, 5인조의 집단투표가 실시되었다. 개표 도중 전기를 끄고 계표하는 '올빼미개표', 여당표 다발에 야당표와 무효표를 끼워 넣는 '샌드위치표', 야당 참관인에게 수면제를 먹이고 임의로 개표를 하는 '닭죽개표', 개표 종사자가 야당표에 인주를 묻혀 무효표로 만드는 '빈대잡기표' 등 갖가지 부정이 동원되었다. 이처럼 천인공노할 불법 부정의 방법들은 고스란히 1960년 정부통령선거에 사용되었다.

그럼에도 불구하고 선거 결과 자유당은 360만여 표(42.1%)로 126석을 차지했고, 민주당은 293만여 표(34.2%)로 79석을 차지했다. 무소속은 27석을 차지했다. 서울에서는 전체 16개 선거구 중에서 민주당이 14석을 차지하고 자유당이 1석, 무소속이 1석을 차지하였다. 자유당 의석수는 개헌선에 못 미쳤고, 민주당은 호헌선을 확보한 것이다. 이전보다 더욱 강력한 야당의 출현에 직면한 자유당은 당황하였다.

이 때문에 자유당은 1960년 3·15 정부통령선거가 있기 전부터 이승만의 지휘 아래 치밀한 사전 선거운동을 준비하였다. 시, 읍, 면장 임명제를 골자로 한 지방자치법 개정안과 국가보안법 개정안을 날치기 통과시키고, 정부통령 동일 티켓제를 제안하기까지 했다. 이미 진보당사건으로 조봉암 등 진보세력이 제거되고, 선거운동 도중 민주당 후보 조병옥이 서거해 이승만의 당선은 별 어려움이 없어 보였다. 그럼에도 불구하고 영구집권을 도모한 부정선거로 인해 결국 이승만은 권좌에서 영원히 물러나게 되었다.

▌ 참고문헌

서중석, 『이승만과 제1공화국』, 역사비평사, 2007.
서중석, 『대한민국 선거이야기』, 역사비평사, 2008.

해당호 전체 정보

253-01 제4대 민의원 전국투표

상영시간 ㅣ 01분 46초

영상요약 ㅣ 1958년 5월 2일 제4대 민의원 전국투표가 진행되었다. 영상에는 이승만 대통령 가족, 장면 부통령 가족의 투표 모습과 이기붕 자유당 의장과 조병옥 민주당 최고위원의 인터뷰가 실려 있다.

253-02 원자포와 핵미사일 시연

상영시간 ㅣ 00분 52초

영상요약 ㅣ 이승만 대통령과 데커 주한유엔사령관 등 관계자들은 동두천에 위치한 바바라 캠프에 방문하여 미국의 신형무기 시연을 관람했다. 이날 사용된 무기는 280mm 원자포와 8인치 핵미사일이었다.

253-03 도로건설과 토지보호 활동에 나선 현역군인들

상영시간 ㅣ 00분 28초

영상요약 ㅣ 강원도 인제 지역에서 도로건설과 토지보호를 위해 동원된 군인들의 모습을 보여주는 영상이다.

253-04 오리온 제과 공장

상영시간 ㅣ 00분 32초

영상요약 ㅣ OEC의 원조를 얻어 과자공장의 기계가 도입된 이후 한국의 과자공장이 발전했다. 오리온 제과에서 나온 과자들은 인근의 군부대에 보급되었다. 영상에서는 오리온제과에서 크래커, 비스킷, 캔디 등을 생산하는 모습을 담고 있다.

주한미공보원 서울문화관 개원 (1958년 6월)

제작정보

출　　처 : 리버티뉴스 260호
제 작 사 : 주한미공보원
제작국가 : 미국

영상정보

제공언어 : 한국어
컬　　러 : 흑백
사 운 드 : 무

영상요약

주한미공보원 서울문화관이 개원되었다. 개원식에 참석한 국내외 여러 인사들이 전시실, 도서관 등 문화관 내부 시설들을 구경하고 있는 장면이 담겨있다.

내레이션

(내레이션 없음)

화면묘사

00:00 "USIS 미국 공보원 문화관" 간판
00:03 개원식에 참석한 여러 국내외 인사들의 모습. 다른 참석자들과 인사를 나눔
00:22 주한미공보원 서울문화관 전시실의 모습. "이것이 바로 美國(미국)의 강토" 사진 등 미국에 대한 자료들이 전시되어 있음
00:30 개원식에 참가한 인사들이 전시회를 구경하고 있음
00:36 여러 인사들이 주한미공보원 서울문화관 내 도서관을 둘러보는 모습
00:41 도서관 내 비치된 책을 구경하는 한 인사
00:45 책상 위에 올려놓은 영사장비를 확대하여 보여줌
00:49 주한미공보원 서울문화관 건물 외관

연구해제

이 영상은 주한미공보원 서울문화관에서 개최된 개원행사에 참석한 국내외 인사들과 서울문화관 내외부의 모습을 담고 있다.

주한미공보원(OCI: Office of Civil Information)은 미국 점령군 사령관 하지에 의해 1947년 5월 30일 '문명화의 사명자'로서 미국의 위상과 대외정책 선전을 담당할 목적을 가진 기구로 설치되었다. 1947년 7월 1일부터 활동을 시작한 미공보원은 이후 빠른 속도로 지방 조직을 개설하여 1948년 초에는 부산, 대구, 대전, 전주, 인천, 춘천 등지에서 지부 활

동을 전개하였다. 각 지부는 다양한 서적과 잡지를 구비하고 출판물을 배포하며 미국문화 전파의 창구 역할을 맡았다.

미공보원의 설치는 미국이 일제강점기 선교와 미국 유학을 통해 수행한 문화 전파 활동 차원을 벗어나, 국가 차원에서 공식적인 문화 전파 방식을 제도화하고 그 대상을 일반 대중을 확대해갔음을 의미한다.

이후 1949년 설립된 주한미대사관이 공보원을 접수하여 주한미공보원(USIS – KOREA: United States Information Service, Korea)으로 재조직되었다. 주한미공보원은 영화를 상영하기도 하고, 전국의 남녀중등영어 웅변대회를 개최하기도 하는 등 보다 적극적으로 대민활동을 개시하였다. 또한 '리버티뉴스', '문화영화', '미국의 소리'와 같은 라디오 방송, 교육교환계획, 도서관과 공보원 지부 운영 등을 통해 지식인은 물론 대중들을 대상으로 미국의 대한정책 홍보, 우호적 대미관 구축, 미국의 제도와 가치 이식 등을 도모하고자 하였다.

참고문헌

허은, 『미국의 헤게모니와 한국 민족주의』, 고려대학교 민족문화연구원, 2008.

해당호 전체 정보

260-01 주한미해군사령관 교대식
상영시간 ㅣ 00분 43초

영상요약 ㅣ 진해 해군사관학교에서 주한미해군사령관 교대식이 거행되었다. 자렐 미 해
군소장이 맥키니 소장에게 주한미해군사령관직을 이임하고 있다. 아울러 한
국 해군 고위인사들과 미국 해군 고위인사들이 이야기를 나누는 모습을 보여
주고 있다.

260-02 고위 군사학교 졸업식
상영시간 ㅣ 01분 33초

영상요약 ㅣ 고위 군사학교 졸업식 광경을 보여주고 있다. 1958년 육군사관학교 졸업식장
에서 이승만 대통령이 참석한 가운데 졸업생들이 졸업장을 받고 있다. 한편
이승만 대통령은 육군사관학교 내에 위치한 미8군 기념 도서관 개원식에 참가
하여 테이프 커팅을 하였다. 서울 수색 국방대학원 졸업식과 진해 육군대학
졸업식도 보여준다. 진해 육군대학 졸업식에서는 남편을 열심히 내조한 졸업
생 부인에게 명예 졸업장을 수여하였다. 아울러 진해 육군대학 부설 어린이집
어린이들이 졸업장을 받는 모습이다.

260-03 주한미공보원 서울문화관 개원
상영시간 ㅣ 00분 59초

영상요약 ㅣ 주한미공보원 서울문화관이 개원되어 국내외 여러 인사들이 참석하였다. 여
러 인사들이 전시실, 도서관 등 문화관 내부 시설들을 구경하고 있는 모습을
보여준다.

260-04 한미합동 도로포장 공사
상영시간 ㅣ 00분 46초

영상요약 ㅣ 한미합동 도로포장공사가 시행되었다. 경남 진영군, 서울―부산 구간 등에서
공사가 진행되고 있다. 중장비를 이용하여 도로포장공사를 실시하고, 옆에서

마을 주민들이 공사를 도와주고 있다.

260-05 당구 시합

상영시간 | 00분 39초

영상요약 | 서울신문사와 대한당구협회 주최하에 당구시합이 열렸다. 전국의 당구선수들
이 자신의 실력을 선보이고 있다. 시합을 구경하는 관객들의 모습도 보여준다.

귀순해온 괴뢰군 소좌 (1958년 10월)

제작정보

출   처 : 리버티뉴스 276호

제 작 사 : 주한미공보원

제 작 국 가 : 미국

영상정보

제 공 언 어 : 한국어

컬   러 : 흑백

사 운 드 : 유

▌ 영상요약

귀순한 김동렬 소좌의 귀순 경위, 북한의 상황 등에 대한 기자회견이 진행되는 모습의 영상.

▌ 내레이션

북한 괴뢰군의 고급장교 1명이 철의 장막의 쇠사슬을 끊고 자유대한의 품 안으로 들어 왔습니다. 아직도 괴뢰군 복장을 입고 있는 문제의 김동렬 소령은 귀순하기 전까지 괴 뢰군 제1집단군 제3군단 제1사단 정치부 소속 적공지도원으로 있었으며 육군회관에서 신문기자들과 회견하고 남침을 노리는 괴뢰정부의 심계를 폭로했습니다.

▌ 화면묘사

00:00   자막 "귀순 해온 괴뢰군 소좌". 기자회견을 위해 테이블에 앉은 김동렬 소령과
        취재진의 모습
00:05   김동렬 소령의 발언을 기록하는 취재진들의 모습. 촬영하는 취재진의 모습
00:08   기자의 질문에 답하고 있는 김동렬 소령
00:19   취재진들로 가득 찬 기자회견장의 모습
00:21   기자들의 질문에 답변을 하고 있는 김동렬 소령
00:30   김동렬 소령과 기자단이 마주 앉아 있는 가운데 기자회견이 진행되는 모습

▌ 연구해제

이 영상은 1958년 10월 23일 육군회관에서 열린 북한에서 귀순한 김동렬 소좌의 기자 회견에 관한 것이다. 영상에는 기자회견을 하는 김동렬 소좌와 이를 취재하려는 기자들 의 모습이 담겨 있다. 김동렬은 함경북도 경흥 출신의 북한군 제1집단군 제3군단 제1사 단 정치부 소속 적공지도원으로, 1958년 3월 중순 동부전선 육로를 따라 귀순하였다. 그 가 공개석상인 기자회견에 나선 것은 귀순한 지 만 8개월 만이었다.

김동렬은 이날 기자회견에서 북한의 인민생활에 대해 "북한의 생활실정은 너무나 비참하다. 고향인 함북 경흥의 농민들은 산에서 나무껍질을 벗겨서 죽을 끓여 먹어 몸이 붓고 심지어 공산주의를 저주하던 나머지 자살한 사람이 속출한 형편이다"라고 말하였다. 징병관계에 대해서는 "선전으로는 자원적 원칙을 떠들어대고 있지만 실제에 있어서는 17세부터 24세까지의 청년들을 모조리 입대시켜 북한 주민들 사이에서 반감이 대단하다"라고 하였다. 중공군 철수에 대해서는 "중공군이 철수한 것은 사실이지만, 그것은 남한에서 미군을 철수시키기 위한 수단"이라고 말하였다. 북한 내부 정치사정에 대해서는 "1956년에 개최된 노동당 대회에 소련외상 미코얀(Anastas Milcoyan)이 다녀간 이후 북한 내에서는 소련파와 연안파와의 알력이 극에 달하였다"며 "최창익과 박창옥을 중심으로 한 연안파들은 미코얀이 다녀간 이후 일대 숙청이 벌어졌다"고 말하였다. 전쟁 때 월북한 인사들에 대해서는 "전혀 소식이 묘연하다. 아마 대부분 학살당하였거나 어디 감금되어 있을 것"이라고 말하였다. 북한의 재남침 가능성에 대한 질문에는 "현재 북한의 동태는 6·25 직전과 비슷하다"며, "6·25 직전 소련군이 철수한다고 떠들다가 전쟁을 일으킨 것처럼 똑같은 수법으로 중공군이 철수한다고 떠들고 있다"고 말하였다. 이어서 "강계에 폭탄공장, 전천의 무기공장 등 무기생산 기관이 대폭 증가하고 있으며 북한 사람들도 6·25를 자신들이 먼저 남침했다는 것을 모두 알고 있다"고 말하였다.

▌참고문헌

「남침기회 노려 군비증강에 급급 귀순한 괴뢰소령이 폭로」, 『동아일보』, 1958년 10월 23일.
「괴뢰, 군비확충에 광분」, 『경향신문』, 1958년 10월 23일.

해당호 전체 정보

276-01 테일러 장군 내한

상영시간 ㅣ 01분 17초

영상요약 ㅣ 미8군 사령관이었던 테일러 장군이 한국을 방문하여 이승만 대통령 내외를 예방하고, 육군부대를 방문한 내용의 영상.

276-02 서독대사 신임장 제정

상영시간 ㅣ 00분 53초

영상요약 ㅣ 신임 주한 서독대사인 리히하르트 헬스의 신임장 제정식이 담긴 영상. 서독 민간자본의 도입을 논의하기 위해 방한한 서독 경제상 에르하르트의 방문 내용이 담겨있다.

276-03 1군에서 도하작전 시범

상영시간 ㅣ 00분 39초

영상요약 ㅣ 군 장성들이 지켜보는 가운데 제1군의 도하작전이 펼쳐지는 모습의 영상. 신무기로 도입된 헬리콥터의 비행장면이 담겨 있다.

276-04 귀순해온 괴뢰군 소좌

상영시간 ㅣ 00분 33초

영상요약 ㅣ 귀순한 김동렬 소좌의 귀순 경위, 북한의 상황 등에 대한 기자회견이 진행되는 모습의 영상.

276-05 신흥대학제

상영시간 ㅣ 00분 35초

영상요약 ㅣ 신흥대학이 제3회 대학제를 개최하여 진행하는 모습을 담은 영상. 학술이론뿐만 아니라 학생들의 소양을 선보이는 행사를 마련하여 학교 관계자와 함께 즐기고 있다.

276-06 이런 일 저런 일

상영시간 ㅣ 01분 25초

영상요약 ㅣ 미8군 헌병사령관의 경찰전문학교 방, 광교와 창교를 연결하는 청계천 공사의 진행 모습, 6·25전쟁 당시 파괴된 경상남도의 정암교가 복구되어 진행된 개통식, 부산에서 열린 놀이패의 놀이 모습을 담은 영상을 보여준다.

276-07 교황장례식

상영시간 ㅣ 03분 08초

영상요약 ㅣ 비오 11세 교황의 장례식 영상. 교황의 하계별장에서부터 로마의 바실리카로 이동하는 장례 행렬과 수백만 명의 조문객들의 행렬을 보여준다.

276-08 60일간 해저생활

상영시간 ㅣ 01분 39초

영상요약 ㅣ 60일 동안의 잠수일정을 마친 미국의 원자잠수함 씨울프호가 잠수활동을 마치고 귀환하는 내용을 담은 영상.

이승만 대통령의 84세 생일 기념행사 (1959년 3월)

제작정보

출   처 : 리버티뉴스 297호

제 작 사 : 주한미공보원

제 작 국 가 : 미국

영상정보

제 공 언 어 : 한국어

컬   러 : 흑백

사 운 드 : 무

이승만 대통령의 84회 생일 기념 행사의 모습을 담은 영상.

■ 내레이션

(내레이션 없음)

■ 화면묘사

00:06 이승만 대통령의 84세 기념 축하 케이크
00:10 초를 불며 축하하는 이승만 대통령 부부
00:23 파티에 초대된 사람들의 모습
00:26 이승만 대통령과 인사를 나누는 미군장교. 파티에 초대된 손님들과 악수를 하며 인사를 나누는 이승만 대통령 부부의 모습
00:46 국민들의 열렬한 축하박수
00:49 무대 위에서 축하를 받는 이승만 대통령
00:54 축하 공연(탈춤, 군무, 등)
01:08 "리 대통령 각하 제 84회 탄신"라고 쓰인 간판을 지나는 축하 행렬의 모습
01:16 공연 및 행렬을 즐기는 이 대통령과 국빈들
01:22 미군 차량의 축하행렬
01:46 이승만 대통령에게 축하의 말을 건네는 미국 고위인사들의 모습

■ 연구해제

대한민국의 초대 대통령 이승만은 스스로 영웅이 되고 싶었던 인물이었다. 그의 이러한 염원은 그의 측근들에 의해 실행되었는데, 살아 생전에 동상이 세워지고, 그의 생일을 전국민이 송축하는 행사를 정부 차원에서 개최하는 것으로 나타났다.

이승만 탄신제는 이승만의 우상화가 가장 극대화 된 사례라고 볼 수 있다. 이승만 탄

신행사는 정부수립 이후부터 이승만의 생일인 3월 26일마다 매년 개최되었다. 리버티뉴스 제297-01호에서는 1959년에 있었던 이승만 대통령의 제84회 탄신 경축 행사를 보여주고 있다. 영상은 이승만과 프란체스카가 국내외 귀빈들이 모두 모인 자리에서 화려한 케이크를 자르는 것으로 시작한다. 다울링 주한미국대사를 비롯한 각국 대사 내외와 한국에 주둔중인 고위급 미군 장성 내외도 제복을 갖추어 입고 이승만의 생일행사에 참석하였다.

이처럼 1950년대 이승만 탄신일이 되면 각종 신문 기사는 이승만을 조국 광복과 혁명운동에 반평생을 바친 우국지사이자 민족의 영도자 및 반공의 선각자로서 드높였으며, 수많은 학생들이 이승만을 위해 춤을 추었다. 하지만 이러한 이승만 찬양은 1959년이 마지막이었다. 1960년 4월 이승만은 하야하였다. 그리고 그 4개월 뒤, 이승만의 탄신을 축하하며 세워졌던 거대한 이승만 동상은 서울시 당국에 의해 철거되었다. 만들어진 우상의 초라한 말로였다.

▌참고문헌

「다채로운 장식과 경축 26일은 이대통령 84회 탄신의 날」,『경향신문』, 1959년 3월 25일.
「이박사 동상 철거 19일 하오부터 작업개시」,『경향신문』, 1960년 8월 19일.
강인철,「한국전쟁과 사회의식 및 문화의 변화」,『근대를 다시 읽는다』1, 2007.
김진송,『장미와 씨날코』, 푸른역사, 2006.

해당호 전체 정보

297-01 이승만 대통령의 84세 생일 기념 행사

상영시간 ㅣ 01분 48초

영상요약 ㅣ 이승만 대통령의 84회 생일 기념행사의 모습을 담은 영상.

297-02 발전소 완공 기념 행사

상영시간 ㅣ 00분 44초

영상요약 ㅣ 발전소 완공 기념행사를 보여주는 영상.

297-03 YWCA 상담

상영시간 ㅣ 01분 45초

영상요약 ㅣ YWCA의 혼인신고 장려 노력을 담은 영상.

297-04 제2회 영화시상식

상영시간 ㅣ 00분 48초

영상요약 ㅣ 제2회 영화시상식의 모습을 담은 영상.

297-05 이동하 장례식

상영시간 ㅣ 00분 30초

영상요약 ㅣ 1959년 3월 25일, 애국투사 백농 이동하옹의 장례식을 담은 모습.

297-06 이승만 표창수여

상영시간 ㅣ 00분 37초

영상요약 ㅣ 이승만 대통령 관저에서 미군 관계자들에게 표창을 내리고 인사를 나누는 모습.

297-07 대학 졸업식

상영시간 ㅣ 00분 24초

영상요약 ㅣ 대학의 졸업식 당일을 담은 영상.

297-08 개교 기념식

상영시간 ｜ 00분 26초

영상요약 ｜ 학교 개교기념식을 담은 영상.

297-09 어린이 보육시설

상영시간 ｜ 00분 31초

영상요약 ｜ 지방에 위치한 어린이 보육시설에 물자 및 시설원조를 한 미군들에게 감사의 인사를 전하는 행사 장면을 담은 영상.

297-10 마산부산간역전경주대회

상영시간 ｜ 00분 43초

영상요약 ｜ 마산－부산 간 역전 경주대회의 시작부터 마무리까지를 담은 영상.

문화방송국 개국 행사 (1959년 4월)

제작정보

출 처 :	리버티뉴스 301호	
제 작 사 :	주한미공보원	
제작국가 :	미국	

영상정보

제공언어 :	한국어
컬 러 :	흑백
사 운 드 :	무

▌영상요약

문화방송국 개국 당일 행사와 당시 방송국 모습을 담은 영상.

▌내레이션

(내레이션 없음)

▌화면묘사

00:00 "축 개국" 표지판이 붙어있는 문화방송국 건물 외관의 모습
00:04 개국 축하 연설을 하는 관련 인사들과 이를 경청하는 청중들의 모습
00:11 개국한 방송국에서 마이크를 대고 녹음을 하는 방송인들의 모습
00:21 당시 작동되는 방송기기 및 이를 확인하는 관계자의 모습

▌연구해제

　오늘날 우리에게 MBC로 알려진 문화방송은 수도권과 17개 지역의 문화방송네트워크를 연결하는 한국의 대표적인 지상파 공영방송이다. 오늘날 MBC는 한국의 지상파 텔레비전을 대표하지만 초기에는 라디오 방송국으로 출발하였다. 1959년 4월 15일 부산 국제극장에서 우리나라 최초의 민간방송국(HLKU)인 부산문화방송국 개국식이 거행되었다. 부산시 중앙동에 소재했던 방송국은 4개의 스튜디오, 194석 규모의 공개홀과 미국 코리스사에서 구입한 최신 방송장비를 갖추었다. 3월 10일부터 15일간 시험방송을 실시하였으며 출력은 1,035킬로사이클로 부산뿐 아니라 서울, 춘천, 목포에서도 청취가 가능하였다. 부산문화방송은 1961년 1월 서울민간방송(주)으로 설립인가를 받았고, 1기 성우, 기자, 아나운서를 모집하여 방송국으로서 본 궤도에 오르게 되었다. 이후 한국방송(주), 라디오서울, 한국문화방송(주)의 차례대로 사명을 변경하였다.
　5·16군사쿠데타가 일어나자 문화방송은 현대사의 격랑에 휘말리게 되었다. 문화방송의 설립자이자 이사장은 지역 기업인이자 언론인이었던 김지태였다. 김지태는 부일

장학회를 운영했을 뿐 아니라 1946년 이래 부산일보, 1959년부터는 문화방송을 운영하였는데, 군사쿠데타 이후 부정축재자로 구속되어 부산일보, 문화방송, 부일장학회 등 재산의 헌납을 강요받았다. 김지태는 1976년 발간된 자서전『나의 이력서』에서 "1946년 4월 이래 14년간 애지중지 가꾸어 놓은 부산일보와 만 4년 동안 막대한 사재를 들여 궤도에 올려놓은 한국문화방송과 부산문화방송은 1962년 5월 25일 5·16재단으로 넘어가고 말았고, 이 기본재산을 토대로 하여 '5·16장학회'는 그해 7월 14일에 발족을 보게 되었다"고 토로하였다. 이 5·16장학회는 이후 정수장학회로 명칭을 바꾸었다.

이후 정수장학회는 문화방송의 대주주가 되었으며 1969년 정부는 방송사 경영난을 타개하기 위하여 주식의 70%를 쌍용화재, 현대 등 대기업 11개회사에게 강제 인수시켰다. 1974년에는 박정희 대통령의 지시로 경향신문과 통합되었다. 1980년 전두환 정부에서 언론 통폐합이 실시되자 대기업들은 다시 이 주식을 헌납하였고, 한국방송공사(KBS)가 운영을 맡게 되었으며 경향신문과 분리되었다. 1987년 민주화 이후에는 국회에서 제정한 공익재단인 방송문화진흥회가 방송사의 주식 70%를 보유하고 있으며, 사장 선임을 비롯한 간접적인 경영에 참여하고 있다. 또한 방송문화진흥회 주식 이외의 지분인 30%는 정수장학회가 보유하고 있다.

▌ 참고문헌

「15일에 개국식 HLKU」,『동아일보』, 1959년 4월 13일.
「부산 민간 방송국 15일에 발족」,『경향신문』, 1959년 4월 14일.
「군사정권이 작성한 양도서에 강제로 날인, 부산일보·부산MBC 정수장학회로 넘어갔다」,
　　　　『오마이 뉴스』, 2004년 7월 27일.

해당호 전체 정보

301-01 칸트버리 대주교의 방한

상영시간 ㅣ 01분 01초

영상요약 ㅣ 켄터베리 대주교의 방한 기간 동안 한국에서의 활동을 담은 영상.

301-02 표창 수여

상영시간 ㅣ 00분 19초

영상요약 ㅣ 미군 고위급 인사 2명에게 표창을 수여하는 모습이 담긴 영상.

301-03 문화방송국 개국 행사

상영시간 ㅣ 00분 26초

영상요약 ㅣ 문화방송국 개국 당일 행사와 당시 방송국 모습을 담은 영상.

301-04 제1회 국산가구전시장

상영시간 ㅣ 00분 43초

영상요약 ㅣ 제1회 국산가구전시회의 모습을 담은 영상.

301-05 교통안전여왕 선발식

상영시간 ㅣ 00분 44초

영상요약 ㅣ 흥아타이어주식회사에서 주최하는 교통안전여왕 홍보 및 선발식을 담은 영상.

301-06 미국 관료의 방한

상영시간 ㅣ 00분 21초

영상요약 ㅣ 미군 관료의 방한과 이를 환영하는 관계자들의 모습을 담은 영상.

301-07 대한민국 공군 경비행기

상영시간 ㅣ 00분 24초

영상요약 ㅣ 대한민국 공군의 경비행기 이륙을 담은 영상.

301-08 고아원 설립

상영시간 ㅣ 00분 22초

영상요약 ㅣ 고아원을 건축 중인 현장에 방문한 미국인 관료와 관계자들을 담은 영상.

301-09 기업 상장 수여식

상영시간 ㅣ 00분 17초

영상요약 ㅣ 국내 한 주식회사에서 진행된 상장 수여 행사를 담은 영상.

제5차 미 공법 480 협정 체결 (1959년 6월)

제작정보

출   처 : 리버티뉴스 311호
제 작 사 : 주한미공보원
제 작 국 가 : 미국

영상정보

제 공 언 어 : 한국어
컬   러 : 흑백
사 운 드 : 무

다울링 주한미대사와 신현확 부흥부장관이 만나서 미 공법 480호 협정에 서명을 하고 있다. 이로써 제5차 미 공법 480호 협정이 체결되었다.

▌ 내레이션

(내레이션 없음)

▌ 화면묘사

00:00   다울링 주한미대사와 신현확 부흥부장관이 인사를 나누고 있음

00:09   다울링 주한미대사와 신현확 부흥부장관이 미 공법 480호 협정에 서명하고 있음

00:22   취재진들이 미 공법 480호 협정 체결 현장에 모여 있음

00:24   다울링 주한미대사와 신현확 부흥부장관이 서명 후 악수를 하는 모습

▌ 연구해제

이 영상은 다울링 주한미대사와 신현확 부흥부장관이 제5차 '미 공법 480호' 협정을 체결하는 장면을 담고 있다. 미 공법 480호에 의한 한미 간의 협정은 1955년 5월 31일 최초로 체결되었다.

'미 공법 480호'란 1954년 미국에서 제정된 '농산물 교역발전 및 원조법'(Agricultural Trade Development and Assistance Act, 이하 PL480)을 말한다. 제2차 세계대전 이후 미국은 전 세계 농산물 재고량의 70% 이상을 보유하고 있었다. 미국정부는 잉여농산물의 국내 처리에 한계를 느끼고 이를 해외에서 처분하고자 하였고, 이에 미국의 잉여농산물을 해외에서 처분하기 위해 만들어진 법이 PL480이었다. 1955년부터 1960년까지 PL480에 의한 잉여농산물 원조 총액 중 소맥, 소맥분, 면화가 70%를 차지하였다. 이 원조를 가장 많이 받은 나라는 인도이고, 그 다음으로 파키스탄, 통일아랍공화국, 스페인, 한국, 폴란

드, 브라질, 터키 등이 뒤를 이었다. 한국은 총 4억 8,700만 달러를 받아 5위를 차지하였다.

이렇게 미(美)잉여농산물 원조는 구매력이 없는 제3세계에 집중적으로 수여되었다. 잉여농산물 원조는 상업적 판매와는 다른 특수한 목적과 기능을 갖고 있다. 첫째, 미국 국가재정을 매개로 미국 농업자본가에 의해 과잉 생산된 농산물 상품으로 실현하기 때문에 미국 농업자본가에게 이윤이 돌아간다는 점이다. 둘째, 해외 미국 농산물 시장의 확대를 위한 수단이라는 점이다. 이는 1960년대 후반 이후 미국 농산물 수출의 급격한 증가를 가능하게 한 기초라고 할 수 있다. 셋째, 달러 지배하에 놓인 국가가 미 잉여농산물을 도입함으로써 식량 수요형태가 서구식으로 변화하고 농업생산이 침체되어 미국 농산물에 점점 더 의존하게 되는데, 이러한 농산물의 대미의존구조를 통하여 미국은 경제적, 정치적, 군사적 지배를 강화하게 되었다. 결국 미국은 자국 농업의 과잉생산공황의 모순을 원조의 형태로 해결하고 전후 세계 자본주의를 재편하기 위한 한 방편으로 잉여농산물 원조를 수행한 것이다.

PL480이 적용됨으로써 한국의 잉여농산물 도입액은 이전 기간보다 연평균 2배가 증가하였다. 또한 도입된 원료를 사용하여 상품을 생산함으로써 수출을 증가시킬 수 있었다. PL480으로 도입된 잉여농산물을 보면 양곡이 21%였고, 원면 등 기타가 79%를 차지하는 등 농산물 원료의 비중이 높았다. 이 원조에 의하여 원화로 형성된 판매대금은 그 대부분이 국방비로 사용되었고, 나머지는 한국 내 미국 기관의 행정비 및 한국 내에서의 미국 농산물시장의 확대비용으로 사용되었다.

이 결과 미국 농산물 원료를 가공하여 판매하는 제분, 제당, 면방직, 비누공업이 발전하게 되었는데, 이들 사업이 더 발전하기 위해서는 원료가 지속적으로 필요하게 되어 결국 더 많은 잉여농산물을 수입하게 되었다. 즉 국내 농산물 가공산업 원료의 대미의존구조가 형성된 것이다. 이에 따라 1960년대 후반 이후 원조에 의한 잉여농산물 도입이 줄자 일반 상업수입이나 차관으로 잉여농산물 원료를 구입하게 되는 수요체제가 창출되었다.

이와 함께 한국 농업구조의 변화도 야기되었다. 미 잉여양곡의 과잉도입으로 식량자급도가 하락하게 되었으며, 미국 면화의 소비가 늘면서 국산면화의 소비가 줄어 면화생산시장도 축소되었다. 결과적으로 공업에 대한 원료공급처로서의 농업의 역할을 배제시키게 된 것이다. 1950년대 후반기에 들어서는 잉여농산물 도입으로 인한 농산물 가격의 저가유지로 인해 농가부채가 늘어나게 되었다. 그리하여 자작농들도 농지를 팔고 농촌을 떠나거나 소작농으로 전락하게 되었다.

▌ 참고문헌

「잉여농산물 인수 한미 간 협정 조인」, 『동아일보』, 1955년 6월 2일.
장종익, 「1950년대 미잉여농산물 원조가 한국농업에 미친 영향에 관한 연구」, 『현대한국자본주의의 전개』, 경제사학회, 1990.

311-01 주한유엔군사령관 교체

상영시간 ㅣ 01분 39초

영상요약 ㅣ 주한유엔군사령관이 교체되면서, 다울링 주한미대사, 데커(George H. Decker) 전 주한유엔군사령관, 매그루더(Carter B. Magruder) 신임 주한유엔군사령관은 먼저 경무대로 이승만 대통령을 예방하고, 순화동 부통령 관저로 장면 부통령을 방문한 후 회담을 가졌다. 한편 용산 주한유엔군사령부에서는 주한유엔군사령관 교대식이 열렸다. 이승만 대통령은 데커 전 주한유엔군사령관에게 금성이 부착된 태극무공훈장을 수여하였다. 임흥순 서울시장은 데커 전 주한유엔군사령관에게 명예서울시민증을 전달하였다.

311-02 미 사관생도 ICA 프로젝트 공장 시찰

상영시간 ㅣ 00분 31초

영상요약 ㅣ 미군 사관생도들이 ICA 원조기금으로 운영되는 여러 공장들을 시찰하고 있다. 한국 타이어 공장을 방문하여 타이어 생산 공정을 유심히 살펴보는 미국 사관생도들의 모습을 보여준다.

311-03 저수지 건설 공사

상영시간 ㅣ 00분 38초

영상요약 ㅣ 전라남도 나주군 다도면 저수지 "강정제" 건설공사 현장이다. 마을 주민들이 돌을 캐서 운반하여 도로포장공사를 하는 모습이다. 아울러 저수지 건설공사 현장 전경을 보여주고 있다.

311-04 제5차 미 공법 480호 협정 체결

상영시간 ㅣ 00분 25초

영상요약 ㅣ 다울링 주한미대사와 신현확 부흥부장관이 만나서 미 공법 480호 협정에 서명을 하고 있다. 이로써 제5차 미 공법 480호 협정이 체결되었다.

311-05 제4회 호남예술제

상영시간 | 00분 32초

영상요약 | 1959년 6월 20일부터 5일간 제4회 호남예술제가 광주 서석초등학교 강당에서 열렸다. 어린이들이 별주부전 연극 공연을 하고 있다.

311-06 천안삼거리 예술제

상영시간 | 00분 36초

영상요약 | 수양버들이 무성한 천안삼거리에서 예술제가 열렸다. 다양한 전통무용 공연이 펼쳐지고 있다. 예술제에 참가한 관객들의 모습을 보여준다.

311-07 구강보건주간

상영시간 | 00분 33초

영상요약 | 1959년 6월 9일부터 일주일간의 구강보건주간을 맞이하여 부산시청에서는 부산시 초등학생을 대상으로 건치아동선발대회를 개최하였다. 치과의사들이 어린이들의 치아 상태를 살피고 있다. 건치아동대회에서 수상한 어린이들의 모습도 보여준다.

311-08 한국 - 필리핀 친선야구경기

상영시간 | 00분 44초

영상요약 | 한국 부산 팀과 필리핀 간의 친선 야구경기가 열렸다. 야구경기 장면과 경기를 관람하는 관객들의 모습을 보여주고 있다.

국립중앙의료원 낙성식 (1959년 10월)

제작정보

출   처 : 리버티뉴스 317호

제 작 사 : 주한미공보원

제 작 국 가 : 미국

영상정보

제 공 언 어 : 한국어

컬   러 : 흑백

사 운 드 : 무

영상요약

1958년 10월 2일 국립중앙의료원 낙성식이 개최되었다. 스웨덴, 덴마크, 노르웨이 등 스칸디나비아반도 3개국 인사들을 비롯한 여러 국내외 인사들과 흰 가운을 입은 간호사들도 낙성식에 참가하였다. 아울러 국립중앙의료원 합동건설기념비 제막식이 거행되었다.

내레이션

(내레이션 없음)

화면묘사

00:00   유엔기, 태극기, 노르웨이, 덴마크, 스웨덴 국기가 바람에 휘날리고 있음

00:04   1958년 10월 2일 국립중앙의료원 낙성식이 열림. 낙성식에 참가한 간호원들, 국내외 여러 인사들의 모습

00:13   국립중앙의료원 완공 기념비 제막식이 거행됨

00:16   제막이 되자 박수를 치는 간호원들

00:19   "합동건설기념비 국립중앙의료원 이 병원은 대한민국과 국제연합재건단 및 스칸디나비아 3개국의 공동사업으로 건설되다. 설계 및 기공: 단기 4289년. 준공: 단기 4291년. 수용 병상수 465. 낙성식 일자 단기 4291년 10월 2일. 대한민국 대통령 리승만 박사, 보건사회부장관 손창환 박사, 국제연합한국재건단 단장대리 해롤드 이스트우드 장군, 덴마아크 왕국 내무장관 스웨렌 오레센, 노르웨이 왕국 사회장관 그드믄드 할렘, 스웨덴 왕국 무임소장관 스벤 아브 예이젤스탐" 등이 기념비에 새겨져 있음

00:23   한국 인사들과 국외 인사들이 기념비 앞에 서 있음

연구해제

1958년 10월 2일 국립중앙의료원 낙성식이 개최되었다. 이종진 국립중앙의료원장은

"개원의 의의 중에서 가장 중요한 것은 사회보장제도를 발전시키는 계기를 만든 것"이라고 하였다. 앞으로 이곳에서 환자의 75%는 무료로 치료받도록 계획되었다.

국립중앙의료원은 1955년 11월 10일, 한국정부와 스칸디나비아 3국 그리고 운크라 사이의 3주에 걸친 회의 끝에 설립이 결정되고 '중앙의료원의 설립과 운영에 관한 협정'을 체결했다. 이후 스칸디나비아 3개국 정부와 운크라가 440만 달러를 공동출자하였고 한국정부가 11억 환을 지출하여 건설하였다. 1958년 개원 후 의료원은 스칸디나비아 의료사절단 직원 90명, 한국 측 직원 511명의 노력과 협조로 운영되었는데, 1주년 평가에 따르면 실인원 9,788명, 연인원 47,271명의 외래환자를 진료하였고, 그중 43,671명이 무료치료의 혜택을 받았다. 아울러 의료원에서 의사 55명이 각 전문과에서 '근대적인' 종합병원 운영방법과 의료기술 습득, 의과대학 상급학생의 임상 견학과 실습 및 일반인에게 병원 공개 등 그간 2,391명이 의료원을 견학, 시찰했다.

6·25전쟁 이후 스칸디나비아 3국은 병원선 등 의료진을 파견하고 지원해왔다. 국립중앙의료원 개원 이후로도 10년간 한국정부와 공동으로 국립의료원을 운영하기도 했으며, 의료진의 의료활동과 더불어 서양의학 기술 전수도 했다.

▌ 참고문헌

「中央醫療院設置에 合意」, 『경향신문』, 1955년 11월 12일.
「사회보장제도의 발전계기 되도록」, 『동아일보』, 1958년 10월 3일.
「中央醫療院시찰」, 『동아일보』, 1959년 10월 31일.
정의식, 「스웨덴과 국립중앙의료원 특별한 인연·역사」, 『데일리메디』
    http://dailymedi.com/news/view.html?section=2&category=160&no=786128 (검색일:
    2015년 2월 1일)

해당호 전체 정보

317-01 한일회담 한국대표단 출국

상영시간 ㅣ 00분 24초

영상요약 ㅣ 도쿄에서 열리는 한일회담에 참석하기 위해 한일회담 한국대표단이 출국 길에 오르고 있다. 한일회담 한국대표단은 허정 전 서울시장, 유태하 주일공사, 유진오 고려대 총장, 장경근 전 내무부장관, 이호 전 법무부장관으로 구성되어 있다.

317-02 서울 - 김천 간의 도로확장공사 기공식

상영시간 ㅣ 00분 33초

영상요약 ㅣ 경북 문경새재에서 서울−김천 간 도로확장공사 기공식이 열렸다. 이승만 대통령을 비롯한 여러 국내인사들과 수많은 마을 주민들이 기공식에 참석하였다. 이승만 대통령이 발파 스위치를 누르자 문경새재에서 연기가 피어오르는 모습을 보여주고 있다.

317-03 국립중앙의료원 낙성식

상영시간 ㅣ 00분 26초

영상요약 ㅣ 1958년 10월 2일 국립중앙의료원 낙성식이 개최되었다. 스웨덴, 덴마크, 노르웨이 등 스칸디나비아반도 3개국 인사들을 비롯한 여러 국내외 인사들과 흰 가운을 입은 간호사들도 낙성식에 참가하였다. 아울러 국립중앙의료원 합동 건설기념비 제막식이 거행되었다.

317-04 미 해외공보처 극동지역 부국장보 내한

상영시간 ㅣ 00분 15초

영상요약 ㅣ 니슨 미 해외공보처 극동지역 부국장보가 노스웨스트 항공편을 통해 김포공항에 도착하였다. 아놀드 주한미공보원장이 니슨 부국장보를 마중 나와 그와 함께 김포공항을 빠져나가고 있다.

317-05 장기범 KBS 아나운서 도미

상영시간 | 00분 21초

영상요약 | 장기범 KBS 아나운서가 미국의 소리 한국어 담당 아나운서로 미국 워싱턴으로 파견을 가게 되었다. 장기범 KBS 아나운서가 비행기에 오르기 전 지인들과 작별인사를 하고, 비행기에 탑승하면서 손을 흔들고 있는 모습을 보여준다.

317-06 합판 대미수출

상영시간 | 00분 41초

영상요약 | 국내에서 생산된 합판의 대미수출이 처음으로 가능하게 되었다. 부산 성창기업 합판 생산 공장에서 대미수출용 합판을 생산하는 장면과, 부산항에서 합판을 실은 "FLYING FISH" 호가 항해하는 모습을 보여주고 있다.

317-07 야구경기

상영시간 | 00분 43초

영상요약 | 서울 중앙고 팀과 재일교포 팀 간의 야구경기가 서울운동장에서 열렸다. 야구경기 장면과 경기를 관람하는 관중들의 모습을 보여주고 있다. 이날 경기에서는 재일교포 팀이 승리하였다.

대한항공기의 첫 미국행 (1959년 8월)

제작정보		**영상정보**	
출　　처 :	리버티뉴스 320A호	제공언어 :	한국어
제 작 사 :	주한미공보원	컬　　러 :	흑백
제작국가 :	미국	사 운 드 :	무

▍영상요약

도미하는 한국 유학생들이 여의도공항에서 시애틀 행 대한항공 비행기에 올라타고 있다. 비행기 탑승 직전 가족들에게 마지막으로 작별인사를 하는 유학생들의 모습과 배웅하러 나온 유학생 가족들 역시 손을 흔들며 작별인사를 하는 모습을 보여준다.

▍내레이션

(내레이션 없음)

▍화면묘사

00:00   비행기에 탑승하기 위해 환송을 받으며 걸어가는 유학생들의 모습
00:07   여의도공항에서 한국 유학생들이 미국 시애틀 행 대한항공 비행기에 올라타고 있음
00:14   비행기 탑승 직전 손을 흔드는 유학생들의 모습
00:17   공항에 배웅하러 나온 유학생 가족들이 손을 흔들며 작별인사를 하고 있음

▍연구해제

본 영상은 국내 항공사 최초로 미국을 향해 출항하는 대한국민항공사(약칭 KNA) 비행기에 타는 승객들의 모습을 담고 있다. 공식기록에서는 1959년 7월 31일인 첫 미국행 비행 당시 미국으로 입양될 혼혈 고아 98명이 타고 있었다고 하나 이 영상에서는 고아들의 모습 대신 젊은 남녀 승객들만이 확인된다.

한국 항공사를 보면, 한국인에 의한 최초 항공사는 1936년 10월 신용욱이 설립한 조선항공사 업사였다. 이를 통해 서울-이리 간 정기항공노선이 운항되었다. 조선항공사 업사는 해방 이후 대한국제항공사로, 1948년 10월부터는 이 영상에 등장하는 대한국민항공사(KNA)로 모습을 바꾸며 당시 국내 유일의 항공사로 기능했다.

대한국민항공사는 미국 스틴슨 항공기 3대(5인승)를 도입하고 1948년 10월 30일부터

서울－부산 간 여객수송을 시작하였다. 1949년 2월부터는 서울－강릉, 서울－광주－제주 등을 취항시켜 서울과 지방도시를 이었다. 하지만 이미 미국 노스웨스트가 1946년 하반기부터 미군 수송을 넘어 한국인까지도 확대수송하고 있었으며, 1949년 6월 29일에는 한·미 잠정 항공협정이 체결됨에 따라 여타 외국항공사들까지 서울－동경－시애틀 간 국제선의 주2회 정기취항을 시작하였다.

대한국민항공사는 1953년 7월 주식회사로 개편하고 국제선용 72인승 DC-4항공기 1대를 도입하여 일일 왕복 1회 서울－부산 노선에 취항하였다. 이후 1954년 8월 말부터 서울－대만－홍콩을 운항하면서 동남아 국제노선의 최초 취항을 이루었다. 이는 1955년 9월부터 서울－홍콩 직항노선으로 변경되었다.

이 영상과 관련한 서울－시애틀 운항노선은 1958년 미국정부가 한국 비행기의 미국 내 착륙을 정식 허가하고, 시애틀 비행을 위한 항공기도 수입한 이후인 1959년 7월 31일 처음 성사되었다. 그러나 첫 운항부터 비행 중에 고장을 일으켰고, 이후에도 수차의 고장이 발생했다. 이에 따라 외국인들의 경우 아예 대한국민항공사의 항공기 탑승을 기피하기도 했다.

결국 대한국민항공사는 노후 항공기 운행 및 자본부족, 여타 외국 항공사와의 경쟁 등에 밀리며 적자운영을 면치 못하다가 1962년 11월 13일 면허취소 되었다. 관련 자산은 한국 정부가 출자하여 1962년 6월에 설립한 국책회사인 대한항공공사(KAL)로 인수되었다. 그러나 이 역시 적자운영에 시달렸고, 1969년에는 한진에 팔리며 민영화되어 지금의 대한항공으로 이어지고 있다.

참고문헌

「한·미항공로 정식으로 개설」, 『경향신문』, 1958년 3월 1일.
「미주 나를 '우리 여객기'」, 『경향신문』, 1958년 4월 4일.
「아대통령 승인 KNA전세비행권」, 『동아일보』, 1959년 6월 3일.
「우주선」, 『동아일보』, 1959년 7월 31일.
「고아 또 98명 도미」, 『동아일보』, 1959년 7월 31일.
「비행중에 고장 미국에 간 KNA기 시아틀에 착륙수리」, 『동아일보』, 1959년 8월 16일.
「KNA기 서울향발 시아틀서 승객 16명 태우고」, 『동아일보』, 1959년 8월 22일.

「외국인 안타는 KNA기 특혜 받고도 엉망」, 『동아일보』, 1960년 9월 11일.

「수송 (6)항공」, 『매일경제』, 1967년 12월 27일.

항공정보 포탈시스템(http://www.airportal.go.kr).

해당호 전체 정보

320A-01 기독교 여자청년회 별관 낙성

상영시간 ㅣ 00분 36초

영상요약 ㅣ 서울 명동에 기독교여자청년회 별관이 낙성되었다. 별관 건물 외관과 별관 내부의 강당, 도서실, 전시실, 기숙사 등의 제반 시설을 보여준다.

320A-02 광주에 새로운 후생주택

상영시간 ㅣ 00분 37초

영상요약 ㅣ 전라남도 광주에서 ICA 1차 계획의 일환으로 후생주택 건설공사가 한창이다. 노동자들이 공사현장에서 작업을 하는 모습과 완공된 후생주택 단지 모습도 보여주고 있다.

320A-03 무선 전신국 새 청사 낙성

상영시간 ㅣ 00분 29초

영상요약 ㅣ 체신부흥계획에 따라 완공된 부산 무선전신국 새 청사의 모습이다. 전신국 내부에서 직원들이 새로 들여온 기기를 작동하며 근무하는 모습을 보여준다.

320A-04 케어에서 수재민 구호

상영시간 ㅣ 01분 09초

영상요약 ㅣ 태풍으로 인해 전국 각지가 피해를 입었다. 홍수로 인해 물에 잠긴 마을의 모습이다. 아울러 물이 위험수위까지 불어난 한강과 물에 잠긴 여의도 비행장 등의 모습도 보여주고 있다. 케어(CARE)와 서울시 당국이 서울 영등포지구 한강 수재민들에게 구호품 상자, 담요 등을 전달하고 있다.

320A-05 대한항공기의 첫 미국행

상영시간 ㅣ 00분 25초

영상요약 ㅣ 도미하는 한국 유학생들이 여의도 공항에서 시애틀 행 대한항공 비행기에 올라타고 있다. 비행기 탑승 직전 가족들에게 마지막으로 작별인사를 하는 유학생들의 모습과 배웅하러 나온 유학생 가족들이 손을 흔들며 작별인사를 하는 모습을 보여준다.

320A-06 처음 맞는 빙상 무용단

상영시간 ㅣ 00분 16초

영상요약 ㅣ 한국 화물선에 실린 홀리데이 온 아이스쇼단 물품 상자를 크레인으로 운반하는 모습이다.

320A-07 토이기 군의 날 기념

상영시간 ㅣ 01분 10초

영상요약 ㅣ 터키군의 날 기념행사가 한국에서 열렸다. 유엔군 인사를 비롯한 여러 국내외 인사들이 참석한 가운데 기념식이 개최되었다. 터키군 고위 간부의 기념사 장면과 터키 대사가 터키 군장병들에게 훈장을 수여하는 장면, 터키 민속춤 공연, 레슬링 시합 등의 기념행사 장면이 이어졌다.

신흥대 설립 10주년 기념 (1959년 10월)

제작정보

출   처 : 리버티뉴스 326호

제 작 사 : 주한미공보원

제작국가 : 미국

영상정보

제공언어 : 한국어

컬   러 : 흑백

사 운 드 : 무

▌ 영상요약

신흥무관학교의 전통을 계승한다는 명분하에 세워진 신흥대학이 설립 10주년을 맞이하였다. 교내에서는 모의법정, 연주회, 체조대회 등 다양한 기념행사가 열렸다.

▌ 내레이션

(내레이션 없음)

▌ 화면묘사

00:00 신흥대학 내부에 위치한 동상
00:04 모의법정이 열림. 판사, 피고인, 방청객들의 모습
00:16 야외에서 신흥대 학생들이 합주를 하는 모습. 관객들이 음악을 감상하고 있음
00:27 운동장에서 체조대회가 열림
00:33 조영식 신흥대학 총장이 체조대회를 구경하는 모습

▌ 연구해제

이 영상은 1959년 10월 23일, 신흥무관학교의 역사와 전통을 계승한 신흥대학교(新興大學校) 설립 10주년을 기념하기 위한 모의법정, 연주회, 체조대회 등의 행사를 담은 것으로, 지금의 경희대학교 회기동 교정에 설립되었던 초창기 모습을 볼 수 있는 귀한 자료이다.

신흥무관학교는 이시영이 주도적으로 만든 항일독립기지였다. 이시영은 경주 이씨 백사공파로 6정승을 배출하고 4명이 영상(領相)에 추증된 명문가의 출신으로, 그 역시 1885년 사마시(司馬試)에 합격한 이후 형조좌랑 · 홍문관 교리 · 승정원 부승지 · 궁내부 수석 참의 등을 거치고, 1891년 병과에 급제하여 1894년에는 부승지가 되었다. 1905년 외부교섭국장으로 다시 등용되었으나 을사늑약이 체결된 이후 사직했다. 1906년 평안남도 관찰사에 등용되었고, 서북지역의 학교설립 및 애국계몽운동에 전념했다. 한일병합

이후 이시영·이회영 형제 주도로 만주에 집단망명한 후 서간도 독립운동기지 건설이 구체화되었다. 1911년 4월 봄 교민 자치단체인 '경학사'를 조직하고, 사관 양성기관으로 '신흥강습소'를 창설하였다. 신흥강습소는 후에 신흥무관학교로 개칭되었다. 신흥무관학교는 1911년부터 1920년까지 10년 동안 3,300여 명의 독립군 간부를 양성하였고, 이들은 만주독립군의 근간이 되었다.

해방 이후 1947년 2월 22일 이시영은 서울특별시 종로구 수송동에 신흥무관학교의 역사와 전통을 계승하여 신흥전문학원을 설립했다. 1949년에 2월 15일 초대부통령이 된 이시영은 7,000여만 원의 성금을 모아 성재학원(省齋學園)을 설립하고 같은 해 2년제 신흥초급대학으로 설립 가인가를 받았다. 6·25전쟁 당시 학교는 부산으로 피난했으나 수업이 중단되자 1951년 조영식이 이를 인수하였다. 이후 1952년 2월, 정식 설립 인가를 받았고 그해 12월 4년제 신흥대학으로 전환하였다. 1955년에는 종합대학인 신흥대학교로 승격되며 교사를 서울특별시 동대문구 회기동(현 경희대 서울캠퍼스)으로 이전한 후 1960년에 '신흥대학교'였던 교명을 '경희대학교'로 바꾸었다.

경희대학교 민주동문회에서 신흥대학교 전통의 학교연혁을 되살리려는 노력으로 2000년에 들어서 신흥대학교 표지석이 발굴되어, 2011년 8월 '신흥대학 터 표지석'이 수송공원에 건립되었다. 고 조영식 박사가 고의적으로 신흥대학교의 전통을 없애려 했다는 논란이 있었다.

▌참고문헌

「慶熙大學으로『新興大』校名改稱」, 『동아일보』, 1960년 3월 1일.

김병기, 「백광운(채찬)의 백서농장 경영과 재만무장투쟁 – 백광운의 무장활동을 중심으로–」, 『신흥무관학교 103주년 학술대회 자료집』, 2014.

김병기, 「신흥무관학교와 이시영의 독립운동」, 『성재 이시영 선생 60주기 추모 학술회의 자료집』, 2013.

신흥무관학교기념사업회, 「신흥무관학교 소책자(경희대학교총민주동문회)」, http://www.sh100th.org/sub4.html?Table=ins_bbs3&mode=view&uid=12&page=1&section=(검색일 : 2014년 12월 31일).

경희민주동문회, 「'신흥대학 표지석'을 찾아서」, 『민주경희』 176,

http://www.khmindong.or.kr/mindong/special_restore_5.php?act=view&&pgno=2&ci
d=11092513070213 (검색일: 2014년 12월 31일).
우당기념사업회, http://www.woodang.or.kr/life/shinhung.htm (검색일: 2014년 12월 31일).
위키피디아, 「경희대학교」,
http://ko.wikipedia.org/wiki/%EA%B2%BD%ED%9D%AC%EB%8C%80%ED%95%99%E
A%B5%90 (검색일: 2014년 12월 31일).

해당호 전체 정보

326-01 중국계 하와이 상원의원 방한

상영시간 | 01분 04초

영상요약 | 히람 퐁 중국계 하와이 상원의원이 방한하였다. 히람 퐁 의원은 국회에서 연설을 하고 주한미공보원 서울지부에서 기자회견을 열었다. 아울러 명동에 있는 한성화교소학에서 열린 환영회에 참석하였다. 중국대사관에서 열린 칵테일파티에도 참석하여 여러 국내외 인사들과 이야기를 나누고 있다.

326-02 프랑스 재향군인회장 유엔묘지 방문

상영시간 | 00분 26초

영상요약 | 프랑스 재향군인회장 비비엔이 부산 유엔묘지를 방문하여 헌화를 한 후 참배를 하였다. 아울러 비비엔은 여러 국내외 군부 인사들과 이야기를 나누었다.

326-03 신해혁명 48주년 기념

상영시간 | 00분 50초

영상요약 | 1959년 10월 10일 신해혁명 48주년 기념행사가 서울에서 열렸다. 주한대만대사관에서 많은 대만 및 국내외 인사들이 참석한 가운데 기념식이 개최되었다. 아울러 한성화교소학에서는 운동경기가 열렸다. 운동경기 장면과 이를 관람하는 관중들의 모습을 보여주고 있다.

326-04 제2회 경북 산업전시회

상영시간 | 00분 24초

영상요약 | 경상북도 상공장려관에서 1959년 10월 12일부터 한 달 동안 제2회 경상북도 산업전시회가 열렸다. 전시회에는 경북지역 공장에서 생산되는 생산품들이 전시되어 있다. 여러 인사들 및 시민들이 전시회를 둘러보고 있다.

326-05 신흥대 설립 10주년 기념

상영시간 ㅣ 00분 42초

영상요약 ㅣ 신흥무관학교의 전통을 계승한다는 명분하에 세워진 신흥대학이 설립 10주년을 맞이하였다. 교내에서는 모의법정, 연주회, 체조대회 등 다양한 기념행사가 열렸다.

326-06 해남유리공장

상영시간 ㅣ 00분 43초

영상요약 ㅣ ICA 원조기금으로 서울 영등포에 해남유리공장이 세워졌다. 해남유리공장 노동자들이 기계를 이용하여 유리병을 생산하는 모습이다.

금성 라디오공장의 첫 국내 라디오 생산 (1959년 12월)

제작정보
출   처 : 리버티뉴스 334호
제 작 사 : 주한미공보원
제작국가 : 미국

영상정보
제공언어 : 한국어
컬   러 : 흑백
사운드 : 무

영상요약

금성라디오주식회사는 ICA원조 35만 달러로 서독과의 기술제휴를 통해 라디오공장을 건설했다. 헨케 지도관의 지휘 아래 금성라디오공장은 하루에 100세트의 라디오를 생산했다.

내레이션

(내레이션 없음)

화면묘사

00:00   금성라디오주식회사 공장에서 여성 노동자들이 수작업으로 작업을 하고 있으며, 그 가운데로 헨케 지도관이 관계자와 함께 둘러보고 있음
00:09   여성노동자들이 기계로 라디오 용접, 조립 등 다양한 작업을 하고 있음
00:14   남성 관리자가 생산된 부품의 품질을 확인하는 모습. 다른 남성은 완성된 라디오 품질을 확인함
00:24   생산된 라디오의 마감작업과 포장작업의 다양한 모습

연구해제

본 영상은 금성 라디오 공장을 시찰하는 한·미 관계자들과 여성 노동자들의 라디오 제조 과정을 담고 있다.

한국에서의 라디오 보급은 1927년 경성방송국이 개설된 이후부터였다. 당시 라디오 보급량은 5,260대였으나, 1945년 해방 시점에는 30만 대로 늘어났다. 그러나 라디오는 전량 수입에 의해 보급되었을 뿐, 국내 생산품은 전혀 없는 상태였다.

8·15해방과 6·25전쟁을 거치며, 시시각각 변하는 정치·사회 뉴스를 듣기 위해 국내 라디오 수요는 점차 증가했다. 이를 바탕으로 각종 플라스틱 제품과 치약, 비누 등을 생산하던 럭키그룹 구인회 사장은 1958년 금성사(현재 LG전자)를 설립했고, 1959년부터

'골드 스타(Gold Star)'라는 상표로 진공관식 국산 라디오를 생산하기 시작했다. 물론 대부분의 부속품을 들여다 조립하는 수준이었지만, 1960년부터 트랜지스터 라디오를 생산하면서 점차 부속품의 국산화도 이루어 나갔다. 1960년대 들어 금성사는 선풍기, 전자교환기, 냉장고, TV 등을 국내 최초로 생산하기도 했다.

당시 생산된 금성사의 국산 라디오는 값이 싸고 성능이나 디자인도 외국산에 못지않다는 평가를 받았다. 하지만 밀수품의 범람으로 국산 라디오 수요는 쉽게 오르지 못했다. 수요 급증의 계기는 5·16 쿠데타로 집권한 군사정부의 공보활동 강화였다. 군사정부는 도시는 물론 농어촌에 라디오를 보급해 자신들의 시책과 성과를 알리려는 공보활동을 본격화했고, 동시에 금성라디오는 수요가 급증하며 생산에 활기를 띨 수 있었다. 그에 따라 전국의 라디오 보급이 가속화되었고, 이후 라디오 외래품의 수입금지 등 국가지원에 힘입어, 라디오는 제품의 다양화, 고도화를 실현하며 수출 유망주로 등장하게 되었다. 실제 1961년 5만여 대에 지나지 않던 국산 라디오 보급은 1962년 들어 20만 대에 가까운 판매고를 올렸고, 라디오 수출은 1962년 11월부터 동남아를 시작으로 미국시장에도 팔려나갔다.

라디오 수요의 대중화에 힘입어 1967년 들어 라디오 제작업체는 총 4개에 이르렀고, 한국의 전반적인 전자산업 역시 1966년 흑백TV의 조립생산이 이뤄지며 도약기를 맞았다. 이후 1970년대 컬러TV 생산과 1980년대 컬러TV방송의 시작을 거치며 전자업계는 또다시 도약했고, 국내 전자산업은 1990년대의 비약적 발전을 거쳐 지금에 이르기까지 한국을 대표하는 주요 산업으로 성장을 거듭하고 있다.

▌ 참고문헌

「국산 라디오 생산」, 『동아일보』, 1959년 10월 14일.
「경기타진 그 현황과 전망(26)라디오상」, 『경향신문』, 1963년 6월 6일.
「재벌다큐멘터리 거탑의 내막(81)」, 『경향신문』, 1982년 7월 7일.
「재벌다큐멘터리 거탑의 내막(82)」, 『경향신문』, 1982년 7월 8일.
「59년 나온 금성라디오 '환상의 상품' 가전제품」, 『매일경제』, 1999년 12월 29일.

해당호 전체 정보

334-01 조정환 외무장관 귀국

상영시간 ｜ 00분 31초

영상요약 ｜ 9월 12일, 40차 유엔총회에 한국대표로 참석하기 위해 출국했던 조정환 외무장관이 김포공항으로 귀국했다. 영상에서는 외무장관을 환영하기 위해 나온 많은 인파와 유엔에서 한국문제에 관련하여 인터뷰하는 외무장관의 모습이 담겨있다.

334-02 이노우에 대니얼의 경무대 예방

상영시간 ｜ 00분 18초

영상요약 ｜ 하와이에서 선출된 이노우에 의원 부부가 동아시아를 여행하는 동안 한국에 들렀다. 영상에서는 이노우에 부부가 경무대를 방문하여 이승만 대통령 부부와 환담을 나누는 모습이 담겨있다.

334-03 던 유엔한국통일부흥위원회 호주대표의 환국

상영시간 ｜ 00분 33초

영상요약 ｜ 2년 반 동안 한국에서 임무를 수행했던 유엔한국통일부흥위원회 호주대표가 부인과 함께 고국으로 돌아갔다. 영상에는 그들을 배웅하는 여러 외국인과 한국인의 모습이 담겨있다.

334-04 금성 라디오공장의 첫 국내 라디오 생산

상영시간 ｜ 00분 48초

영상요약 ｜ 금성라디오주식회사는 ICA원조 35만 달러로 서독과의 기술제휴를 통해 라디오공장을 건설했다. 헨케 지도관의 지휘 아래 금성라디오공장은 하루에 100세트의 라디오를 생산했다.

334-05 미 공군 비행사들의 멋진 에어쇼

상영시간 | 01분 06초

영상요약 | 그리핀 대장을 중심으로 구성된 미 공군 F-100 비행사들이 서울 한강상공에서
에어쇼를 펼쳤다. 그리핀 대장은 6·25전쟁에도 참전했던 인물이다. 영상에서
는 화려한 에어쇼와 함께 이를 구경하는 서울 시민들의 모습이 담겨있다.

'자유마을' 대성동의 주택입주식 (1959년 12월)

제작정보
출   처 : 리버티뉴스 336호
제 작 사 : 주한미공보원
제작국가 : 미국

영상정보
제 공 언 어 : 한국어
컬   러 : 흑백
사 운 드 : 무

비무장지대(DMZ)에 위치한 '자유마을' 대성동은 전쟁 기간에 파괴되었다. 크리스마스를 맞이하여 유솜(USOM), 미8군, 한국군 등의 지원으로 새로운 주택 30채, 마을회관, 학교 건물 등이 건설되었다. 영상에는 주택입주식에 참석한 마을 사람들의 모습이 담겨있다.

■ 내레이션

(내레이션 없음)

■ 화면묘사

00:00 대성동에 새로 건설되는 주택의 모습
00:04 남성들이 문을 조립하고, 페인트칠을 하는 등 주택을 건설하고 있음
00:34 "자유의 마을 주택입주식, U.S.O.M. 보건사회부, 대한주택영단" 현수막이 걸린 입주식장에서 한 남성이 발언을 하고 있음. 한복을 입은 마을주민들이 그 앞에 서있고, 마을대표 남성이 종이에 적힌 것을 읽음

■ 연구해제

 이 영상은 비무장지대에 위치한 대성동 마을 주민들이 미국의 대외원조기관(USOM)과 미8군, 한국군 등이 지어준 주택 30채, 마을회관, 학교건물 등을 정비하는 모습을 담고 있다.
 대성동은 휴전선의 확정으로 구획된 마을이다. 유엔군과 국군은 대성동의 위치가 군사분계선 남쪽에 속하게 되자 그때까지 피난을 가지 않은 30세대 160명의 마을주민을 다른 곳으로 이주시키지 않기로 하고 이 지역을 '자유의 마을'이라는 새로운 이름으로 부르기 시작했다. 북한에서도 이에 대응해 대성동 맞은편 비무장지대 내에 기정동을 형성하고 주민을 입주시켰다. 대성동과 기정동은 현재까지도 유지되고 있다.
 남북한이 비무장지대의 경계선을 사이에 두고 대성동과 기정동 마을을 수립한 것은

1950년 6·25전쟁으로 38선이 휴전선으로 고착된 이후 전개된 남북관계를 반영한 것이라 할 수 있다. 특히 휴전협정 체결 이후 중립지대로 간주되어 오던 대성동 자유의 마을은 1963년 1월 1일부터 '수복지구 및 동인접지구의 행정구역에 관한 임시조치법'에 따라 한국 행정구역에 편입되었는데, 이를 계기로 이 시기 남북관계를 살펴볼 필요가 있다.

1960년대에 들어서면서 전 세계적 냉전체제도 군사적 대립에서 경제적 대립의 국면으로 변화하게 되었다. 1961년 쿠데타로 집권한 박정희 정권은 '조국 근대화'를 주장하며 승공통일의 일환으로, 즉 남북대결이라는 외적 논리를 기반으로 경제성장을 추진하였다. 북한 역시 1961년 9월 조선로동당 제4차대회에서 7개년계획을 수립하며 경제발전계획을 세웠고, 소련과도 경제, 기술원조 협정을 체결하고 차관을 제공받았다. 김일성은 북한의 '낙원화'로 남한혁명을 유발한다는 주관적 논리를 펼쳤다. 이는 남북 모두 한반도 통일문제의 주도권이 궁극적으로 경제건설에 있음을 간파했기 때문이다.

이처럼 1960년대 남북관계는 경제발전과 근대화 성취를 사이에 두고 경쟁하고 있었다. 그 과정에서 주목을 받게 된 대성동 자유의 마을이나 기정동 역시 남북한이 각자의 체제를 상대의 체제보다 우월하다고 선전하기 위한 것이었다. 물론 대성동 '자유의 마을'은 비무장지대를 설정하며 휴전체제의 특성을 반영하는 상징물이었다. 전투가 일어나지 않는다는 상징적인 약속인 것이다. 다만 1963년 한국정부가 '자유의 마을'을 행정구역으로 편입하였다는 점에 주목했을 때 기정동과 대성동을 이용하여 상호의 체제를 선전하고자 했던 남북관계의 성격을 드러낼 수 있다.

1963년 1월 1일 이후 대성동 자유의 마을은 새로이 경기도 파주군 임진면에 편입됨으로써 이 지역에 속한 주민들도 출생, 사망, 혼인, 선거권 등 대한민국법령에 의해 대한민국 국민으로서의 권리와 의무를 다하게 될 것이라 결정되었다. 그러나 이 지역은 여전히 작전상 유엔군사령관 관장하에 놓인, 실질적으로는 대한민국의 행정권이 미치지 못하는 특수 이방촌으로, 1965년 당시 기와집 57채에 37가구, 인구 216명(남103명, 여113명)이 육본에서 파견된 김달영 대위를 민정관으로 하나의 자치생활을 이룩하고 있었다.

이후에도 대성동 주민들은 주소를 이전할 수 없고, 남북관계에 따른 위기상황을 감당하며 생활해야 했다. 이에 한국정부는 대성동 주민들에 대하여 병역과 납세의 의무를 면제하였다. 병역의 의무는 본인이 희망할 경우에 한해서 지원 입대가 가능하고 본인이 원하지 않을 경우에는 아예 신체검사 통지서가 나오지 않으며, 민방위·예비군 활동도 면제받는다.

참고문헌

「'자유의 마을' 복권」, 『동아일보』, 1962년 12월 11일.

「자유의 마을 대성동」, 『경향신문』, 1965년 7월 27일.

김응섭, 「판문점과 자유의 마을 대성동」, 『북한』 211, 북한연구소, 1989.

이명례, 「1960년대 남북한 관계의 변화와 성격」, 숙명여자대학교 박사학위논문, 2001.

해당호 전체 정보

336-01 수해복구사업 유공자 표창식

상영시간 ㅣ 00분 28초

영상요약 ㅣ 75일간의 수해복구사업에 공을 세운 병사들에 대한 표창식이 제2군 사령부에서 거행되었다. 김정렬 국방부장관은 제2군 사령관 장도영 중장 등 271명의 시민과 군인에게 표창을 수여했다. 한편 복구사업에서 사망한 백성기 원사와 이범덕 일병은 화랑무공훈장을 받았다.

336-02 기독교방송국 개국 5주년 기념

상영시간 ㅣ 00분 28초

영상요약 ㅣ 12월 15일 기독교방송국 개국 5주년 기념식이 열렸다. 기독교방송국은 1948년 세워졌으나 6·25전쟁으로 54년부터 방송을 시작했다. 매월 72시간 동안 다양한 프로그램을 송출한다.

336-03 '자유마을' 대성동의 주택입주식

상영시간 ㅣ 00분 44초

영상요약 ㅣ 비무장지대(DMZ)에 위치한 '자유마을' 대성동은 전쟁 기간에 마을이 파괴되었다. 크리스마스를 맞이하여 유솜(USOM), 미8군, 한국군 등의 지원으로 새로운 주택 30채, 마을회관, 학교건물 등이 건설되었다. 영상에는 주택입주식에 참석한 마을 사람들의 모습이 담겨있다.

336-04 '작은호랑이' 조영식, 김광근 귀국

상영시간 ㅣ 00분 34초

영상요약 ㅣ '작은 호랑이'로 불리는 미군신문 '성조기'의 신문배달원 조영식, 김광근 어린이가 전년 11월 11일 미국으로 건너가 브루커 미국 국방부장관을 만나 이승만 대통령의 편지를 전하는 등 많은 도시를 순회한 뒤 12월 18일 김포공항으로 귀국했다.

336-05 미군 제7보병사단의 크리스마스 맞이

상영시간 | 01분 11초

영상요약 | 동두천에 위치한 미군 제7보병사단 장병들은 크리스마스를 맞이하여 부대에
서 운영하는 고아원 어린이 60명에게 선물을 전달했다.

서울 노동회관 개관 (1960년 2월)

제작정보

출　　처 : 리버티뉴스 343호

제 작 사 : 주한미공보원

제작국가 : 미국

영상정보

제공언어 : 한국어

컬　　러 : 흑백

사 운 드 : 무

서울 노동회관이 1960년 2월 18일 개관되었다. 서울 노동회관 건물 모습과 개관식 장면을 보여 주고 있다.

■ 내레이션

(내레이션 없음)

■ 화면묘사

00:00 서울 노동회관 건물 외관. "경축 개관 서울 노동회관 보건사회부 서울특별시" 현수막과 만국기가 걸려 있음
00:09 "서울 노동회관" 현판
00:11 개관식에 참가한 인사들의 모습
00:15 연단에서 손창환 보건사회부장관이 임흥순 서울시장에게 회관열쇠를 전달함

■ 연구해제

1960년 2월 18일 서울 영등포 갈월동에서 서울노동회관 개관식이 개최되었다. 이날 개관식에는 이재학 국회부의장, 손창환 보건사회부장관, 임흥순 서울시장, 김기옥 대한노총위원장이 참석하였고, 손창환 보건사회부장관은 노동회관의 운영을 맡게 될 임흥순 서울시장에게 회관 열쇠를 전달하였다. 해당 영상중 연단에서 열쇠를 전달하는 모습이 그것이다.

서울노동회관은 4월혁명 두 달 전에 개관하였으므로 1950년대 노동복지의 연장선 상에서 이해할 필요가 있다. 서울노동회관은 대한노총(한국노총)과 산하 노동조합들의 대의원대회 개최 장소로 활용되었고, 1967년 한국노총 영등포협의회 회원 3만 5,000여 명이 건립비를 마련하여 영등포어시장 자리에 새로운 노동회관을 건립할 때까지 약 7년간 노동복지정책과 각종 노동조합의 행사에 활용되었을 것으로 추정된다.

이승만 대통령은 틈틈이 노동자를 위하는 나라를 만들겠다고 발언하였고, 자유당도 노동자 농민을 위한 정당이라는 명목으로 창립되었다. 정부는 제헌헌법의 노동자 보호 및 권리 규정과 선진 국가에 손색없는 노동법의 제정·공포를 근거로 제시하였다. 그렇다면 이 같은 정부와 대통령, 집권여당의 설명은 당시에 얼마나 설득력이 있었을까? 이승만 정권은 반공주의를 앞세워 북한 사회주의 노동자들의 처참한 현실을 남한 노동자들의 처우와 대비하였다. 실제로 노동자들은 해방 후 공산 전평을 물리치는 반공투쟁에 앞장섰고, 재건만을 위한 산업전사의 역할을 충실하게 수행하였다.

노동자들은 정부가 그들에게 부과하였던 의무를 수행하면서, 즉 반공투사와 산업전사로서 살아가면서 그 대가로서 노동자의 보호, 노동자의 경영참가 등을 요구하였다. 노동자들의 논리는 "공산 괴뢰도당에 대결하고 있는 민주 대한"인만큼 강제노동을 수행하는 북한 노동자에 비하여 더 많은 임금과 근로복지가 필요하다는 것이었다. 이 같은 요구는 1950년대 노동 지배 담론을 근본적으로 극복하지 못했다는 한계가 있으나 다른 한편으로는 '대항 담론의 봉쇄' 국면에서 자신들의 곤란한 처우를 해결하기 위한 선택과 적응의 방식을 보여주었다.

해당 영상에서는 노동회관 건물의 외관과 개관식의 열쇠 이양식만을 보여주고 있으나 노동회관 내부의 자세한 모습은 같은 시기에 제작·상영된 『대한뉴스』 제253호를 통해 파악할 수 있다. 노동회관은 내부에 숙소, 식당, 의무실, 미용실 등을 구비하여 노동자들의 위생, 문화, 오락시설로서 기능하도록 만들어졌다. 또한 개관 초기 서울노동회관의 관리 책임자는 서울시장이었다. 1950년대부터 1960년대 초반까지 노동복지에 대해서는 사료가 부족하여 구체적인 연구가 아직 진행되지 못하는 상황에서, 그리고 노동자들의 요구가 점차 거세졌던 상황에서 서울노동회관의 모습을 담고 있는 해당 영상과 대한뉴스 영상은 중요한 사료적 가치를 가진다고 할 수 있다.

참고문헌

「최초의 노동회관 18일 개관」, 『동아일보』, 1960년 2월 19일.
「노동회관 기공」, 『경향신문』, 1967년 3월 10일.
〈대한뉴스〉 제253호 「노동회관 낙성」.
이정은, 「1950년대 노동 지배 담론과 노동자의 대응」, 『역사비평』 83, 2008.

해당호 전체 정보

343-01 김포국제공항 종합청사 개관

상영시간 | 01분 03초

영상요약 | 1960년 2월 17일 김포국제공항 종합청사 개관식이 열렸다. 유공자 시상식과 모이어 유솜 처장이 축사를 하였다. 개관식이 끝나자 국내외 인사들이 종합청사 내부를 둘러보는 모습과 김포국제공항에서 일하는 승무원들의 모습을 보여주고 있다.

343-02 서울 노동회관 개관

상영시간 | 00분 20초

영상요약 | 서울 노동회관이 1960년 2월 18일 개관되었다. 서울 노동회관 건물 모습과 개관식 장면을 보여주고 있다.

343-03 응암동 수재민 주택 입주식

상영시간 | 00분 40초

영상요약 | 기독교세계봉사회에서 한강 범람으로 피해를 입은 수재민들을 위해 응암동에 주택을 기증하였다. 응암동 수재민 주택 입주식의 장면이다.

343-04 경남 창녕면 읍으로 승격

상영시간 | 00분 55초

영상요약 | 경상남도 창녕군 창녕면에서 창녕읍 승격 기념 공회당 낙성식이 열렸다. 수많은 마을 주민들이 참가한 가운데 신영주 창녕군 의원이 마을 유공자들을 표창하는 모습이다. 아울러 마을에서 사물놀이 공연이 펼쳐져 주민들이 구경하고 있다.

343-05 태한실업 연필 생각

상영시간 | 00분 45초

영상요약 | 부산 서면에 위치한 태한실업 공장의 모습이다. 여공들이 태한실업 공장에서 기계를 가동하며 연필을 생산하고 있다.

조병옥박사 서거 (1960년 2월)

제작정보

출   처 : 리버티뉴스 344호

제 작 사 : 주한미공보원

제 작 국 가 : 미국

영상정보

제 공 언 어 : 한국어

컬   러 : 흑백

사 운 드 : 무

영상요약

1960년 1월 27일 조병옥 박사가 병 치료를 위해 미국으로 출국하는 모습, 비행기에 올라 타기 직전에 조병옥 박사 내외가 공항에 마중 나온 인사들을 향해 손을 흔드는 모습을 보여준다. 조병옥은 미국 월터 리드 육군 병원에서 급서하였으며 1960년 2월 21일 시신 이 안치된 관이 비행기를 통해 한국에 도착하여 돈암동 자택으로 이동하였다. 상복을 입은 유가족들이 오열하고 있다. 1960년 2월 25일 서울운동장에서 거행된 고 조병옥 박 사 국민장 영결식에 참가한 국내외 인사들과 군인, 시민, 학생들의 모습, 영결식 이후 우이동 묘지로 이동하고 있는 장례 행렬의 모습을 볼 수 있다. 시민들이 장례 행렬을 구경하며 애도를 표하고 있다.

내레이션

(내레이션 없음)

화면묘사

00:03   전 민주당 당수이자 민주당 대통령후보인 조병옥이 여러 인사들과 악수를 하는 모습

00:08   조병옥이 기자회견을 하고 있음

00:19   1960년 1월 27일 조병옥 내외가 병 치료를 위해 미국으로 출국하고 있음. 비행 기에 올라타기 직전에 공항에 마중 나온 인사들을 향해 손을 흔들고 있음

00:28   조병옥이 미국 월터리드 육군 병원에서 급서하였음. 1960년 2월 21일 조병옥의 시신이 안치된 관이 비행기를 통해 한국에 도착함. 김포공항에 마중 나온 국내 외 인사들

00:39   관이 비행기에서 차로 운반되고 있음

00:43   조병옥의 시신이 안치된 관을 돈암동 자택으로 이송하고 있는 장례차의 모습. 경찰의 보위받으며 이동하고 있음

01:04   수많은 시민들이 거리에 나와 애도하고 있음

01:22	조병옥 영정 사진과 상복을 입은 유가족들이 오열하고 있음
01:34	1960년 2월 25일 고 조병옥 박사 국민장 영결식이 서울운동장에서 거행됨. "故 維石 趙炳玉博士國民葬永訣式(고 유석 조병옥박사국민장영결식)" 현수막이 단 상에 걸려 있음
01:38	영결식에 참가한 국내외 인사들과 군인, 시민, 학생들의 모습
02:06	여학생들이 지휘자의 지휘에 맞춰 합창을 하고 있음
02:15	국내 인사들이 조사를 하고 있음
02:23	영결식에 참석한 유가족들의 모습. "遺家族(유가족)" 푯말
02:32	군악대원이 나팔을 불고 있음
02:40	묵념을 하고 있는 군인, 학생, 국내외 인사들
02:58	묘지로 이동하고 있는 장례 행렬의 모습. 시신이 안치된 관을 실은 차량과 태극기를 든 여인들이 이동하고 있음. 조병옥 박사의 영정 사진과 만장들
03:31	시민들이 장례 행렬을 구경하며 애도를 표하고 있음

▌ 연구해제

이 영상은 1960년 정부통령선거 당시 민주당 대통령후보였던 조병옥의 서거에 관한 것이다. 영상에는 1960년 1월 27일 조병옥이 치료차 미국으로 출국하는 모습, 2월 21일 조병옥의 시신이 안치된 관이 비행기를 통해 김포공항에 도착한 모습, 2월 25일 국민장 영결식이 서울운동장에서 거행된 모습 등이 담겨 있다.

민주당은 1960년 정부통령선거를 앞두고 후보 선출 문제로 조병옥을 지지하는 구파와 장면을 지지하는 신파 간에 갈등이 심하였다. 가까스로 1959년 11월 26일 표결 끝에 조병옥이 484표를 얻어 대통령후보로 지명되었고, 481표를 얻은 장면이 부통령후보가 되었다. 이러한 상황에서 1959년 12월 이승만은 다음해 치를 정부통령선거를 농번기를 피해 조기에 실시하겠다고 언명했다. 선거운동 기간을 단축시킴으로써 후보 지명의 후유증으로 인한 민주당 내 불신을 활용하여 자유당에 유리하게 하려는 속셈이었다.

그나마 민주당 대통령후보 조병옥은 병세가 악화되어 1960년 1월 29일 치료를 위해 미국으로 떠났다. 미국 월터리드 육군병원에 있던 조병옥은 3월 조기선거는 등 뒤에다 총을 쏘는 격이라고 비난하면서 반대했지만, 이승만과 자유당은 2월 1일에 3월 선거 실시를 확정했다. 그리고 2월 5일, 이승만과 이기붕이 각각 자유당의 대통령 후보, 부통령 후보로 등록했다. 민주당도 어쩔 수 없이 2월 7일 후보를 등록했다. 이러한 상황에서 미국에서 치료 중이던 민주당 대통령후보 조병옥이 돌연 2월 15일 사망했다. 당황한 민주당이 정부통령후보를 새로 낼 수 있도록 기회를 요청했지만, 정부는 이미 후보 등록을 마친 상태라며 이 요구를 묵살했다. 민주당은 전의를 상실했고 자연히 대통령후보는 이승만 한 사람으로 좁혀졌다.

1894년 충남 천안에서 태어난 조병옥은 평양 숭실중학을 1912년 졸업하고 배재전문학교에서 1년간 수학하다가 미국 유학을 결심하였다. 조병옥의 아버지 조인원은 당시 돈으로 2,500원을 마련해주었는데, 이 돈은 일본으로 유학을 갔다면 6~7년은 족히 공부할 수 있는 거금이었다.

1914년 하와이에 도착한 조병옥은 장인의 결의형제인 이승만과 아버지의 지기인 박용만을 만났다. 그는 1918년 컬럼비아대학에 입학하여 경제학을 전공, 1923년 졸업하고 대학원에서 3년간 공부하였는데 이때 사회주의에 대해 비판적 인식을 갖게 되었다. 1925년 귀국하여 연희전문학교에서 강의하였으나 좌익 교수와 대립, 곧 사직하였다. 그 뒤 신간회, 광주학생운동, 수양 동우회사건 등에 연루되어 5년간 복역하였다.

해방 후에는 민주국가에서 있어서 정당의 존재가 필요하다는 신념 아래 한국민주당을 창당하는 데 관여하였다. 조병옥은 철저한 반공주의자답게 한민당을 창당한 직후부터 건국준비위원회와 투쟁하였고 그 세력을 거세하는 데 성공했다고 회고하고 있다. 조병옥은 건준에 대해 "원래가 건준이라는 것은 좌익계가 주동이 되어 어중이 떠중이들을 모아다 조종하는 단체로서 일본제국주의 총독정치와 야합한 불순하기 짝이 없는 집합체"라는 생각을 가지고 있었다. 1945년 10월 17일 한민당 수석총무였던 송진우의 추천으로 미군정 경무국장에 취임한 조병옥은 반공노선에 입각하여 경찰을 장악해 좌익을 제거하는 데 앞장섰다.

1948년 정부수립 후 내각에 입각하지 못하고 대통령 특사와 유엔 한국대표를 지내다가 1950년 6·25전쟁 때는 내무부장관으로 다시 경찰을 지휘하기도 했다. 그러나 그 뒤 반이승만 세력의 선봉에 서서 1954년 제3대 민의원과 1958년 제4대 민의원에 당선되었고, 1956년 신익희의 뒤를 이어 민주당 대표최고위원회에 피선, 야당을 대표하는 인물이 되었다. 1960년 제4대 대통령선거에 민주당 대통령후보로 입후보하였으나 신병으로 미국에서 치료 중 사망하였다.

참고문헌

강혜경, 「반공전선에 앞장선 '구국경찰'」, 『내일을 여는 역사』 25, 2006.
민주화운동기념사업회 연구소, 『한국민주화운동사』 1, 돌베개, 2008.

해당호 전체 정보

344-01 조병옥 박사 서거

상영시간 ㅣ 03분 51초

영상요약 ㅣ 1960년 1월 27일 조병옥 박사가 병 치료를 위해 미국으로 출국하는 모습과, 비행기에 올라타기 직전에 조병옥 박사 내외가 공항에 마중 나온 인사들을 향해 손을 흔드는 모습을 보여준다. 조병옥이 미국 월터리드 육군 병원에서 급서하자, 1960년 2월 21일 조병옥의 시신이 안치된 관이 비행기를 통해 한국에 도착해 돈암동 자택으로 이동하였다. 상복을 입은 유가족들이 오열하고 있다. 1960년 2월 25일 서울운동장에서 거행된 고 조병옥 박사 국민장 영결식에 참가한 국내외 인사들과 군인, 시민, 학생들의 모습, 영결식 이후 우이동 묘지로 이동하고 있는 장례 행렬의 모습을 보여준다. 시민들이 장례 행렬을 구경하며 애도를 표하고 있다.

344-02 미 태평양지구 함대 해병대 사령관 방한

상영시간 ㅣ 00분 47초

영상요약 ㅣ 토마스 에이 원함(Thomas A Wornham) 미 태평양지구 함대 해병대 사령관이 매카나기(Walter P. McConaughy) 주한미대사와 함께 1960년 2월 23일 경무대로 이승만 대통령을 예방하였다. 그 이전 2월 22일 원함 사령관은 진해 해군기지를 방문하고 한국 및 미국군 인사와 의장대의 환영을 받으며 원함 사령관이 진해 해군기지를 둘러보았다.

344-03 미 제7군 보병사단 쌀 배급

상영시간 ㅣ 00분 38초

영상요약 ㅣ 동두천에 위치한 미 제7군 보병사단이 대민사업의 일환으로 안흥교회와 동두천교회 앞에서 미군들이 부녀자들에게 쌀 포대를 나누어주는 모습이다. 부녀자들은 미군에게 감사 인사를 하고 있다.

344-04 초특급 무궁화호 열차 시승

상영시간 ㅣ 00분 50초

영상요약 ㅣ 초특급 무궁화호 열차 시승식이 열렸다. 시승식에는 여러 국내외 인사들이 참석하였다. 서울역을 출발하여 철로를 달리고 있는 무궁화호 시승열차에 탄 국내 인사가 기자와 인터뷰를 하고 있다. 무궁화호는 1960년 2월 21일 처음 개통되었다.

3·15선거 항의 (1960년 3월)

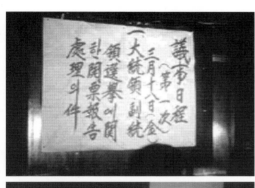

제작정보

출　　　처 : 리버티뉴스 347호
제 작 사 : 주한미공보원
제 작 국 가 : 미국

영상정보

제 공 언 어 : 한국어
컬　　　러 : 흑백
사 운 드 : 무

영상요약

1960년 3월 15일 대통령선거 결과에 대해서 항의하는 의원들과 개표결과를 보여주는 장면을 담고 있는 영상이다.

내레이션

(내레이션 없음)

화면묘사

00:03 연단 위에서 관계자들이 투표 결과를 발표하고 있음
00:07 "議事日程(第一次) 三月十八日(金) 一. 大統領, 副統領選擧에 關한 開票報告 處理의 件"(의사일정(제일차) 삼월십팔일(금) 일. 대통령, 부통령선거에 관한 개표보고 처리의 건)라고 써있는 종이가 벽면에 부착되어 있는 모습
00:11 연단 앞에 연설문을 들고 서서 발표하는 관계자의 모습
00:15 선거결과에 항의하는 의원들이 소리를 지르며 만세를 외치고 퇴장하는 장면과 회의장에 남아 있는 의원들의 모습
00:33 서울과 각 도명을 좌측에 써놓고 "選擧人數, 李承晩"(선거인수, 이승만)을 상단에 써놓은 대형 득표집계표 앞에서 결과를 기록하는 장면
00:41 회의장이 의사봉을 치는 장면

연구해제

이 영상은 부정선거로 이승만을 대통령직에서 물러나게 한 직접적인 원인이 된 1960년 3·15선거 직후 3월 18일에 열린 국회 본회의 모습에 관한 영상이다. 영상에는 "대통령, 부통령선거에 관한 개표보고 처리의 건"이라고 적힌 당일 의사일정 안내문과 선거결과에 항의하는 민주당 의원들의 모습이 담겨 있다. 자유당 의원들이 아직 부정선거에 대한 국민들의 분노를 인지하지 못한 상태에서 진행된 국회 본회의의 모습으로, 3·15선

거 직후 국회의 상황을 살펴볼 수 있는 좋은 자료라 하겠다.

　이날 국회 본회의에서는 민주당 의원을 대표하여 곽상훈 의원이 "모든 의원들은 엄숙해달라"고 요청하고 아래와 같은 '선언문'을 낭독하였다.

선언문

　이승만 정부는 집정 12년간에 거듭한 악정의 결과 민심이 완전 이반되어 자유선거로서는 도저히 정권을 연장할 수 없게 되자 이번 3·15선거에 있어 최후발악으로 모든 불법과 극악 수단을 무소불위로 구사하여 민주주의의 초석인 선거제도를 완전히 파괴하고 말았다. 이번 서거는 '선거'가 아니라 바로 '국민주권의 강탈행위'다. 그러므로 3·15선거는 전적으로 불법이고 무효임을 이에 엄숙히 선언하는 바이다.

단기 4293년 3월 18일
민주당소속 국회의원 일동

　계속해서 곽상훈 의원은 "본인은 여당과 정부에 대해서 이탈된 민심을 수습하도록 요청한다. 뿐만 아니라 이 나라 사직을 영원히 안정시키기 위해서 여당이나 정부가 심심 반성할 것을 전국민을 대변해서 요청한다. 그러기 위해서는 이(승만) 박사부터 하야해야 된다. 여당이 잘살고 야당이 못산다면 모르되 이대로 간다면 전 민족과 국가는 나락에 빠지고 죽음의 공산 도가니 속에 끌려 들어갈 비참한 운명을 각오해야 될 것이다"라고 연설하였다.

　이어서 김의택 민주당 원내총무는 "선거에 희생된 애국동포의 명복을 빌기 위해서 묵념을 올릴 것"을 요구하고 "여당의원들도 같이 호응할 것"을 요청했다. 그러나 여당의원은 의석에 앉은 채 김의택 의원의 요청을 묵살하고 야당의원들만 기립하여 묵념을 올렸다. 묵념을 마친 다음 김의택 의원은 "3·15선거는 불법이다! 무효다!", "이승만 정부는 물러가라!", "정부통령선거 다시하라!"는 구호를 선창했다.

　구호 제창이 끝나자 윤보선 의원은 단상에 올라 "대한민국의 자손만대의 민주번영을 위해서"라며 "대한민국 만세"를 선창했고, 뒤이어 야당의원들이 만세삼창을 따라했다. 마침내 야당의원들은 침묵하고 있던 여당의원들을 향해 야유를 하며 총퇴장을 감행했다. 야당 의석이 비자 자유당 장경근 의원은 민주당 측의 선언문을 반박하는 연설을 했다. 이어 사회자는 헌법에 의거하여 정부통령으로 이승만과 이기붕이 당선되었음을 공

표하였다.

　총퇴장을 감행한 민주당 의원 50여 명은 국회의사당을 나서 민주당 의원부에 이르는 곳까지 거리를 행진하며 무언의 시위를 이어갔다.

█ 참고문헌

「민주당의원 선거무효를 선언」, 『동아일보』, 1960년 3월 19일.
「민주당의원들 무언의 데모」, 『동아일보』, 1960년 3월 19일.

해당호 전체 정보

347-01 3.15선거 항의
상영시간 ┃ 00분 48초
영상요약 ┃ 1960년 3월 15일 대통령선거 결과에 대해서 항의하는 의원들과 개표결과를 보여주는 장면을 담고 있는 영상이다.

347-02 방한인사 사열
상영시간 ┃ 00분 57초
영상요약 ┃ 방한한 인사가 환영을 받고 미군부대를 방문해서 미군장성들과 인사를 나누고 사열을 받은 장면을 담은 영상이다.

347-03 고속수송함 경남호 환영식
상영시간 ┃ 00분 38초
영상요약 ┃ 1960년 3월 12일 부산 1부두에서 미국 해군으로부터 도입한 고속수송함 경남호의 환영식이 개최되는 장면을 담은 영상이다.

347-04 제2회 노동절기념행사
상영시간 ┃ 00분 26초
영상요약 ┃ 1960년 3월 10일 제2회 노동절기념행사를 하는 장면을 담은 영상이다.

347-05 산업개발공로자 표창식
상영시간 ┃ 00분 41초
영상요약 ┃ 광부들에 대한 산업개발공로자 표창식을 진행하는 장면을 담은 영상이다.

347-06 제4회 국제영화 독자인기상 수상식
상영시간 ┃ 00분 47초
영상요약 ┃ 1960년 3월 12일 국제영화와 국제영화사에서 주최하는 제4회 독자인기상 시상식이 대한극장에서 개최되었다.

마산 시위 (1960년 4월)

제작정보
출   처 : 리버티뉴스 351호
제 작 사 : 주한미공보원
제작국가 : 미국

영상정보
제 공 언 어 : 한국어
컬   러 : 흑백
사 운 드 : 무

1960년 3월 15~16일 부정선거 반대 시위를 하다 실종된 마산상고 김주열의 시체가 4월 11일 마산 바닷가에서 참혹한 모습으로 발견되었다. 김주열의 시신을 바다에서 끌어 올려 마산도립병원으로 운반하는 모습이다. 학생, 시민들이 마산도립병원에 모여들어 가두시위를 전개하고 있다. 아울러 시위 군중들의 습격을 받아서 공공건물의 내외부가 헝클어진 모습을 보여주고 있다. 윤보선, 김용진 민주당의원이 마산을 방문하여 마산 시민들을 위문하고 있다. 한편 전라북도 남원에 위치한 김주열의 묘지 앞에서 김주열의 어머니가 오열하는 모습을 보여주고 있다.

▌ 내레이션

(내레이션 없음)

▌ 화면묘사

00:00   교복을 입은 학생들이 어깨동무를 하고 가두시위를 하고 있음

00:04   김주열의 시신이 발견된 마산 앞바다의 모습. 시신을 트럭으로 옮기고 있음. 마을 사람들이 모여들어 구경하고 있음

00:18   "경상남도립마산병원" 현판. 시신을 병원으로 운반하고 있음. 병원 앞에는 수많은 마산 시민들이 모여 있음

00:32   학생들과 시민들이 가두시위를 하는 모습. 학생들이 "민주정치 바로잡자!" 현수막을 들고 행진하고 있음

00:45   시민들이 박수를 치고 만세로 동조하고 있음

00:51   시민, 학생들이 집회를 하고 있음

00:55   한 시민이 행진시위를 하는 학생에게 물을 제공하고 있음

00:59   학생, 시민들의 습격으로 인해 공공건물 유리창이 파괴되는 등 내·외부가 헝클어짐. 망가진 경찰차의 모습

01:28   윤보선, 김용진 민주당 의원들이 시민들에게 이야기 하고 있음

01:44 시민들이 눈물을 흘리며 박수를 치고 있음
01:49 전라북도 남원에 위치한 김주열의 무덤 앞에서 슬퍼하는 김주열의 어머니. 가
       족들이 어머니를 모시고 묘지를 떠나는 장면

▌ 연구해제

　이 영상은 1960년 4월 11일에 개최되었던 '제2차 마산시위'의 장면과 김주열 시신이
부둣가에서 마산시립병원으로 이동하는 영상, 마산을 방문한 윤보선·김용진 민주당 의
원의 활동 모습, 그리고 김주열 무덤에서 오열하는 어머니 등을 담고 있다. 〈대한뉴스〉
에서는 상영되지 않은 제2차 마산 시위의 생생한 모습을 확인할 수 있다.

　1960년 4월 11일 오전, 마산시 신포동 중앙부두에서 낚시꾼에 의해 1구의 시체가 인
양되었다. 3월 15일 제1차 마산시위 때 행방불명되었던 김주열이 당시 경찰이 발사한
최루탄에 눈에서 뒤통수까지 관통당한 채 27일 만에 바다 위에 떠오른 것이었다. 김주
열이 참혹한 모습으로 죽었다는 소문은 삽시간에 마산 시민들에게 전해졌고, 11~13일까
지 시위가 계속되었다.

　당시 마산시위에 대해 이승만 정권은 경찰의 처사가 잘못되었다고 인정하면서도 사
건 진상조사와 해당 경찰 구속을 미룬 채 법과 질서의 신속한 회복을 통한 수습책만 내
놓았다. 그러나 제2차 마산시위는 사태를 새로운 단계로 몰고 갔고, 이승만과 자유당
정권에 저항하는 항쟁은 전국적으로 파급되고 확산되었다. 이후 사태는 걷잡을 수 없게
확대되어 4월 18일과 19일 서울에서 대학생들을 선봉으로 하는 대규모 시위가 발생하는
촉발제가 되었으며, 이승만 정권의 몰락을 재촉하는 전환점이 되었다.

▌ 참고문헌

민주화운동기념사업회 연구소 엮음, 『한국민주화운동사』 1, 돌베개, 2008.
허은 편, 『정의와 행동 그리고 4월혁명의 기억』, 선인, 2012.

해당호 전체 정보

351-01 아이젠하워 대통령 방한 예정

상영시간 | 01분 22초

영상요약 | 아이젠하워 미국 대통령이 1960년 6월 19일 한국을 방문하였다. 그의 방문은 1952년 대통령선거 때 방한한 이래로 처음이었다. 영상은 1952년의 방한 때 아이젠하워 대통령이 유엔군 사령관을 만나 유엔군 전방부대를 사열하는 모습, 이승만 대통령과 악수를 하며 인사를 나누는 모습을 보여주고 있다. 이후 아이젠하워 대통령이 기자회견을 하는 모습을 보여주고 있다.

351-02 미국 원자력 전문가 방한

상영시간 | 01분 41초

영상요약 | 세 명의 미국 원자력 전문가들이 방한하여 한국원자력연구원 건설 현장을 둘러보고 있다. 한국인 과학자들이 건설 현장에서 미국 전문가들에게 설명을 해주고 있는 모습이다.

351-03 필리핀 대사 신임장 제정

상영시간 | 00분 29초

영상요약 | 후안 알레그라도 필리핀대사가 1960년 2월 28일 부임하여 경무대로 이승만 대통령을 예방하여 신임장을 수여하고 있다. 알레그라도 필리핀대사는 이승만 대통령과 이야기를 나눈 뒤 한국 주요 인사들과 인사를 하였다.

351-04 마산 시위

상영시간 | 03분 25초

영상요약 | 1960년 3월 15~16일 부정선거 반대 시위를 하다 실종된 마산상고 김주열의 시체가 4월 11일 마산 바닷가에서 참혹한 모습으로 발견되었다. 김주열의 시신을 바다에서 끌어 올려 마산도립병원으로 운반하는 모습이다. 학생, 시민들이 마산도립병원에 모여들어 가두시위를 전개하고 있다. 아울러 시위 군중들의 습격을 받아서 공공건물의 내외부가 헝클어진 모습을 보여주고 있다. 윤보선,

김용진 민주당의원이 마산을 방문하여 마산 시민들을 위문하고 있다. 한편 전라북도 남원에 위치한 김주열의 묘지 앞에서 김주열의 어머니가 오열하는 모습을 보여주고 있다.

4·19 이후의 한국 (1960년 5월)

제작정보

출   처 : 리버티뉴스 353호
제 작 사 : 주한미공보원
제 작 국 가 : 미국

영상정보

제 공 언 어 : 한국어
컬   러 : 흑백
사 운 드 : 무

▌ 영상요약

4월혁명의 결과 이승만 대통령은 사퇴하고 이기붕 부통령의 일가는 자살하였다. 학생, 시민들이 트럭 등을 타고 기뻐하고 있는 모습, 학생들이 법과 질서를 복구시키기 위해 노력하며 대학생 선무반 학생들이 경찰의 역할을 맡아서 도로에서 교통정리를 하고 있는 모습, 학생수습대원들이 국가 재산을 보호하자는 캠페인을 벌이며 모금운동을 하는 모습을 보여준다. 한편 이승만이 경무대에서 사저로 향하는 모습, 기자들이 경무대 앞으로 모여들어 취재하는 모습, 이승만 대통령의 사저 앞에 많은 시민들이 모여 박수를 치고 있는 모습도 보여준다.

▌ 내레이션

(내레이션 없음)

▌ 화면묘사

00:03	트럭에 탄 학생, 시민들이 태극기를 흔들고 기뻐하고 있음
00:08	학생, 시민들이 탄 트럭, 자동차 등이 지나가는 모습과 이승만 대통령의 모습과 이기붕 부통령 장례식의 모습이 오버랩 됨
00:14	학생, 시민들이 탄 소방차가 달리는 모습
00:17	경찰이 차가 다니는 도로에서 교통정리를 하고 있음
00:32	종로 3가 파출소 앞에서 대학생들이 경찰의 역할을 도맡아 교통정리를 하고 있음
00:38	"종로 三(삼)가 경찰관 파출소" 현판
00:40	파출소 건물 외관에 "봉사와 질서", "대학생 선무반", "秩序維持(질서유지)" 현수막 등이 걸려 있음
00:50	대학생이 시내 도로 한가운데에서 호루라기를 불며 교통정리를 하고 있음
00:53	학생들이 서로 토의를 하고 있음.
00:55	한 노동자가 벽돌을 쌓아 올리며 건물을 짓고 있는 모습
01:02	"學生收拾隊本部(학생수습대본부)" 푯말. 학생수습대원들이 모금운동을 하고 있

음. "國家財産을 保護하자(국가재산을 보호하자) 학생수습대" 현수막

01:14 대학생이 거리에서 모금운동을 하고 있음. 시민들이 모금함에 돈을 넣고 지나가고 있음

01:22 교복을 입은 학생이 교통정리를 하고 있음

01:29 세종로에 위치한 맥아더 장군 동상 모습. "共産侵略의 擊退者 맥아더 將軍 萬世(공산침략의 격퇴자 맥아더 장군 만세)" 푯말이 동상 아래 부분에 놓여 있음

01:49 이승만 대통령이 경무대에서 사저로 떠나는 모습. 경무대 앞에 수많은 기자들이 모여들어 취재를 하고 있음

02:24 이승만 대통령의 사저 대문 모습. 대문 옆 담벼락에는 "할아버지 만세", "平安하시라 余生(평안하시라 여생)" 등 푯말이 붙어 있음

02:29 이승만 대통령의 사저 주변에 모여든 시민들이 박수를 치고 있음. 이승만 대통령이 시민들을 보면서 손을 흔들고 있음

연구해제

이 영상은 1960년 4월 26일의 이승만 대통령의 하야 후 이화장으로 이동하는 장면, 대학생을 중심으로 전개되었던 질서회복운동 등의 모습을 담고 있다. 이 영상과 유사한 내용을 대한뉴스 제262-02호 '4·26'에서도 전달하고 있다.

4월 19일 대규모 시위와 유혈사태 이후 국민들의 정서는 상당히 고조되어 있었지만, 자유당과 이승만의 행보는 마치 국민들을 우롱하는 것처럼 미온적이었고, 사태의 본질에 대한 파악도 되어 있지 않음을 여실히 보여주었다. 그러자 4월 25일, 김주열의 시신 발견 이후 계속되는 분노를 삭이고 있던 마산에서 할머니들이 시위를 벌였다. 이날 할머니들은 처음으로 "이승만 대통령은 물러나라"는 구호를 외쳤다. 같은 날, 서울에서는 오후 3시 30분경 시내 각 대학 교수들이 모여 시국선언문을 발표하고 '학생의 피에 보답하라'는 플래카드를 들고 오후 5시 45분경부터 거리로 나가 시위를 전개했다. 교수들이 시위에 나서면서 대규모 군중이 모여들었고, 여기서 또한 "이승만 물러가라"는 구호가 외쳐졌다. 이날의 교수단 시위는 4월 19일 이후 조금씩 사그라들던 시위에 새로운 불씨를 던진 격이 되었다.

4월 26일, 이른 아침부터 서울 도심 거리는 또다시 쏟아져 나온 시민들로 가득 메워

졌고, 이승만의 사퇴를 강력하게 요구하였다. 마침내 4월 26일 오전 10시 30분경, 이승만의 사임 성명이 계엄군의 마이크를 통해 광화문에 모인 군중들에게 전달되었다. 같은 날 오후 2시부터 열린 국회 본회의에서는 2시간이 걸쳐 격론이 오간 끝에 이승만의 즉시 하야 등 4개 항으로 되어 있는 '시국수습결의안'을 만장일치로 통과시켰다.

4월 28일 새벽, 경무대 관사에서 이기붕 일가가 자살했다. 이날 이승만은 경무대를 떠나 이화장으로 갔으며, 29일부터는 3·15 부정선거의 전범인 최인규 전 내무부장관 구속을 시작으로 국무위원·자유당 간부들에 대한 대대적인 체포가 벌어졌다. 이승만의 독재정권은 이렇게 그 종결을 고했다. 5월 29일, 이승만 부부는 허정의 전송을 받으며 도망치듯 김포공항을 통해 하와이로 떠났다.

한편 4월 26일 시위를 벌이기 위해 한양대에 모였던 27개 대학 대표들은 이승만의 사퇴 소식을 듣고 질서 수습이 급무라는 데 의견을 같이했다. 이들은 "질서를 지킵시다" 등의 플래카드를 만들어 앞세우고 행진을 하면서 군중들의 흥분을 가라앉히려고 노력했다. 또한 학생들은 빗자루를 들고 나와 거리를 청소하기도 했는데, 이 영상에 그 모습이 담겨져 있다.

▌ 참고문헌

민주화운동기념사업회 연구소 엮음, 『한국민주화운동사』 1, 돌베개, 2008.
홍석률, 『4월혁명과 이승만 정권의 붕괴과정』, 선인, 2012.

허정 과도정부 출범 (1960년 5월)

제작정보

출　　처 : 리버티뉴스 353호
제 작 사 : 주한미공보원
제 작 국 가 : 미국

영상정보

제 공 언 어 : 한국어
컬　　러 : 흑백
사 운 드 : 무

▍ 영상요약

허정을 수반으로 하는 과도정부가 출범하였다. 허정이 주요 인사들과 이야기를 나누는 모습이다. 아울러 국회에서 국회의원들이 회의를 하는 모습을 보여주고 있다.

▍ 내레이션

(내레이션 없음)

▍ 화면묘사

00:00   허정이 여러 주요 인사들과 이야기를 나누는 모습
00:26   국회에서 여러 국회의원들이 발언을 하며 회의를 하고 있음

▍ 연구해제

이 영상은 4월혁명으로 1960년 4월 26일 이승만이 사임함에 따라 외무부장관으로서 대통령권한대행 과도내각 수반이 된 허정이 주요 인사들과 이야기 나누는 장면과, 5월 2일 실시된 국회의장 보궐선거 과정, 민의원의 모습 등 4월혁명 이후 한국 정계의 동향을 소개하고 있다. 대한뉴스 제263-02호 '국회소식'에도 이 영상과 유사한 민의원 회의 모습이 담겨 있다.

1954년 통과된 사사오입 개헌에 의하면 대통령 유고시에는 부통령이 승계하게 되어 있었는데, 장면 부통령이 4월 23일 부통령직을 사임하여 허정 외무부장관이 수석국무위원으로 과도정부의 수반이 되었다. 허정은 이승만 측근으로 교통부장관, 사회부장관, 국무총리 서리, 서울특별시장 등을 역임하였다. 그러나 자유당 간부들과 달리 이승만에게 맹목적으로 충성하지 않았고 행정 능력도 있었다. 허정은 이승만 사임 전인 25일 외무부장관에 임명되었는데, 이승만의 대통령직 사퇴 성명이 발표된 26일 국회부의장 이재학에게 외무부장관직을 사임하겠다고 통고하였다. 이에 국회는 여야가 함께 허정을 설득하여 그로 하여금 과도정부의 수반이 되게 하였다. 6월 15일 내각책임제 개헌이 이

루어짐에 따라 헌법 부칙에 의해 허정은 국무총리로 간주되고 대통령 권한대행은 국회의장이 되게 되어 있었지만, 국회의장이 권한대행을 사임함에 따라 허정이 대통령 직권을 계속 행사할 수 있었다.

과도정부 수반이 허정은 곧바로 조각에 착수하였다. 이미 허정과 함께 이승만에 의해 임명된 내무부장관 이호, 법무부장관 권승열을 제외하고, 재무부장관 윤호병, 문교부장관 이병도 등 6명이 4월 28일에 임명되었으며, 5월 2일에는 국방부장관에 이종찬 등 3명의 장관이 임명되어 조각이 완료되었다.

4월혁명 이후 허정을 수반으로 하는 과도정부가 수립되었듯이 국회도 새로운 구성이 필요했다. 사실 국회의장 이기붕은 4월 28일 그와 일가족이 자살을 하지 않았더라도 3·15부정선거와 신병 때문에 국회의장직을 수행할 수 없었다. 국회는 5월 2일, 1954년에 야당의원으로 민의원부의장이었던 민주당 곽상훈을 국회의장으로 선출했다. 그리고 국회부의장에는 자유당 이재학을 유임시켰다.

▌참고문헌

민주화운동기념사업회 연구소 엮음, 『한국민주화운동사』 1, 돌베개, 2008.

해당호 전체 정보

353-01 4·19 이후의 한국

상영시간 | 02분 37초

영상요약 | 4·19 이후 이승만 대통령은 사퇴하고 이기붕 부통령의 일가는 자살하였다. 학생, 시민들이 트럭 등을 타고 기뻐하고 있는 모습, 학생들은 법과 질서를 복구시키기 위해 노력하고, 대학생 선무반 학생들이 경찰의 역할을 맡아서 도로에서 교통정리를 하는 모습, 학생수습대원들이 국가 재산을 보호하자는 캠페인을 벌이며 모금운동을 하는 모습을 보여준다. 한편 이승만 대통령이 경무대에서 사저로 향하는 모습, 기자들이 경무대 앞으로 모여들어 취재를 하고, 이승만 대통령의 사저 앞에 많은 시민들이 모여 박수를 치고 있는 모습도 보여준다.

353-02 허정 과도정부 출범

상영시간 | 01분 05초

영상요약 | 허정을 수반으로 하는 과도정부가 출범하였다. 허정이 주요 인사들과 이야기를 나누는 모습이다. 아울러 국회에서 국회의원들이 회의를 하는 모습을 보여주고 있다.

353-03 이기붕 일가족 장례식

상영시간 | 00분 19초

영상요약 | 이기붕 일가족 장례식이 1960년 4월 30일 거행되었다. 이승만 대통령 내외가 참석하여 침통한 표정으로 둘러보고 있다.

353-04 주한미국대사관 서울고등학교에 책 기증

상영시간 | 00분 30초

영상요약 | 그레고리 핸더슨 주한미국대사관 문정관이 미국 학생들의 책 5,000권을 서울고등학교 학생들에게 기증하였다. 그레고리 핸더슨 주한미국대사관 문정관이 서울고등학교 학생들에게 책을 전달하는 모습을 보여주고 있다.

353-05 번슈타인 방한

상영시간 ㅣ 01분 08초

영상요약 ㅣ 미국 피아니스트 번슈타인이 미국 국무성의 후원 아래 방한하였다. 피아노 공연을 하는 번슈타인의 모습. 관객들이 공연을 감상한 후 박수를 치고 있다. 아울러 번슈타인이 병원에서 환자들을 위해 위문공연을 하는 모습을 보여주고 있다. 한편 번슈타인은 서울대 음대를 방문하여 음악책을 기증하고, 학생에게 피아노 지도도 하고 장학금도 수여하였다.

353-06 소년화가 박우석 개인전

상영시간 ㅣ 00분 42초

영상요약 ㅣ 소년화가 박우석 개인전이 1960년 4월 16일 동화백화점 화랑에서 열렸다. 시민, 학생들이 그림을 구경하는 모습이다. 박우석이 관람객들에게 자신의 그림에 대해 설명하는 모습도 보여주고 있다. 아울러 전시회에서 박우석이 그림을 그리고 있는 모습과 이를 구경하는 어린이, 학생, 시민들의 모습을 보여준다.

허정 과도정부 수반 주요 정책방향 발표 (1960년 5월)

제작정보

출   처 : 리버티뉴스 354호
제 작 사 : 주한미공보원
제작국가 : 미국

영상정보

제 공 언 어 : 한국어
컬   러 : 흑백
사 운 드 : 무

▌ 영상요약

허정 과도정부 수반이 주요 정책 방향에 대해 발표하는 모습이다. 발표 내용은 다음과 같다. 1. 반공정책 강화 2. 부정선거 책임자와 시민들에게 불법적 폭력을 행사한 자만 처벌할 것 3. 비민주적인 통치하에 제정된 법 폐지 4. 한미관계를 개인적, 정치적인 목적으로 활용 금지 5. 동맹국 간의 유대관계 강화.

▌ 내레이션

(내레이션 없음)

▌ 화면묘사

00:02   허정 과도정부 수반이 데스크에 앉아 카메라를 정면으로 바라보고 있음. 한 남성이 들어와 종이를 건네주고 허정이 화면을 바라보며 종이에 적힌 내용을 읽음

▌ 연구해제

이 영상은 2분 11초의 짧지 않은 영상으로 1960년 5월 3일 다섯 항목의 시정방침을 발표하는 허정 과도정부 수반의 모습을 담고 있다. 여기에는 사운드가 포함되어 있지 않지만 대한뉴스 제264-01호 '허 장관 기자회견'에서는 허정의 육성연설 중 일부를 들을 수 있는데, 다음과 같은 다섯 가지 시정방침을 발표했다.

① 반공정책을 한층 강화한다.
② 부정선거 처리는 부정을 강요한 고위 책임자와 국민에게 잔학행위를 한 자에 국한한다. 강압과 폭력으로 제정된 법률들을 포기하고 또 불법적인 일체 행위를 봉쇄하는 혁명적 정치 개혁을 비혁명적 방법으로 단행하려는 것이다.
③ 오열의 적발과 치안 회복을 위해 노력하겠다.
④ 한미관계 및 미국의 경제원조를 집권자에게 유리하게 악용하지 않고 긴밀 성실

히 협조하겠다.

⑤ 한국의 맹방들에 대한 종래의 우호 태도를 일층 강화할 뿐 아니라 비공산 인방(隣邦)과의 관계를 시급히 조정하고, 특히 한일관계정상화는 가장 중요한 외교 현안인 바, 양국 이해 증진을 위해 일본 신문기자 입국을 허용하겠다.

제5항은 미국의 반대를 무릅쓰고 배일·반일운동을 펴왔던 이승만의 반일정책을 폐기할 것임을 명백히 한 것이다. 허정의 5개 시정방침 중 제2항은 5개 시정방침 중 가장 크게 관심을 끌었다. "혁명적 정치개혁을 비혁명적 방법으로 단행하겠다"라는 널리 인용된 문구는 이승만 정권 관계자와 자유당 간부의 3·15부정선거 책임을 최대한 축소시키겠다는 의중을 드러난 것이었다.

사실 허정과도정권이 이승만·자유당 체제를 청산한다는 것은 어려운 일이었다. 허정은 이승만이 가장 신뢰한 측근의 한 사람이었고, 과도정부의 관리나 경찰, 판검사는 거의 다 이승만 정권하에서 복무했던 자들이었다. 허정은 부정축재자와 부정선거 원흉을 미온적으로 처리해 그들로 하여금 증거를 인멸하고 재산을 도피할 기회를 주었을 뿐 아니라 시민들의 혁명정신을 냉각시켰다. 그렇지만 권력에 대한 미련을 갖지 않고 3개월여 동안 내각을 지키고 별 무리 없이 평화적으로 정권을 이양한 것은 평가할 만하다.

▌ 참고문헌

「정부, 당면 주요 국가시책을 발표」, 『경향신문』, 1960년 5월 3일.
「국무위원 전원 첫 내외 기자회견」, 『경향신문』, 1960년 5월 5일.
민주화운동기념사업회 연구소 엮음, 『한국민주화운동사』 1, 돌베개, 2008.

우장춘 박사 묘비 제막 (1960년 5월)

제작정보

출　　처　:　리버티뉴스 354호
제 작 사　:　주한미공보원
제작국가　:　미국

영상정보

제공언어　:　한국어
컬　　러　:　흑백
사 운 드　:　무

영상요약

우장춘 박사 영결식 및 묘비 제막식이 1960년 4월 8일 거행되었다. 영결식에서 유가족 및 친지들이 참배를 하는 모습과 묘비 제막식에서 추모사를 하는 모습을 보여주고 있다.

내레이션

(내레이션 없음)

화면묘사

00:00 우장춘 박사 묘지 옆 묘비 제막식이 거행됨.
00:13 제막식에서 추모사를 하고 있는 모습
00:16 "農學博士 丹陽 禹公長春씨 永訣(농학박사 단양 우공장춘씨 영결)" 현수막. 우장춘의 영결식 장면
00:18 우장춘 박사의 영정 사진. 유가족 및 친지들이 참배를 하고 있음

연구해제

이 영상은 1960년 4월 8일 거행된 우장춘 박사 영결식 및 묘비 제막식을 담고 있다. 유가족 및 친지들이 참배를 하는 모습과 묘비 제막식에서 추모사를 하는 모습을 볼 수 있다.

농학연구의 권위자인 우장춘 박사는 1959년 8월 10일 사망했는데, 사망하기 3일 전 7일에는 문화포장을 수여받았다. 이는 작곡가 안익태가 처음으로 수상한 이후 그가 두 번째로 받는 것이었다. 그의 장례는 사회장으로 같은 달 14일에 집행되었다.

우장춘은 별기군 훈련대 제2대 대장을 지내다 을미사변에 연루되어 일본으로 망명한 우범선(禹範善)의 맏아들로 1898년 4월 8일 일본 도쿄에서 출생했다. 우범선이 명성황후의 원한을 갚고자 했던 고영근에 의해 살해되자 우장춘은 일본인 홀어머니 아래 자랐

다. 1916년 4월 동경제국대학 농학실과에 입학했고 졸업 후 일본 농림성 농사시험장 고원(雇員)으로 취직했다. 1936년 5월 4일에는 그의 모교에서 "종(種)의 합성"이라는 논문으로 농학박사 학위를 받았다. 1949년에 한국농업과학연구소를 창설한 이승만 정부는 우장춘에게 연구소의 운영을 부탁했고, 당시 '우박사환국촉진회'가 결성되기도 했다. 아버지의 오류가 한평생 짐이 되었으나 한국의 식물학과 농학을 이끌었다.

우장춘은 1950년 3월 8일 귀국한 후 채소종자의 육종합성에 성공하고 벼의 수도이기작(水稻二期作)을 연구하였다. 우장춘 박사는 씨 없는 수박 재배로 알려졌지만, 이는 사실이 아니며 1943년 기하라 히토시가 개발한 종자를 홍보용으로 한국에서 시연한 것이었다. 1958년 농사원원예시험장장을 역임했다. 부산광역시에는 그의 업적을 기리는 박물관(우장춘 기념관)이 있다.

▮ 참고문헌

「禹長春博士(우장춘박사)에 文化褒章(문화포장)을授與」, 『동아일보』, 1959년 8월 8일.
「14日(일)에社會葬(사회장)으로」, 『동아일보』, 1959년 8월 10일.
「우박사의 추모비」, 『동아일보』, 1960년 4월 3일.
「「4월의 인물」 : 세계적인 육종학자 우장춘박사」, 『地方行政』 41-462, 1992.

해당호 전체 정보

354-01 허정 과도정부 수반 주요 정책방향 발표

상영시간 ㅣ 02분 11초

영상요약 ㅣ 허정 과도정부 수반이 주요 정책 방향에 대해 발표하는 모습이다. 발표 내용은 다음과 같다. 1. 반공정책 강화 2. 부정 선거 책임자와 시민들에게 불법적 폭력을 행사한 자만 처벌할 것 3. 비민주적인 통치하에 제정된 법 폐지 4. 한미관계를 개인적, 정치적인 목적으로 활용 금지 5. 동맹국 간의 유대관계 강화.

354-02 국회

상영시간 ㅣ 01분 00초

영상요약 ㅣ 국회에서 이승만 대통령 사임안과 3·15부정선거에 주요한 책임이 있는 최인규 내무부장관 사임안이 통과되었다. 아울러 내각책임제 개헌기초위원회 주최로 개헌공청회가 열렸다. 서울소재 11개 대학 법대 교수들과 대한변호사협회 대표들이 참가하였다. 방청석에는 4·19혁명에 참가한 학생들, 기자들이 앉아 있다.

354-03 한미합동경제위원회

상영시간 ㅣ 00분 53초

영상요약 ㅣ 과도정부 수립 이후 처음으로 한미합동경제위원회가 부흥부에서 열렸다. 전예용 부흥부장관은 미국의 원조 프로그램이 모든 정치적 영향력으로부터 독립되고 한국의 농업 경제 발전에 이바지했으면 좋겠다는 발언을 하였다. 모이어 유솜 처장은 전예용 부흥부장관의 제안을 수락한다고 밝혔다.

354-04 경향신문 복간

상영시간 ㅣ 00분 55초

영상요약 ㅣ 정간되었던 경향신문이 1년만인 1960년 4월 26일 복간되었다. 윤전기에서 경향신문을 인쇄하여 포장하는 모습을 보여주고 있다.

354-05 케어 원조

상영시간 ┃ 00분 36초

영상요약 ┃ 케어(CARE) 인사들에 서울 시위에서 부상당한 학생, 시민들을 위해 보건사회
부 인사들에게 구호금, 병원 침대, 이불, 베개 등을 전달하였다. 케어 인사들
이 보건사회부 인사들과 함께 병원에 입원해있는 부상당한 학생, 시민들을 위
문하고 있다. 케어 인사들과 보건사회부 인사들이 침대를 조립하는 모습도 보
여주고 있다.

354-06 우장춘 박사 묘비 제막

상영시간 ┃ 00분 36초

영상요약 ┃ 우장춘 박사 영결식 및 묘비 제막식이 1960년 4월 8일 거행되었다. 영결식에
서 유가족 및 친지들이 참배를 하는 모습과 묘비 제막식에서 추모사를 하는
모습을 보여준다.

대한중기공업회사 (1960년 5월)

제작정보

출　　처 : 리버티뉴스 355호
제 작 사 : 주한미공보원
제작국가 : 미국

영상정보

제공언어 : 한국어
컬　　러 : 흑백
사 운 드 : 무

영상요약

대한중기공업회사는 유솜의 산업 프로그램 지원하에 시설을 확장하고 있는 회사이다. 대한중기공업회사 공장에서 노동자들이 기차와 전차 바퀴를 생산하는 모습을 보여주고 있다.

내레이션

(내레이션 없음)

화면묘사

00:00   대한중기공업회사 공장에서 노동자들이 기차와 전차 바퀴를 생산하는 모습

연구해제

　본 영상은 대한중기공업주식회사의 공장 내 작업 현장을 보여주고 있다.

　대한중기는 1930년대 광산기계를 생산하는 광동기계회사가 해방 후 조선중기로 상호를 변경하고 귀속재산으로 관리되던 것을, 김연규가 6·25전쟁 직후 이를 불하받아 민영화하면서 생겨난 회사다. 김연규 사장은 일본에서 기계공학을 전공한 공학도로, 해방 이후 조선중기의 관리인으로 근무하고 있었다. 그는 회사를 인수한 이후, 산업기계, 공작기계, 철도차량 부품, 특수강 등을 생산하는 국내 대표적 종합기계업체로 대한중기를 육성시켰다. 특히 국내 기계공업계 최초로 독자적 프로젝트에 의한 철도차륜의 국산화 개발은 물론 수십 종의 기계류 제품의 수출에 앞장서며 성과를 냈다.

　1970년대까지 흑자경영을 하던 대한중기는 기존의 구로구 신도림동의 공장에 이어 1979년 창원에 대단위 방위산업 공장 건설에까지 나섰다. 그러나 이후 석유파동으로 인한 기계류의 수요 감퇴와 방위산업 과잉투자 등의 문제가 터져 나오면서 1981년 처음으로 96억 원 적자를 기록했고, 누적되는 자금난을 견디다 못해 1981년 산업은행에 관리를 요청하였다.

하지만 산업은행 관리 후에도 수요 감퇴로 인한 부채는 불어갔고, 만성적 적자의 타개책으로 회사 매각이 결정되었다. 결국 1970년대까지 한국기계공업을 대표하던 대한중기는 1986년 5월 기아산업으로 넘어가며 사라지게 된다.

▌ 참고문헌

「재벌등기(93) 대한중기」, 『매일경제』, 1970년 4월 4일.
「대한중기 어디로 가나」, 『매일경제』, 1985년 11월 26일.
「우수업체 탐방 : 대한중기 창원공장을 찾아서」, 『기계산업』 46, 1980.

해당호 전체 정보

355-01 조용순 대법원장 사표 수리

상영시간 ㅣ 00분 40초

영상요약 ㅣ 1960년 5월 11일 대법원행정회의의 모습이다. 이날 회의에서 조용순 대법원장의 사표가 수리되었다.

355-02 KBS 교향악단 음악회

상영시간 ㅣ 00분 44초

영상요약 ㅣ 4·19혁명에서 숨진 희생자들을 추모하기 위한 음악회가 1950년 5월 17일과 18일에 개최되었다. KBS 교향악단이 악기를 연주하는 모습과 독창을 하는 여성 성악가의 모습을 보여주고 있다. 이날 연주회에는 많은 외국 인사들과 시민들이 참가하였다.

355-03 한국일보

상영시간 ㅣ 00분 23초

영상요약 ㅣ 한국일보 기자들이 전화 통화를 하며 취재를 하는 모습을 보여주고 있다. 아울러 윤전기가 작동하며 신문이 인쇄되는 모습과 인쇄가 완성된 신문을 수합하는 노동자들의 모습이다.

355-04 해롤드 쿨리지 박사 방한

상영시간 ㅣ 00분 37초

영상요약 ㅣ 미국 국립과학아카데미의 해롤드 쿨리지(Harold J. Coolidge, Jr) 박사가 방한하여 한국 국립과학아카데미 회원들과 토의를 하는 모습이다. 토의내용은 1961년 8월 하와이에서 열릴 태평양과학회의에 한국이 참가하는 건에 대한 것이다.

355-05 케어 원조

상영시간 ㅣ 00분 32초

영상요약 ㅣ 케어 인사들이 전라남도 여수 돌산면 주민들에게 고기잡이배를 기증하였다.

고사를 지내는 모습과 배 진수식의 모습을 보여주고 있다.

355-06 대한중기공업회사

상영시간 ㅣ 00분 54초

영상요약 ㅣ 대한중기공업회사는 유솜의 산업 프로그램 지원하에 시설을 확장하고 있는
회사이다. 대한중기공업회사 공장에서 노동자들이 기차와 전차 바퀴를 생산
하는 모습을 보여준다.

355-07 아기 원숭이

상영시간 ㅣ 00분 39초

영상요약 ㅣ 창경원에서 아기 원숭이가 태어났다. 아기 원숭이가 엄마 품속에 있는 모습이
다. 시민들이 창경원을 방문하여 갓 태어난 아기 원숭이를 구경하고 있다.

풀브라이트 협정 체결 (1960년 6월)

제작정보

출   처 : 리버티뉴스 361호
제 작 사 : 주한미공보원
제 작 국 가 : 미국

영상정보

제 공 언 어 : 한국어
컬   러 : 흑백
사 운 드 : 무

1960년 6월 30일 풀브라이트 협정이 체결되었다. 허정 외무부장관과 매카나기 주한미대사가 협정서에 사인을 한 후 발표문을 낭독하고 있다. 마지막으로 서로 악수를 나누는 한국 및 미국 인사들의 모습을 보여주고 있다.

▌ 내레이션

(내레이션 없음)

▌ 화면묘사

00:00   허정 외무부장관과 매카나기 주한미대사가 협정서에 사인을 하고 있음
00:20   허정 외무부장관과 매카나기 주한미대사가 발표문을 낭독하고 있음
00:38   서로 악수를 나누는 한국 및 미국 인사들

▌ 연구해제

이 영상은 1960년 6월 30일 과도정부의 외무부장관으로서 참석한 허정과 매카나기 주한미대사가 일명 '풀브라이트 협정'에 조인하는 장면을 담고 있다.

일반적으로 '풀브라이트 협정'이라고 불리는 이 협정의 원제는 '한미 간의 교육교환계획에 대한 자금공급을 위한 개정협정'으로, 1950년 4월 28일 체결한 '교육교환계획에 대한 자금공급을 위한 한미 간의 협정'을 개정한 것이다. '풀브라이트 프로그램'으로 시행된 이 교육교환계획은 1950년대 문화교류를 통해 미국의 안보와 위상강화라는 목적을 달성하기 위한 수단 중 하나였다. 미국은 특히 한국사회의 '핵심인사'들에 대한 도미연수를 추진하면서 한국의 국가제도와 사회질서 재편에 미국의 영향력이 미칠 수 있도록 고려하였다.

'풀브라이트 프로그램'은 미국이 제2차 세계대전 이후 전 세계에 산재되어 있던 전시 잉여물자를 해외 국가에 판매한 대금으로 시행되었는데, 한국에서는 1946년 미국이 한

국에 전시잉여물자를 판매하기 위해 '해외청산위원회 차관'을 제공한 데 따른 것이었다. '해외청산위원회 차관'이 도입될 당시에는 미군정이 한국을 점령하고 있었기 때문에 한국인들은 이에 대한 결정권이 없었다. 그러나 미국의 정책에 따라 이 차관의 상환의무는 한국정부가 지게 되었다. 미국정부는 1948년 한국정부 수립 이후 미군정이 보유하고 있던 행정권을 이양하기 위해 '대한민국 정부와 미합중국 정부 간의 재정 및 재산에 관한 최초협정(이하 '재정이양협정')'을 체결하였는데, 이때 '해외청산위원회 차관'의 상환의무도 이양된 것이다. 이때 미국정부는 '해외청산위원회 차관'이 전시잉여물자를 구입하기 위해 도입된 차관이기 때문에 그 상환금은 '풀브라이트 프로그램'을 실시하는 데 사용해야 한다고 규정하였다.

협정을 체결할 당시 한국의 대통령이었던 이승만은 '풀브라이트 프로그램'을 통한 교육교환 자체에 대해 부정적인 인식을 갖고 있었다. 교육보다는 경제발전에 기여할 수 있는 건설부문에 투자하는 것이 우선이라고 여겼기 때문이다. 하지만 미국정부는 한국정부가 '재정이양협정'을 체결하며 '해외청산위원회 차관'의 상환의무를 수용하였기 때문에 이를 시행해야 한다고 주장했고, 결국 협정은 체결되었다.

그러나 협정을 체결하고 얼마 되지 않아 6·25전쟁이 발발하여 '풀브라이트 프로그램'은 시행되지 않았다. 이와 함께 한국정부가 1954년 '해외청산위원회 차관'의 상환이자 지불을 중단하면서 그 자금을 확보하지 못해 계속 시행되지 못하고 있었다. 이에 한국정부는 1953년까지 지불된 이자금을 교육계획에 사용할 것을 주장하였고, 1960년 '풀브라이트 프로그램'을 실시하기 위한 개정협정이 체결되었다. 협정의 원제에서도 알 수 있듯이 이는 교육교환계획을 실시하기 위한 자금동원 방법을 개정하는 것이었다. 즉 1950년 협정에서는 '해외청산위원회 차관'의 상환금으로 실시할 것으로 규정되었는데, 1960년 협정에서는 미국의 잉여농산물 판매대금을 활용하여 실시할 것으로 규정된 것이다.

정리하면, 미국은 1954년 '농산물 교역발전 및 원조법'(PL480)을 수립하였고, 1955년 한국과 미 잉여농산물 판매협정을 체결하였다. 그리고 이 협정을 통해 한국과 미국은 미국의 잉여농산물 판매대금을 국방비 및 문화교류비 등에 사용할 것을 약속하였는데, 이때 문화교류비가 '풀브라이트 프로그램'을 시행하는 데 사용된 것이다.

참고문헌

금보운, 「미국의 해외청산위원회 차관 운용과 한미관계(1945~1960)」, 『사학연구』 166, 2014.

허은, 「1950년대 미국의 대한 교육교환 계획과 한국사회 엘리트의 친미화」, 『한국민족운동사연구』 44, 2005.

해당호 전체 정보

361-01 6·25 10주년 기념행사

상영시간 | 00분 59초

영상요약 | 6·25전쟁 10주년 기념행사가 열렸다. 군악대가 악기를 연주하며 행진하고, 국군묘지 무명용사의 비 앞에서는 허정 과도정부 수반, 이종찬 국방부장관 등이 헌화를 하고 참배하였다. 한편 정보센터에서 6·25전쟁에 참전한 16개 유엔 가입국들에 대한 사진 전시회가 열렸다. 매카나기 주한미대사가 미국에 관한 전시를 살펴보고 있다. 한국 인사가 영국에 대한 전시를 외국 인사에게 설명하고 있는 모습이다.

361-02 미국 정치 이론서 한국어로 번역

상영시간 | 00분 56초

영상요약 | 미국정보센터의 주최하에 미국 정치 이론서인 "연방주의자 논고"가 한국어로 번역된 것을 기념하기 위한 행사가 열렸다. 한국 및 미국 인사들이 치사를 하고 있다. 매카나기 주한미대사가 연설을 하고 있는 모습과 행사에 참석하여 연설을 듣고 미국 및 한국 관중들의 모습이다.

361-03 백범 김구 11주기 추도식

상영시간 | 00분 52초

영상요약 | 백범 김구 11주기 추도식이 1960년 6월 26일 서울 효창공원에서 열렸다. 추도식장 앞에 수많은 시민, 학생들이 우산을 쓰고 모여 있다. 백범 김구 영정사진 앞에서 한 인사가 분향을 하고 참배를 하는 모습이다. 장면 민주당대표최고위원을 비롯한 여러 인사들이 추도사를 하고 있다. 추도식에 참가한 여학생들이 눈물을 흘리고 있다.

361-04 풀브라이트 협정 체결

상영시간 | 00분 47초

영상요약 | 1960년 6월 30일 풀브라이트 협정이 체결되었다. 허정 외무부장관과 매카나기

주한미대사가 협정서에 사인을 한 후 발표문을 낭독하고 있다. 마지막으로 서로 악수를 나누는 한국 및 미국 인사들의 모습을 보여주고 있다.

361-05 대구상고에 타자기 기증

상영시간 ㅣ 00분 38초

영상요약 ㅣ 유솜이 대구상고에 영어 타자기 27대를 기증하였다. 학교에 타자기 박스가 쌓여있는 모습과 선생님이 타자기를 박스에서 꺼내고 있는 모습이다. 아울러 학생들이 타자기를 치고 있는 모습을 보여주고 있다.

361-06 가정용 가위와 수출

상영시간 ㅣ 00분 38초

영상요약 ㅣ 전라북도 군산에 위치한 한국이기공업주식회사에서 노동자들이 기계를 작동시키며 가위를 생산하고 있다. 완성된 가위를 물품 상자에 넣고 있다.

361-07 미스코리아 선발대회

상영시간 ㅣ 00분 47초

영상요약 ㅣ 1960년 미스코리아 선발대회가 1960년 6월 23일 서울운동장 수영장에서 열렸다. 참가자들이 차를 타고 가두행렬을 하는 모습이다. 아울러 수영복 복장을 선보이고 있다. 대회를 구경하는 관람객들의 모습이다. 미스코리아 진선미에 선발된 참가자들이 왕관을 쓰고 지팡이를 들고 있는 모습이다.

부정선거 책임자 공판 (1960년 7월)

제작정보

출　　　처 : 리버티뉴스 362호
제 작 사 : 주한미공보원
제 작 국 가 : 미국

영상정보

제 공 언 어 : 한국어
컬　　　러 : 흑백
사 운 드 : 무

영상요약

1960년 7월 5일 서울지방법원에서 3·15 부정선거 책임자에 대한 공판이 열렸다. 이날 재판에 출두한 피고인들에는 자유당원, 은행가, 이승만 정권에서 활동한 정치인 등이 포함되었다.

내레이션

(내레이션 없음)

화면묘사

00:00   1960년 7월 5일 서울지방법원에서 3·15 부정선거 책임자에 대한 공판이 열림
00:04   이날 재판에 출두한 피고인들의 모습. 자유당원, 은행가, 이승만 정권에서 활동 한 정치인 등의 모습
00:22   판사가 피고인에게 질문을 하자, 서있는 피고인들이 답을 하는 모습
00:31   재판을 방청하는 방청객들 모습

연구해제

이 영상은 1960년 7월 5일 서울지방법원에서 시행된 3·15 부정선거 원흉들인 최인규, 이강학, 한희석 등의 첫 공판 모습을 담고 있다.

1960년 4월혁명으로 이승만 정권이 붕괴되자 시민들은 3·15 정부통령선거에서 온갖 부정을 자행했던 원흉들을 처단하라고 요구하였다. 부정선거 원흉으로 지목된 사람들은 당시 내무부장관이던 최인규 등을 비롯하여 이강학, 한희석 등의 자유당 간부, 부정선거를 획책할 수 있도록 금전적인 지원을 한 금융기관의 간부 등 30명이었다.

3월 15일 선거 당일 마산 시위를 시작으로 부정선거에 항의하는 학생들의 시위가 전국적으로 일어나고, 마산에서 김주열의 참혹한 시신이 떠오르면서 시민들의 분노가 거세지자, 4월 19일 서울, 부산, 광주에서 온종일 시민들의 유혈사태가 발생해도 꿈쩍도

않던 이승만이 4·25 교수단시위에 이은 시민들의 사퇴압력에 드디어 굴복하였다.

이승만의 사퇴로 많은 것이 하루 아침에 변하였다. 어용신문으로 4월혁명 시위대의 분노의 표적이 되었던 〈서울신문〉은 시위대의 방화에 의한 건물과 시설의 훼손을 이유로 이승만이 경무대를 떠나는 4월 28일 자진 무기 휴간했다. 자유당의 한희석 '자유당 정부통령 선거대책위원회' 위원장, 최인규 전 내무부장관, 이강학 전 치안국장 등에 대해 체포령이 내려졌다. 최인규와 서울신문사 사장 손도심은 4월 29일 자진 출두하고 의원직 사임서를 제출하였다. 5월 7일에는 도망 다니던 한희석이 자수했다. 정부 내에서 부정선거를 지도한 것은 최인규, 홍진기(당시 법무부장관), 김정렬(당시 국방부장관) 등 6명의 국무위원으로 구성된 6인위원회였다. 5월 18일을 전후해 송인상(당시 재무부장관), 홍진기, 자유당 간부 이중재와 정기섭 등도 구속되었다. 5월 23일 자유당 장경근, 박만원, 유각경이 구속되었고, 이재학, 임철호 등 6명의 자유당 간부에 대한 구속동의안이 국회에 제출되었다.

▌참고문헌

서중석,『지배자의 국가/민중의 나라』, 돌베개, 2010.

정치깡패 공판 (1960년 7월)

제작정보

출　　처 : 리버티뉴스 362호
제 작 사 : 주한미공보원
제작국가 : 미국

영상정보

제공언어 : 한국어
컬　　러 : 흑백
사 운 드 : 무

▌영상요약

1960년 7월 6일에 열린 정치깡패에 대한 공판 영상. 재판에 회부된 26명의 정치깡패들의 모습이 보인다. 이들은 4월 18일 고려대학교 학생들을 공격하였다. 영상에서는 판사의 질문에 대답하는 피고인들의 모습을 보여준다.

▌내레이션

(내레이션 없음)

▌화면묘사

00:00　1960년 7월 6일 정치깡패에 대한 공판이 열림
00:04　재판에 회부된 26명의 정치깡패들의 모습
00:09　판사의 질문에 답하는 피고인의 모습

▌연구해제

　'정치깡패'란 말 그대로 정치를 목적으로 하여 움직이는 폭력조직을 일컫는다. 대한민국 수립 이후 이승만이 대통령직을 사퇴하기까지의 12년간은 정치깡패의 전성시대였다. 이들은 자유당 정권과 이승만의 수호를 위해 폭력으로 국민을 위협하고 정치권력과 거래하였으며, 정치·사회·문화 등 다양한 영역에서 자신들의 영향력을 확대시켜나갔다. 부산정치파동 때는 백골단과 땃벌떼 등이 등장해 이승만과 자유당 정권을 지지했으며, 야당의 정치집회나 행사에는 의례 깡패들이 동원되어 난장판을 만들어 놓았고, 갖가지 선거 때마다 지방 곳곳 일선에서 반대파를 제압하는 해결사로 동원되었다. 그중 가장 문제가 된 것은 1960년 4월 18일 저녁 천일백화점 앞에서 발생한 고려대 시위대 습격사건이었다. 3·15 부정선거와 이에 대한 이승만 등의 대응에 전 국민이 분노한 상황에서 고대시위대를 습격한 폭력배가 누구인가에 대한 논의로 발전하였고, 전 국민의 관심사가 되었다.

4월 22일 송요찬 계엄사령관이 고대생 습격사건 관련자들을 조속히 체포하라고 지시를 내림에 따라 임화수, 유지광, 이정재, 장여빈 등이 구속되었다. 또한 반공청년단 단장 신도환과 전 경무대 비서실장 곽영주 등이 깡패들을 배후 조종한 협의로 구속되었다.

정치깡패들에 대한 공판은 7월 6일부터 시작되었다. 이 영상은 바로 7월 6일 재판 모습을 담고 있다. 이 재판은 장준택 부장판사의 주재 아래 고대생 습격사건 관련 피고인 신도환, 임화수, 유지광, 곽영주, 임상억 등 18명과 정치깡패로 지목된 이정재 최창수 홍영철 등 8명에 대한 사건이 병합되어 심리가 이루어졌다. 3회에 걸친 공판의 주제는 4월 18일 고대생 습격사건이었다. 그러나 각 피고인들이 책임을 전가함으로써 고대생 습격사건의 최고명령자를 가려내지 못했다. 또한 정치깡패에 대한 공판 역시 자유당 정권하에서 벌어진 정치테러를 비롯한 권력과 깡패 간의 관계를 밝히기보다 민간인에 대한 공갈, 청부폭력 혹은 폭력 조직 간의 싸움 등 폭행혐의에 주안점을 두었다. 허정 과도정부의 미온적 태도로 재판과정이 더디게 진행되던 중에 1961년 5·16군사쿠데타가 발생하였고, 정치깡패의 척결은 쿠데타정부에 의해 신속하게 진행되었다.

▌ 참고문헌

서준석, 「1950년대 후반의 자유당 정권과 '정치깡패'」, 성균관대학교 석사학위논문, 2011.

해당호 전체 정보

362-01 필리핀과 미국 독립기념일 행사

상영시간 ㅣ 01분 16초

영상요약 ㅣ 1960년 7월 4일 서울 반도호텔에서 필리핀 독립기념일 행사가 열렸다. 후안 알레그라도 주한필리핀대사가 행사에 참석한 인사들과 축배를 들고 있다. 아울러 매카나기 주한미대사와 허정 과도정부 수반과 함께 이야기를 나누고 있다. 미국의 독립기념일 행사에서 미8군 밴드가 연주를 하고 있는 모습이다. 매카나기 주한미대사 내외가 한국 및 미국 인사들을 맞이하였다.

362-02 부정선거 책임자 공판

상영시간 ㅣ 00분 46초

영상요약 ㅣ 1960년 7월 5일 서울지방법원에서 3·15 부정선거 책임자에 대한 공판이 열렸다. 이날 재판에 출두한 피고인들에는 자유당원, 은행가, 이승만 정권에서 활동한 정치인 등이 포함되어 있다.

362-03 정치 깡패 공판

상영시간 ㅣ 00분 29초

영상요약 ㅣ 1960년 7월 6일에 열린 정치깡패에 대한 공판 영상. 재판에 회부된 26명의 정치깡패들의 모습이 보인다. 이들은 4월 18일 고려대학교 학생들을 공격하였다. 영상에서는 판사의 질문에 대답하는 피고인들의 모습을 보여준다.

362-04 조선내화화학공업회사

상영시간 ㅣ 00분 30초

영상요약 ㅣ 전라남도 목포에 있는 조선내화화학공업회사에서 노동자들이 내화벽돌을 만들고 있다.

362-05 군인들의 농촌 일손 돕기

상영시간 ㅣ 00분 33초

영상요약 ㅣ 대구 제5군수지원사령부의 군인들이 주변 마을의 논에서 모내기를 하며 농촌 일손 돕기를 하고 있는 모습이다.

362-06 한미 친선야구 경기

상영시간 ㅣ 00분 34초

영상요약 ㅣ 미국 독립기념일을 기념하여 1960년 7월 3일부터 5일까지 서울운동장에서 조선일보사의 주최하에 한미 친선 야구 경기가 열렸다.

7·29 선거 (1960년 7월)

시도별	민주당	사대당	한사당	자유당	무소속	기타	계
서 울 16	15				1		16
경 기 25	16				6		22
충 북 13	9		2		1		12
충 남 22	15				4		19
전 북 24	19				3		22
전 남 32	25				2	1	28
경 북 38	28	1			7		36
경 남 40	29				7		36
강 원 20	13			1	5		20
제 주 3					3		3
계	169	3	1	1	38	2	214

제작정보

출　　처 : 리버티뉴스 365호
제 작 사 : 주한미공보원
제작국가 : 미국

영상정보

제공언어 : 한국어
컬　　러 : 흑백
사 운 드 : 무

제5대 총선거가 치러진 1960년 7월 29일, 여러 시민들 및 허정 국무총리와 민주당의 장면 대표 최고의원 부처가 투표소에서 투표하는 장면, 개표소에서 투표함을 열어 개표하는 모습과 함께 고성군청에 모여든 주민들이 투표함을 내던져 불태우는 장면, 허정 국무총리와 장면 대표최고위원의 연설 실황, 선거 후 언론사의 속보판을 주시하는 시민들의 모습 등을 보여주는 영상이다.

내레이션

(내레이션 없음)

화면묘사

00:12 투표소로 모여드는 사람들의 모습. 투표소 앞에 모여 서로 이야기를 나누고 있음
00:27 여러 시민들이 투표소 입구에 줄을 서있는 모습들
00:40 선거 전 투표함을 확인 후 밀봉하는 선거 관계자들
00:47 우체국에서 부재자투표 우편물을 수령하여 분류하는 장면들
01:02 오전 7시를 알리는 시계
01:04 투표소에서 시민들이 기표 후 투표용지를 투표함에 넣는 모습들
01:11 허정 국무총리 부처가 투표소에서 기자들이 촬영하는 가운데 투표함
01:19 투표를 하는 장면 대표최고위원 부처
01:25 많은 시민들이 투표소에서 투표를 하는 모습
01:47 오후 4시를 가리키는 시계
01:49 선거 관계자들과 경찰관이 투표함을 봉인하여 개표소로 실어 나름
02:00 개표소에 모인 투표함들
02:06 선거 관계자들이 투표함을 개봉하여 개표작업을 하는 다양한 장면들
02:18 한 시위자가 고성군청 청사에서 연설을 하고 군청 앞에 모인 주민들의 박수를 받음

02:24 많은 주민들이 운집한 고성군청 청사에서 투표함이 밖으로 내던져져 불타는 모
      습을 여러 화면으로 보여줌
02:38 언론사 관계자들이 개표 상황을 전화로 전달함
02:45 여러 시민들이 "第五代民議員候補者名(제5대민의원후보자명)" 문구가 보이는
      개표상황판을 주시함
03:02 집무실에서 담화하는 허정 국무총리
03:37 많은 시민들이 거리에서 여러 언론사의 속보판을 바라보는 장면들
04:03 "민의원 당선자 소속별 집계표" 제목을 단 표
04:16 장면 국무총리가 담화하는 모습

연구해제

이 영상은 1960년 7·29총선과 관련된 영상이다. 영상에는 시민들의 투표 장면, 허정
과도정부수반과 장면 민주당 최고위원 내외의 투표하는 모습, 개표결과에 항의해 투표
함을 불사르는 고성지방 주민들의 모습, 선거결과를 알리는 현황판, 선거 후 언론사의
속보판을 주시하는 시민들의 모습 등이 담겨 있다.

같은 주제를 다룬 〈대한뉴스〉와 비교한다면, 고성지방 주민들의 투표함 방화 모습이
영상에 담겨 있는 것이 특이하다. 고성지방의 학생, 시민들은 전 자유당계 입후보자 최
석림이 다른 후보보다 개표 결과가 높게 나오자 개표장에 돌입하여 투표함과 투표용지
를 모조리 불살라 버렸다. 자유당계에 대한 시민들의 저항이라 하더라도 당시 정부 입
장에서는 7·29총선이 공명정대하게 진행되고 있다는 것을 보여줄 필요가 있었기 때문
에 〈대한뉴스〉에서는 이 장면을 굳이 삽입하지 않은 것이라 추측해 볼 수 있다.

허정 과도정부는 국민여론을 수습하기 위한 방안으로 총선 일정을 제시하였다. 7·29
총선은 4월혁명의 정신을 반영하여 그 과정에서 제기된 혁명과업을 수행할 새로운 권
력구조를 만들어낸다는 의미가 있었다. 하지만 민주당은 선거운동 과정에서 거의 분당
되다시피 했다. 진작부터 갈등이 심했던 신파와 구파는 아예 따로 선거운동본부를 차렸
다. 신파는 구파가 자유당과 야합해 정국을 이끌어가려 한다고 비난했고, 구파는 신파
에 친일행위자가 많은 것을 들추어냈다. 나아가 상대파의 유력자가 나오는 지역에 낙천
한 자파 후보를 나오게 하는 지역도 많았다.

오랜만에 공명선거에 대한 기대가 부풀던 이 선거에는 진보적인 정치세력인 혁신세력도 대거 출마하였다. 그러나 혁신세력은 7·29총선의 전 과정에서 주도권을 발휘하지 못했고, 결과적으로도 많은 의석을 확보하지 못했다. 4월혁명 자체를 혁신계가 주도하지 못한데다 선거에 대비하기 위한 시간도 지나치게 짧았기 때문이었다. 또한 유권자들이 가지고 있던 반공이데올로기의 벽이 여전히 견고했다는 것도 큰 이유였다. 진보당사건 이후 심한 감시를 받아 활동 공백이 컸던 혁신계는 대구와 부산을 중심으로 한 경상남북도와 원주 등 일부 지역에만 유력한 후보를 내놓았을 뿐이었다. 혁신계 주류는 사회대중당에 모여 있었지만, 진보당 계열과 타 계열과의 갈등도 심했다. 조직과 자금, 경험에서 절대적으로 불리할 수밖에 없었던 혁신세력은 노회한 기성 정치세력의 상대가 되지 못했다.

7·29총선에서 각 정당은 4월혁명의 영향으로 매우 진보적인 선거공약을 제시했다. 혁신계열뿐만 아니라 민주당도 경제나 통일 분야에서 과거에 비해 진일보한 모습을 보였다. 구체적으로 북진통일을 배척하고 국제연합 감시하의 자유총선거를 주장했으며, 특혜와 독점배제, 경제에 대한 관권 간섭 배제, 계획경제 등을 주장했다. 장면은 장기적 연차계획을 세우고, 병력을 40만 명으로 감축하고, 부정축재를 국고에 환원하고, 금융을 대중화하며, 무산대중들과 함께 공생공사 하겠다고 다짐을 하기도 했다.

선거결과 민의원의 경우 1,159만 3,432명의 선거권자 중 84.3%에 해당하는 977만 8,921명이 투표에 참가해 민주당이 압승을 거뒀다. 민주당은 233석 중 175석을 차지해 개헌선인 2/3를 훨씬 넘었다. 무소속은 49명이 당선되었고, 혁신계는 사회대중당이 4석, 한국사회당이 1석을 차지해 총 5석에 머물렀다. 참의원선거는 득표 상황이 약간 달랐다. 민주당이 58석 중 31석을 차지했고 무소속이 20석이나 되었다. 혁신계는 사회대중당이 1석, 한국사회당이 1석을 차지했다.

▌참고문헌

이혜영, 「1960년 7·29 총선의 전개과정과 성격」, 이화여자대학교 석사학위논문, 2001.

해당호 전체 정보

365-01 7·29선거

상영시간 ㅣ 04분 04초

영상요약 ㅣ 제5대 총선거가 치러진 1960년 7월 29일, 여러 시민들 및 허정 국무총리와 민주당의 장면 대표최고의원 부처가 투표소에서 투표하는 장면, 개표소에서 투표함을 열어 개표하는 모습과 함께 고성군청에 모여든 주민들이 투표함을 내던져 불태우는 장면, 허정 국무총리와 장면 대표최고위원의 연설 실황, 선거 후 언론사의 속보판을 주시하는 시민들의 모습 등을 보여주는 영상이다.

365-02 공중보건 연수

상영시간 ㅣ 00분 53초

영상요약 ㅣ 1960년 여름 보건사회부 주최로 열린 공중보건 연수회에 참가한 간호사들이 보건시설 모형과 상황 시연을 통해 학습하는 장면을 보여주는 영상이다.

365-03 국제통화기금 외환조사단 내한

상영시간 ㅣ 00분 44초

영상요약 ㅣ 1960년 7월 14일 방한한 국제통화기금 외환조사단 일행이 반도호텔에서 열린 리셉션에 참석하여 한국정부 인사들과 인사하는 모습을 보여주는 영상이다.

새 지폐와 우표 (1960년 8월)

제작정보		영상정보	
출 처 : 리버티뉴스 366호		제 공 언 어 : 한국어	
제 작 사 : 주한미공보원		컬 러 : 흑백	
제 작 국 가 : 미국		사 운 드 : 무	

한국은행에서 1960년 8월 15일부터 유통하기 시작한 1,000환권 지폐의 모습, 루스 아펜젤러(Ruth N. Appenzeller)가 우체국을 방문하여 한국 근대교육 75주년 기념우표를 선물받는 장면 등을 보여주는 영상이다.

█ 내레이션

(내레이션 없음)

█ 화면묘사

00:00   세종대왕이 그려진 1,000환권 지폐의 세부 사진을 여러 화면으로 보여줌
00:27   여러 학생과 시민, 군인들이 은행 창구에 운집해 있음
00:36   한국 근대교육 75주년 기념우표의 모습
00:40   루스 아펜젤러와 우체국 관계자들이 테이블에 앉아 있음
00:49   아펜젤러 박사의 사진
00:51   기념우표를 선물받은 루스 아펜젤러의 모습
00:56   루스 아펜젤러가 "우표, 수입인지" 창구에 앉아 시민에게 우표를 전달하는 장면

█ 연구해제

이 영상은 1960년 8월 15일부터 한국은행에서 새로 발행한 1,000환권 지폐의 유통과 아울러 한국 근대교육 75주년 기념우표 발행 소식을 전하고 있다.

1960년 6월 28일 한국은행은 광복절까지 새로 도안한 1,000환권이 기존 1,000환권을 바꿀 것이라는 계획을 밝혔다. 새 지폐를 발행한다고 해도 대부분의 경우는 구 지폐와 혼용하는 것이 일반적인데, 이처럼 구 지폐의 사용을 중지하고 신 지폐로 완전히 바꾸는 경우에는 그에 상응하는 이유가 있게 마련이다. 이번 경우가 그러한데, '4월혁명' 이후 독재정권의 상징인 이승만 대통령의 초상이 있는 지폐를 그대로 쓰는 것은 국민감정

에 용납되지 않는다는 여론이 비등해지자 우선 1,000환권을 변경하고 이후 순차적으로 100환권도 바꾸게 된 것이다. 이에 따라 이듬해 1961년 3월 4일, 한국은행은 새 도안으로 된 은행권으로 바꾸고 50환 및 10환짜리 지폐는 전액 동전으로 바꿀 계획을 세웠다. 새로운 1,000환권, 500환권의 도안은 모두 세종대왕의 초상이었다.

1962년 5월 16일에는 새로운 도안의 100환권도 발행했다. 그러나 이 돈은 1962년 6월 10일의 통화조치가 시행되어 발행된 지 24일 만에 사용이 정지됨에 따라 한국은행권이 발행된 이래 가장 짧은 기간 사용된 화폐로 기록되었다.

▌ 참고문헌

「千圜券 바뀐다」, 『경향신문』, 1960년 6월 29일.
「돈에서 사라질 李博士 肖像」, 『경향신문』, 1961년 3월 4일.
국가문화유산포털, (http://www.heritage.go.kr)
한국은행 화폐박물관, http://museum.bok.or.kr/display/1F/D08.jsp (검색일: 2014년 12월 31일)

해당호 전체 정보

366-01 미그기 조종사 귀순

상영시간 ┃ 00분 51초

영상요약 ┃ 1960년 8월 3일 북한 전투기 조종사 정낙현 소위의 귀순 소식을 전하는 영상이다. 대포리비행장에 착륙한 MIG-15 전투기의 모습, 정낙현 소위가 여의도비행장에서 김신 공군참모총장으로 추정되는 인물과 대화하는 모습 등을 보여주고 있다.

366-02 새 지폐와 우표

상영시간 ┃ 01분 04초

영상요약 ┃ 한국은행에서 1960년 8월 15일부터 유통하기 시작한 1,000환권 지폐의 모습, 루스 아펜젤러가 우체국을 방문하여 한국 근대교육 75주년 기념우표를 선물받는 장면 등을 보여주는 영상.

366-03 서울 시민들의 피서

상영시간 ┃ 01분 31초

영상요약 ┃ 서울산악회 회원들이 동해안과 오대산 월정사 등지를 여행하는 모습, 서울의 한 수영장에서 어린이들이 물놀이를 즐기는 장면을 보여주는 영상.

366-04 소년·소녀단 야영

상영시간 ┃ 00분 58초

영상요약 ┃ 포항 해안에서 해병대 1사단 장교들이 지켜보는 가운데 보이스카우트, 걸스카우트 대원들이 캠핑 행사를 하는 장면, 그리고 여교사들이 서울 근교에서 걸스카우트 캠핑을 하는 모습을 보여주는 영상.

장면 국무총리 선출 (1960년 8월)

제작정보
출   처 : 리버티뉴스 368호
제 작 사 : 주한미공보원
제 작 국 가 : 미국

영상정보
제 공 언 어 : 한국어
컬   러 : 흑백
사 운 드 : 무

영상요약

1960년 8월 17일의 민의원 본회의에서 민의원의원들이 국무총리 지명 동의에 대한 투표를 하는 장면, 동의안이 가결된 후 기자들과 인터뷰를 하는 장면 및 민의원의원의 모습 등을 보여주는 영상.

내레이션

(내레이션 없음)

화면묘사

00:03   민의원 본회의에 참석한 민의원의원들
00:07   1960년 8월 17일 민의원 제6차 본회의의 의사일정표를 보여줌
00:10   의사봉을 두드리는 곽상훈 민의원의장
00:16   의원석에 앉아 있는 김도연 민의원의원
00:19   장면 민의원의원이 의원석에 앉아 있음
00:26   민의원의원들이 단상에 올라가 차례로 투표함에 투표하는 장면
00:37   곽상훈 민의원의장이 투표 결과를 발표하고 의사봉을 두드림
00:44   본회의 결과를 취재하는 기자들의 모습
00:51   김도연 민의원의원과 장면 민의원의원의 모습을 연이어 보여줌
00:59   회의 후 기자들과 인터뷰를 하는 장면 민의원의원

연구해제

이 영상은 1960년 7·29총선에서 민주당이 압도적으로 승리한 이후, 8월 19일 민의원에서 펼쳐진 국무총리 인준 장면을 담고 있다. 4월혁명으로 자유당정권이 붕괴되고 총선 결과 민주당이 정권을 잡게 되었지만, 장면이 국무총리로 인준되기까지의 과정은 그리 쉬운 일은 아니었다.

7·29총선으로 구성된 민의원은 민주당이 233석 중 175석을 차지하며 다수당의 지위를 획득하였다. 그러나 민주당의 신파와 구파는 총선을 거치며 사실상 분당 상태가 되었다. 자유당 치하에서는 대통령중심제였지만, 이승만의 12년 독재가 가능했던 이유 중하나가 대통령중심제 때문이었다고 생각한 정치권과 국민들은 내각책임제를 염원하였다. 그 결과 개헌으로 권력의 핵심이 대통령에서 총리로 옮겨지자 민주당 신파는 대통령 자리는 구파에게 주고 국무총리를 차지하고자 했고, 구파는 표 대결까지 하여 대통령에 윤보선, 국무총리에 김도연을 내세우기로 했다.

8월 12일 민·참의원 양원 합동회의에서 재석 263명 중 윤보선이 208표를 얻어 대통령으로 선출되었다. 윤보선은 같은 구파인 김도연을 국무총리로 지명했다. 그러나 민의원은 찬성 111표, 반대 112표, 무효 1표로 이를 부결시켰다. 결국 두 번째로 지명을 받은 신파의 장면이 8월 19일 표결에서 찬성 117표, 반대 107표, 기권 1표로 국무총리가 되었다.

▌참고문헌

서중석, 『지배자의 국가/민중의 나라』, 돌베개, 2010.

해당호 전체 정보

368-01 장면 국무총리 선출

상영시간 ㅣ 01분 14초

영상요약 ㅣ 1960년 8월 17일의 민의원 본회의에서 민의원의원들이 국무총리 지명 동의에 대한 투표를 하는 장면, 동의안이 가결된 후 기자들과 인터뷰를 하는 장면과 민의원의원의 모습을 보여주는 영상이다.

368-02 광복 제15주년 기념식

상영시간 ㅣ 00분 44초

영상요약 ㅣ 1960년 8월 15일 서울운동장에서 거행된 광복 제15주년 기념식에서 윤보선 대통령 등의 내빈들이 연설하는 모습을 보여주는 영상.

368-03 주한미국대사 광주시의회 연설

상영시간 ㅣ 01분 12초

영상요약 ㅣ 1960년 8월 9일부터 나흘간 광주를 방문한 매카나기 주한미국대사가 비행장에 내려 여러 인사들의 환영을 받고 광주시의회에서 연설하는 모습을 보여주는 영상.

368-04 미군에게 공급되는 한국 농산물

상영시간 ㅣ 01분 14초

영상요약 ㅣ 1960년 8월 10일 내한한 미태평양지구 병참감 에반스 준장이 농촌에서 군납용 채소를 살펴보는 모습을 보여주는 영상.

368-05 뉴스기자들의 미국행

상영시간 ㅣ 00분 47초

영상요약 ㅣ 미국 국무부가 주선하는 기자 연수에 참가한 네 명의 기자들이 매카나기 주한 미국대사와 환담하고 1960년 8월 12일 김포공항에서 미국행 비행기에 탑승하는 모습을 보여주는 영상.

찾 아 보 기

ㅅ

ㅇ

'한국 근현대 영상자료 수집 및 DB구축' 과제 참여자

연구책임자
허은 (고려대학교 한국사학과 교수)

공동연구원
강명구 (서울대학교 언론정보학과 교수)
김려실 (부산대학교 국어국문학과 교수)
조준형 (한국영상자료원 한국영화사연구소장)
최덕수 (고려대학교 한국사학과 교수)
지우지 피자노(Giusy Pisano) (프랑스 루이-뤼미에르 고등영상원 교수)

전임연구원
박선영 (현 고려대학교 한국사연구소 연구교수)
박희태 (현 성균관대학교 CORE사업단 연구교수)
양정심 (현 대진대학교 인문학연구소 연구교수)
장숙경 (전 고려대학교 한국사연구소 연구교수)

연구보조원
공영민, 금보운, 김명선, 김성태, 김재원, 김진혁, 마스타니 유이치(舛谷祐一), 문민기, 문수진,
서홍석, 손지은, 심혜경, 예대열, 유정환, 윤정수, 이동현, 이상규, 이설, 이수연, 이정은, 이주봉,
이주호, 이진희, 임광순, 장인모, 정유진